马大勇讲说：不一样的

儒家文化史

马大勇◎著

时代文艺出版社

图书在版编目（CIP）数据

马大勇讲说：不一样的儒家文化史 / 马大勇著. --
长春：时代文艺出版社, 2022.1
ISBN 978-7-5387-6919-7

Ⅰ. ①马… Ⅱ. ①马… Ⅲ. ①儒家－文化史－研究－
中国 Ⅳ. ①B222.05

中国版本图书馆CIP数据核字(2021)第166587号

马大勇讲说：不一样的儒家文化史
MADAYONG JIANGSHUO: BUYIYANG DE RUJIAWENHUASHI
马大勇　著

出 品 人：陈　琛
责任编辑：李贺来
　　　　　刘瑀婷
装帧设计：孙　利
排版制作：隋淑凤

出版发行：时代文艺出版社
地　　址：长春市福祉大路5788号　龙腾国际大厦A座15层　（130118）
电　　话：0431-81629751（总编办）　0431-81629755（发行部）
网　　址：weibo.com/tlapress（官方微博）　sdwycbsgf.tmall.com（天猫旗舰店）
开　　本：880mm × 1230mm　1/32
字　　数：213千字
印　　张：10.25
印　　刷：三河市万龙印装有限公司
版　　次：2022年1月第1版
印　　次：2022年1月第1次印刷
定　　价：45.00元

目 录
CONTENTS

引　言

我不是教你诈

本书是我在校内校外讲过多年、并在喜马拉雅 App 上线的《马大勇讲说：不一样的儒家文化史》课程的音频整理稿，是我的国学系列课程的重要组成部分。

“不一样的儒家文化史”，有啥“不一样”呢？我们来说说。

大家都知道，也都能感受到，当下中国出现了一波持续数十年的国学热，而且是从上层到民间持续高热。那么，什么是国学呢？简单说，国学应该分成广义和狭义两个层面：广义国学即“一国自有之学”，也就是中国特有、独有、其他国家完全没有或基本没有的文明精华。在现代学科分类意义上，它应该包括人文科学、社会科学、自然科学三大学科部类。狭义国学是我们最常使用的“国学”概念，它要去除自然科学和社会科学，只保留人文科学一个部类，也就是传统的文、史、哲之学。那么应当以哪个学科作为最核心、最主要的支柱呢？这个问题目前学术界还有较多争议，我只能说说个人看法——尽管我是学文学的，但我还是坚持应当以哲学为核心。因为哲学的覆盖面最广，包容性最强，也最有利于我们解释已经约定俗成的“国学”概念。以哲学为核心，以历史学作为入门的钥匙，以文学作为最重要的建筑材料，它们共同搭建起我心目中的国学大厦。

以此为前提向下延伸，我们可以找到国学的三大哲学基础，我把它们称为国学的“规定动作”——那就是大家熟悉的儒、释、道三大思想体系。三大基础当中，儒家居首，它对中国的影响最为巨大深远，至今我们每个人身上都不同程度、不同比例地流淌着儒家文化的血液。

这些“规定动作”大家都是一样的，如果说我讲的有啥不一样，恐怕主要体现在“文化史”三个字上。

称“文化史”，就意味着我们讲述的重点不在于哲学、思想的义理，而更多把眼光投射在儒家哲学思想在当时和后世产生的具体影响，特别是它所引发的、人文思潮观念的变动上面。一言以蔽之，我们更关心儒家文化背景下人性的流变。

所以，对孔子，我们会从多个角度来观察“陈蔡绝粮”这个“中国精神的关键时刻”的“儒道互补”，我们觉得这是中国文人最典型、最普遍的思想格局，所以花大篇幅讲苏轼以证明之；对“中庸”，更关注其引申出来的、“狂狷”的文化性格，通过柳永、唐寅、金圣叹、钱锺书等个案予以深入剖析；对朱熹，更关注其“多面形象”及形成之谜；对“阳明心学”，更关注它引发的、波澜壮阔的晚明人性解放思潮，所以会引入《卖油郎独占花魁》《转运汉遇巧洞庭红》《蒋兴哥重会珍珠衫》等多篇小说……我希望给大家展现出的是一部“复方多维”“营养丰富”的“不一样”的儒家“文化史”，也是一部我自己眼中的“人性流变史”。

既然是“史”，首先就要分期。本着我个人的理解，融合学术界的一般性共识，两千五百多年的儒家文化史可以分成以下五个时期，以图表呈现会清晰一些：

时期	代表人物	备注
奠基期	孔子	“仁”“礼”“中庸”作为孔子构建的三大理念，对于中国文化史产生了无比重要的影响。
光大期或成熟期	孟子	说“光大”，是因为孟子对孔子思想实现了“光大”。说“成熟”，是因为到孟子手里，先秦儒家文化达到了成熟阶段。
两汉经学期	董仲舒	董仲舒提出“罢黜百家，独尊儒术”，从此，一般性的儒家著述全面上升成为经典，中国产生了一门至高无上的儒家经典阐释学，是为“经学”。

时期	代表人物	备注
宋代理学期	周敦颐、程颐、程颢、张载、朱熹、陆九渊	“理学”也称“道学”，后因“伪道学”“道学先生”等词多含贬义，更多以“理学”称之。
明代心学期	王守仁	阳明心学分为“左”“右”两派，其左派酿成了晚明时期极有特色的“人性解放思潮”。

第 1 讲

孔子是怎样炼成的

书归正传，第一讲，我们来讲儒家文化奠基期代表人物、“至圣先师”孔子的家世和生平。

漂亮媳妇惹的祸

谈孔子的家世，不能不追溯到孔子的远祖。孔子的远祖是商人，这个“商人”不是指做生意的人，而是指商朝人。周武王灭掉殷商以后，将其后裔安置在现在河南省南部，大体就是春秋时期的宋国。孔子就是这一群落的后裔。

孔子祖上，我们追溯到的最有意义的一位，是他的六世祖孔父嘉。谈孔父嘉有两个方面的意义：第一，孔子家族之所以有“孔氏”，也就是我们一般所说的“姓孔”，是从孔父嘉开始的；第二，我们知道孔子是鲁国人，为什么孔家会由宋迁鲁呢？这个事情与孔父嘉有非常密切的关系。

上古时代有个说法，叫作“天子称姓，诸侯称氏”。只有皇族、贵族才有姓氏，普通老百姓是没有姓氏的：这就说明孔父嘉在宋国的地位很不一般。他在宋国担任司马的高官，即国家最高国防长官。有一天，宋国最高行政长官、太宰华父督看见了孔父嘉的漂亮媳妇，“目逆而送之，曰：‘美而艳。’”[①]，就动了占为己有的念头，于是派人在京城扬言：“国君继位不过十年，却发生十一次战事，百姓苦不堪言，都是孔父嘉导致的结果，我要杀死孔父嘉来让百姓得到安宁。”[②]不久，华父督就攻杀了孔父嘉，如愿以偿地把他的美貌妻子占为己有。这样的情节扩充一下，编入《权力的游戏》也毫不逊色吧！

中国古代历史上，孔父嘉应该是第一个因为妻子美貌而惹来杀身之祸的男人。当然，这个系列后面还有很多人，我们熟悉的《水浒传》里的林冲就是很著名的一个。孔父嘉被杀，他的后人在宋国无法存身，所以才逐渐从宋国迁到鲁国。

生物遗传很奇妙

从孔父嘉再传几代，就传到了孔子的父亲叔梁纥。这里大

---

① 《左传·桓公元年》。

② 《史记卷三十八·宋微子世家第八》：“督利孔父妻，乃使人宣言国中曰：‘殇公即位十年耳，而十一战，民苦不堪，皆孔父为之，我且杀孔父以宁民。’”

家会有一个疑问：为什么从孔父嘉开始就已经有孔氏了，到叔梁纥又不姓孔了呢？上古时期，后来那种“姓氏＋名字”的组合方式还不太固定，常见的方式是把姓氏省略掉，而把字放在名前来称呼。其实叔梁纥也姓孔，名纥，字叔梁，把字放在名前就成了叔梁纥。按照这种称谓方式，孔子应该叫“仲尼丘”。

叔梁纥是个什么样的人呢？如果从孔子的形象往回逆推，我们一定觉得，既然孔子本人是文质彬彬、温文尔雅的，那么叔梁纥也应该是这样一个人。可是大家别忘了，生物遗传是非常奇妙的，基因是可以变异的。叔梁纥不是我们想象的那样一个文弱书生，而是一个魁梧健硕、以勇力闻名“国际”（诸侯国）的举重运动员、大力士，曾经有过所谓力托千斤城门的英勇事迹[①]。他练了一辈子举重，身体非常好，到了自己六十岁左右的时候，还想再娶一房媳妇，生个孩子，来继续孔门的香火。其实，这时候叔梁纥已经有了九个女儿和一个儿子。可九个女儿都是外姓人，不能接续孔门的香火，那个儿子为什么也不行呢？这个人就是孔子的大哥孟皮，也叫伯尼。其实“孟皮”不是名字，“孟”是排行老大的意思，“皮”与“跛”通假，说明这个孩子是个瘸子，身体有残疾，不能承担延续孔门香火的重任。所以叔梁纥向自己的同事颜氏求亲，想再娶一房媳妇。

他求亲的方式很有意思。他对颜氏说：“我听说你有三个女儿，都是正当妙龄，貌美如花，你把哪个女儿嫁给我都可以。”

① 《左传·襄公十年》：“偪阳人启门，诸侯之士，门焉。县门发，郰人纥抉之以出门者。”此郰人纥，即为叔梁纥。

颜氏喜欢叔梁纥的人品，于是便答应了。这个老头儿还有点儿民主精神，没有独断专行，把三个女儿找过来开了一个家庭会议，把情况说了："有一个人叫叔梁纥，快六十岁了，尽管年龄大一点儿，但一直练举重，身体不错。现在向我求亲，我答应了，你们谁愿意嫁给叔梁纥呢？"

三个女孩儿面面相觑，谁也不愿意接这个茬儿，谁也不愿意嫁给他。为什么会出现这样一个尴尬冷场的情况呢？这三个女孩，大的不过二十出头，最小的女儿颜征在才十八岁，也就是说，这三个女孩和叔梁纥之间有着三四十岁的年龄差。这样的差距我们现在到了21世纪都觉得很难跨越，何况当时。另外还要注意一点，这是我们现代人的年龄观念，是平均寿命在七十多岁基础上的一个年龄认知。春秋时期中国人的平均寿命是多少呢？不会超过三十岁！在这种情况下，年龄差达到三四十岁，那就相当于跨越了两代人还要多呀！几个女孩儿正当青春妙龄，谁愿意嫁给一个行将就木的老人呢？

关键时刻少说话

于是，这场家庭会议开不下去了，父女四人陷入一种难堪的局面。小女儿颜征在心地比较厚道一些，看见老父亲在那儿尴尬，她就接了一句，想打破一下这个尴尬情况。——顺便告诫大家一句：在人生的很多关键时刻，你多说一句话还是少说一句话，结果是完全不一样的，一定要谨慎！颜征在就是因为多说一句话改变了自己的命运，她说：“婚姻之事非常重大，还是请父亲做主，我们做女儿的就不发表意见了吧！”老爷子非常高兴：“好！那就是你吧！”因为这句话，颜征在嫁给了比自己大四十多岁的叔梁纥。

《史记》当中记载孔子是“野合”而生，这个事情后来争议很大，很多卫道士都花费笔墨为孔子辩诬。我倒觉得这个事情是好理解的。叔梁纥现在年纪大了，尽管身体非常好，想生下一个孩子也不是那么很有把握的事儿。有一条记载，说叔梁纥“祷于尼丘”，后面才有“野合”之举。根据这句话推定，包括对上古风俗的推测，我怀疑很可能是根据神灵的指示，才发生了“野合”的情况。（这好像又是“权游”桥段）后来有人根据野合的记载说孔子是私生子，恐怕是不能成立的。

叔梁纥和颜征在结合以后又过了几年，以六十几岁高龄去世。——我们现在说起来六十几岁似乎并不算高龄，但在春秋时期，这已经是很罕见的高龄了。他给孔子留了一个很好的长寿基因，孔子后来比他的父亲年纪还要大一些。

叔梁纥去世了，留下了二十出头的颜征在，带着三岁的小孔丘，在偌大的孔氏家族里面艰难度日。因为日子过不下去，颜征在带着小孔丘回到了自己的娘家，这个地名叫作“阙里”，就是后来的孔府所在地。孔府不是孔子自己家，而是他的外公家。

回到娘家居住以后，生活有所改善，但是孤儿寡母，还是过得相当清贫与艰难。在这种单亲、清贫的家庭状况下，孔子很早就过上了“半工半读”的生活。《论语》中说过：“吾少也贱，故多能鄙事。”这是说，我小的时候生活比较艰难，地位比较寒微，所以很早就要做一些粗活儿。那么孔子做过哪些粗活呢？根据孔子自述可以看到：他给人家做过放牛娃、放羊娃，非常负责，牛羊繁殖迅速；给人家做过“司机”，“开”过车——孔子后来讲“六艺”，包括礼、乐、射、御、书、数，其中的“御”就是驾驶技术；还给人家当过仓库的保管员，做过管账先生。在这个过程中，孔子非常注意自我修养，他很小的时候就懂得“陈俎豆，设礼容”，研究礼节的相关问题。比如模拟一个会场，“各位领导，各位来宾，大家晚上好”，等等。礼学构成了孔子未来学问的基础之一。这是孔子生平的第一个阶段，我们称之为“幼年清贫”。

孔子学费很低廉

二十多岁到三十岁，孔子开始了人生的第二个阶段，我们称之为“设帐授徒”。这个具体时间点文献记载有些不一致：有人说是二十三岁，有人说是三十岁。总之孔子在二十多岁的时候找到了一份新工作，自己做了老师。孔子之“设帐授徒”最初可能只是一份收入比较良好、比较稳定的职业选择而已。他当时会收到什么学费呢？当然是不可能有现金、信用卡了。这个学费叫作“束脩”，也就是一捆干肉或者腊肉。我们猜想，正常情况下，一捆干肉或腊肉少则二三斤，多则四五斤而已，看来孔子收的学费并不是很贵；但是话说回来，也有人讲，孔子的学费相当之昂贵，为什么呢？我们觉得，春秋时期的肉品供应不会像现在这么丰富，肉还是比较罕见的东西。在孔子身后两百多年，孟子跟齐宣王讲自己的理想社会，其中有这么一条标准叫作“七十者可以食肉”。战国时期，一个七十岁的人可以随意吃肉，还成为一个遥不可及的社会理想，这说明肉在当时是相当珍贵的东西。假设孔子的学生一个人交五斤肉的话，那么他有三千弟子，孔子就会收到一万多斤肉了。在当时来讲，这应该是一笔价值不菲的财富。尽管如此，单凭收腊肉和干肉想大富大贵那也不可能，只不过比以前的打工生涯好一点儿、稳定一点儿而已。

可能孔子也没有想到，本来是一份很偶然的职业选择，结果他在教师这个岗位上竟然站了一辈子。其后的四五十年，即便出仕为官，即便周游列国，颠沛造次，孔子也从来没有离开教师的角色。从这个意义上说，孔子是最伟大的教育家，也是教师这个行当的祖先。

连升三级代总理

孔子设帐授徒，名声逐渐传播开来。那时候群雄逐鹿，人才争夺战是相当激烈的。周边很多诸侯国听说鲁国出了一个很有才华的大人物孔仲尼，纷纷卑辞重币，请他出山。孔子有几次出仕的机会，可有时候是因为平台太小，有时候是因为邀请他的人不太地道，遂先后拒绝了；但他心里想要干预现实政治、建成理想社会的渴望并没有熄灭。《论语》中说：“沽之哉！沽之哉！”孔子是在感慨：我就像那个系在藤上的葫芦一样，谁能把我摘下来做成瓢去盛水或者盛酒呢？这当然是个比喻，意思是怎么能够实现自我价值呢？时光过得很快，二十多岁做老师，一转眼就是二三十年，很快就过了五十岁了，他出仕的好机会也到来了。于是孔子走进了自己生平的第三个阶段，那就是“知命之年，出仕鲁国”。

鲁国是孔子的祖国，也是老牌大国、强国，这个平台当然比较理想了。五十一岁这一年，孔子出山做官，第一个职务叫作“中都宰”，相当于现在某个直辖市的市长。胡玫导演、周润发主演的电影《孔子》一开头就是“中都宰孔丘大人觐见”，说明这时候孔子五十一岁。孔子这个中都宰做得政绩斐然，第二年就被调到中央，担任“司空”。这是一个“司局级”中层干部，主管经济基本建设。又做了一年，表现优异，连升三级，从司空做到了“大司寇”。这是鲁国的最高司法长官，相当于今天的最高人民法院院长、最高人民检察院检察长、公安部部长“三长合一”，而且“行摄相事”，也就是“代总理”，成为鲁国实际上的最高行政长官。

等了这么久，现在终于有了理想平台，孔子大刀阔斧地开始推行以“复礼”为目标的政治体制改革。什么叫作“复礼”呢？“礼”是孔子思想的三大核心之一，简单说：“礼”是一套良性运行的社会秩序，所谓“君君臣臣，父父子子”，君主要有君主的样子，臣子要守臣子的本分；而现在的鲁国“礼崩乐坏”——君主是傀儡，大权落在以季桓子为首的“三桓”手上，那就是君不君、臣不臣。所以孔子推行的“复礼”改革，其目的是还威权于君上，还臣子以本分。

我们能够想象，孔子的改革必然极大程度地触动了既得利益阶层，所以也必然遭到猛烈反扑。孔子任代总理的这一年冬天，反扑正式上演。按当时的规矩，岁末要祭天地祖先，祭肉应当分给各级官员。作为最高行政长官，孔子应该首先分到祭肉才对，但在“三桓”的操纵之下，最后连普通的公务员都分到了祭肉，孔子居然连个肉渣儿都没看见。这种做法其实就是在向孔子传递一个明确的信息：你在鲁国已经成为不受欢迎的人，如果继续在鲁国待下去的话，你的人身安全我们将无法保障。孔子“读懂”了这个危险的信号，于是收拾了几车书，带了几个学生，仓皇离开鲁国，从此开始了他人生的第四个，也是最关键的一个阶段——周游列国。

不爱贤人爱美人

从五十四岁到六十八岁，孔子周游列国。我们可以大体上把它分成两种情况：一种情况就是在少数国家和少数时期，孔子过得比较舒心滋润，比如在卫国。初到卫国，卫灵公对孔子非常尊敬，曾一度想封其为国师，并赐予封地，后来因为别人的劝阻没能实现。尽管如此，卫灵公还是给了孔子非常高的礼遇。他出行的时候，自己的车在道路左边，孔子的车在右边和他并驾齐驱，以示尊敬。但是好景不长，没过多久，卫灵公迎娶了著名的美女南子。南子这个形象大家比较熟悉，就是在电影《孔子》中周迅扮演的那个角色。南子美艳，天下无双，但是有一点，名声不太好——据说生活作风不太好。当时很多诸侯国君都对她垂涎三尺，想娶回来做第一夫人，但是又碍于她的名声，唯恐伤了国家的体统。卫灵公比较少道德上的顾忌，捷足先登，把南子娶回来了，那当然是“三千宠爱在一身”。从此以后卫灵公再出巡，自己车辆的位置没变，还在道路的左边，南子在道路的右边，和他并驾齐驱，孔子被挤到了第二排。孔子为此大吃其醋，讲了一句很严厉的话：“吾未见好德如好色者也。”这话就是批评卫灵公好色而不好德。从这开始，俩人“友谊的小船说翻就翻”了。卫灵公越来越不满意孔子，后来干脆派了一队士兵，到孔子居住的驿馆门口军事演习。——我们看，先秦时候传递信息的方式都是非常有意思的：孔子在鲁国，季桓子用分祭肉的方法给孔子传递信息；现在在卫国，卫灵公用演习的方式给孔子传递信息，目的是一样的，也是告诉孔子，你在卫国也已经成为不受欢迎的人了。于是孔子离开了卫国，结束了自己比较好的这一段短暂生活。

匡地的群殴事件

离开卫国以后，孔子四处漂泊，大多数都是比较坎坷的境遇了，用孔子自己的话讲叫作“颠沛必于是，造次必于是”。其中有一件事值得我们先说说：在陈国的匡地，孔子和他的学生们遭遇了一场比较严重的人身威胁。匡地的老百姓聚合起来，把孔子和学生们围在中间暴打了一顿。他们为什么要打孔子呢？其实说清楚了是一场误会。当时的匡地是鲁国的“殖民地”，由一个叫阳虎的人具体管理[①]。阳虎横征暴敛，老百姓恨之入骨，但是一直没有机会见到他。现在突然看到来了这么一个鲁国人，个子很高，有点儿像传说中那个阳虎，所以大家就误认为孔子就是自己切齿痛恨的阳虎，把他和学生们包围了起来。这个误会是情有可原的，有文献显示，孔子和阳虎的相似度很高，他的学生们远看的时候也会认错。

那么，到底有多少人参与这场群殴，把孔子和他的学生们打得有多严重呢？文献中没有正面记载，但当时已经有学生跑过来慌慌张张地说：“老师啊！咱们赶紧跑吧，再不跑咱们就可能被打死在这儿！”可见情势相当危急。这种情况下孔子讲了一句很著名的话：“天之不丧斯文，匡人奈予何？”那就是说，老天如果不想断绝斯文一脉的话，匡地老百姓不能拿我怎么样。这句话很平常，但在中国文化史流变过程中逐渐演化成了非常洪亮的一种声音，对后来精英知识分子阶层产生了极其深远的影响，成为他们重要的精神支柱之一。

我说上面这番话是有所指的，比如民国大儒、新儒家的

① 亦名阳获，但也有人认为阳虎、阳获并非一人。

代表人物梁漱溟。抗战时期他在陪都重庆，日寇飞机每天都来轰炸，每次警报一响，大家就往防空洞里面跑，有个说法叫作“跑警报”。

——“跑警报”过程中发生了很多有意思的事情，我们说其中一件。有一位著名学者刘文典，学问很好，自视甚高。他曾讲过一句很有名的话：两千多年来，中国只有两个人懂庄子，一个是我刘文典，另一个是庄子本人。真是目空一切呀！他很看不起那些从新文学领域中出来的学者和作家，比如朱自清、沈从文。他还有一段著名的话：我刘某人在北平的大学当教授，我一个月拿四百块大洋的月薪，我刘某人的学问是对得起这四百大洋的。但是像朱自清，他没什么学问，一个月四十块大洋就够了。沈从文呢？四毛钱都不用给他！在重庆“跑警报”的时候，刘文典先生听到警报以后也跑，跑着跑着，看见沈从文了，于是一把拽住沈从文，质问他：我为什么跑啊？我为庄子跑，我被炸死了中国就没有人懂庄子了！你为什么跑？

人人都“跑警报”，梁漱溟是个例外，坚决不跑。什么理由呢？他就用孔子这句话——“天之不丧斯文，匡人奈予何？”梁漱溟认为儒家斯文一脉是在我身上承传的，日本人的飞机炸不死我！说也奇怪，据说梁漱溟的住宅所在的整条巷子都被日寇的飞机炸塌了，只剩下他的房子孤零零地站在那儿，安然无恙。看来确实有些神奇的事情不能以常理测度之，或许真的是冥冥中自有天意吧！

讲这件事，我是想说，梁漱溟坚决不跑警报，支撑他这个举动的思想武器主要是“天之不丧斯文，匡人奈予何”的勇气与能量。孔子在他的人生波折中平平常常的一句话会穿越几千年的时光，成为后世知识分子的精神支柱，这就可见孔子影响之深远。“匡地事件”有惊无险，就这样过去了，但是更严重的危机正在前面等着孔子。孔子即将进入一生中最危急的阶段，最终它超越了孔子个人的经历，而上升成为“中国精神的关键时刻”，那就是“陈蔡绝粮”。

第 2 讲

中国精神的关键时刻

“陈蔡绝粮”尽管只有短短的七天，但是在孔子周游列国的十四年中、在孔子七十三年的一生中都显得格外重要，后人把它称为“中国精神的关键时刻”。

这个看法非常有意思，我们就首先来分享一篇文章《中国精神的关键时刻》，作者是当代著名作家、评论家李敬泽。

一骂成名的宰予

《左传》哀公六年，公元前489年，吴国大举伐陈，鲁国誓死救之。陈乃小国，长江上的两位老大决定在小陈身上比比谁的拳头更硬。

风云紧急，战争浩大沉重，他把一切贬为无关紧要可以删去的细节……征夫血、女人泪、老人和孩子无助的眼，还有，一群快要饿死的书生。

这一段是交代事件发生的背景，我们写文章一般称为“小帽儿”或“引言”，最后一句引到孔子和学生身上。

孔子正好赶上了这场混战，困于陈蔡之间，绝粮七日，吃的是清炖野菜。弟子宰予已经饿晕了过去……

这个场景中出现的孔子的第一个学生是宰予，也叫宰我，听着很不吉利的感觉吧？宰予这个人我们还是比较熟悉的，我们熟悉他可能会有两个原因。第一个原因，他是“孔门十哲”之一。我们知道，后来天下都建文庙来供奉孔子，老先生一个人享受人间烟火会有些寂寞，于是就安排一些学生和后来的杰出人才陪他一起享受，叫作“配享”。那么宰予靠什么跻身“配享”之列呢？有一个说法叫作“孔门四科”：德行、政事、文章和言语，在这四个方面有杰出表现才能进入孔子三千弟子的“十佳”，或者称“十哲”。宰予的“言语”科成绩是非常突出的，口才非常好，头脑反应非常快，常给孔子提出一些刁钻古怪的问题，弄得老师也很狼狈，因此列名于“十哲”之中。

但是，如果说我们知道宰予的话，这恐怕只是一个次要原因，主要原因是：宰予是唯一一个被孔子不留情面、破口大骂过的学生。孔老师做教师这一行四五十年，绝大部分时间都是给人如沐春风的感觉的。但是一辈子老师当下来，也难免有几天心情不好，宰予可能就赶上了孔老师心情不好这一天，在孔老师课堂上“昼寝”——大白天睡觉，孔老师大发雷霆：“宰予！你是粪土之墙不可圬也，朽木不可雕也！”从此，宰予被“一骂成名”，一成名就是两千多年，这可比我们今天娱乐圈里那种“炒作成名”“绯闻成名”厉害多了。我们接着看：

> 该宰予就是因为大白天睡觉而被孔子骂为朽木粪土的那位。现在我认为孔夫子骂人很可能是借题发挥，想当年在陈蔡，这厮两眼一翻就晕过去了。他的体质是差了点儿，可身子骨儿更弱的颜回还在院儿里择野菜呢！

这段话当中又出现了一个值得我们认识的学生：颜回。颜回在孔门中的地位非常高，后来讲孔门四大家——孔、孟、颜、曾。孔子是“至圣”，拿金牌的圣人；孟子是“亚圣”，拿银牌的圣人；颜回被称为“复圣”，也就是拿铜牌的圣人。——这里还要提醒一句，“孔孟颜曾”这个说法是宋朝以后逐渐形成的。宋朝以前孟子没有这么高的地位，大家很少“孔孟”并称，一般都是“孔颜”并称，也就是说，颜回是拿过银牌的，后来才把他的银牌换成了铜牌。颜回靠什么拿到这么高的地位呢？

颜回身上有两大特点：第一是“学霸”。孔子曾经表扬他，说普通人举一能反一，我举一能反三，而颜回举一能反十。你看这个学习能力多强啊！连孔子都赶不上。颜回第二个特点是在学习超好的同时能够培养道德情操，安贫乐道。孔子特别表扬过颜回："一箪食，一瓢饮，居于陋巷，人不堪其苦，回也不改其乐。"也就是说颜回吃着糙米饭，喝着凉水，住在贫民区里面，别人都忍受不了这种清苦的生活，而颜回能够心安理得，追寻自己的崇高理想，所以孔子感慨道："贤哉，回也！"话说回来，这种清苦的生活毕竟是给颜回造成了相当大的伤害，因为营养不良，颜回英年早逝，死在孔子前面了。孔子晚年，有几个人的去世对他伤害非常大：一个是他的儿子孔鲤，再有就是他的弟子子路和颜回。颜回去世的时候，孔子痛心疾首，他说："老天要断绝斯文，这才把颜回从我身边夺走啊！"连说了好几遍，可见颜回对孔子的意义真是非同小可。

因为长期清苦的生活，颜回当然"身子骨儿更差"了，但是人家颜回就没有晕过去，而且还在"院儿里择野菜"呢！

而年纪最大的老夫子正在屋里鼓瑟而歌，歌声依然嘹亮。谁都看得出，这不是身体问题，而是精神问题。

在这关键时刻，经不住考验的不止宰予一个，子路和子贡就开始动摇，开始发表不靠谱的言论。

这段话里又出现了两个人：一个是子路，他的知名度也非常高，跟颜回差不多。我们要画一幅《孔子周游列国图》的话，他身边应该画上两个学生，一个颜回，一个子路。子路是什么出身呢？这个说起来有点儿传奇。子路本来是武士，开了一间武馆，每天刀枪剑戟、斧钺钩叉地练武，过了一段时间发现自己练不下去了，因为旁边出现了一个书馆。老先生领着学生天天在那儿“子曰诗云”，弄得子路心里边非常烦躁。怎么能把这个书馆赶走呢？子路想了一个非常好玩的办法：他在身上涂满油彩，脑袋上插上羽毛，把自己打扮得像两千年后的印第安人一样，跑到孔子的书馆前去跳舞，扰乱孔子的教学秩序。大家都出来看他跳舞，这课就上不下去了嘛！因为这件事情，子路和孔子“不打不相识”，最后被孔夫子的道德文章所折服，拜在门下。子路是武士出身，所以性情直爽，这一点孔子很喜欢；但是因为性情直爽，常常不留情面，把孔子逼到死角里面，所以他也经常会遭到孔子的批评。孔子对子路又恨又爱，但还是爱多一些吧！孔子常常会把子路带在身边——子路是武士，放在身边当保镖，安全系数比较高，大概孔子也会有这方面的考虑吧！

另一个是子贡。子贡也是“孔门十哲”之一，他的长处和宰予一样，都是“言语”。宰予在言语方面没有什么可以夸耀的成就和事迹，子贡则不然，他的杰出事迹是“子贡全鲁”，非常复杂，我们只能说一个大概的轮廓。齐国攻打鲁国，鲁国向孔子求助，孔子派了子贡来解决问题。子贡首先安抚住齐国，说：你如果不攻打鲁国，我会给你带来比攻打鲁国更大的利益，从而使齐国暂时不向前进兵。然后他又到南方游说了一番，帮助新崛起的越国灭掉了原来的霸主吴国，并且使越国和鲁国达成了联盟。齐国一看，现在鲁国有了这么硬的后台，尽管没有获得什么利益，也只好心有不甘地退兵了。子贡南方北方地跑了一圈，就削弱了一个国家——齐国，壮大了一个国家——鲁国，灭亡了一个国家——吴国，扶持起了一个新的强国——越国，改变了春秋时期的整个外交格局。从这个意义上讲，子贡是春秋时代最杰出的外交家，没有“之一”。

子贡还有一个特点：他是孔子门下最“土豪”的一个学生，生活状态和颜回正好形成鲜明对比。颜回是“一箪食，一瓢饮，居于陋巷”，子贡一出门则是“结车连驷”。什么意思呢？现在说就是要摆出一个豪车长队，什么兰博基尼呀、宾利呀、劳斯莱斯呀，一辆接着一辆，非常排场。子贡是商人出身，而且是非常成功的大商人。所以一个武士，一个商人，这种情况下他们“就开始动摇，开始发表不靠谱的言论”了：

> 夫子逐于鲁，削迹于卫，伐树于宋，穷于陈、蔡，杀夫子者无罪，藉夫子者不禁。夫子弦歌鼓舞，未尝绝音，盖君子无所丑也若此乎？

不用我们费神去翻译，李敬泽已经替我们翻译了，这话的意思就是：“老先生啊！你既无权又无钱，不出名不走红，四处碰壁，从失败走向失败。混到这个地步，你不自杀不得抑郁症也就罢了，居然还能够饱吹饿唱，兴致勃勃，难道君子就是如此不知羞耻乎？”

不知天之高地之厚

> 话说到这个份儿上，可见该二子的信念已经摇摇欲坠，而且这话是当着颜回说的，这也就等于指着孔子的鼻子尖儿叫板了。果然，颜回择了一根菜，又择了一根菜，放下第三根菜，摇摇晃晃进了屋。

进屋干吗？找孔子打小报告去了。果然——

> 琴声戛然而止，老先生推琴大骂：“子路、子贡这俩小子，小人也！召，吾与语！”俩小子不用招，早在门口等着了，进了门，气焰当然减了若干，但子贡还是嘟嘟囔囔：如此可谓穷矣！

——老先生啊，混到这种地步，可谓山穷水尽了吧！孔子凛然说道：“是何言也？君子达于道之谓达，穷于道之谓穷。今丘也，拘仁义之道，以遭乱世之患，其所也，何穷之谓？故内省而不疚于道，临难而不失其德，大寒既至，霜雪既降，吾是以知松柏之茂也。昔桓公得之莒，文公得之曹，越王得之会稽，陈、蔡之厄，于丘其幸乎！”① 这一段话我们不必一句一句讲了，它

① 《吕氏春秋·慎人》

的主要精神可以用《论语》中的一句名言来概括，那就是“岁寒而知松柏之后凋也”。所以孔子最后道“陈、蔡之厄，于丘其幸乎”——这种困厄，不正是考验我意志、理想的一种幸运吗？对于这段话，李敬泽给出了这样的评价：

> 黄钟大吕，不得不原文照抄，看不懂没关系，反正真看得懂这段话的中国人两千五百年来也没有多少。子路原是武士，子贡原是商人，他们对生命的理解和此时的我们相差不远：如果真理不能兑现为现世的成功，那么真理就一钱不值。而孔子，他决然、庄严地说：真理就是真理，生命的意义就在于对真理之道的认识和践行。
>
> 此前从没有人这么说过，公元前489年那片阴霾的荒野上，孔子这么说了，说罢“烈然返瑟而弦”——

回去继续弹琴唱歌去了。“随着响遏行云的乐音”，子路和子贡的反应相当不同。子路是“亢然执干而舞”，也就是兴奋地抱着大斧子去跳舞去了。子路这个人确实喜欢跳舞啊！年轻的时候就喜欢跳，到陈蔡绝粮的时候，孔子六十三岁，子路比他小九岁，已经五十四岁了，还是抱着大斧子跳舞，表达自己激动的心情；子贡的反应则完全不一样，他是呆若木鸡，喃喃曰：“吾不知天之高也，不知地之下也。”李敬泽说：

> 我认为这是中国精神的关键时刻，是我们文明的关键

时刻。如同苏格拉底和耶稣的临难，孔子在穷厄的考验下使他的文明实现精神的升华，从此我们就知道，除了升官发财打仗娶小老婆耍心眼儿之外，人还有失败、穷困和软弱所不能侵蚀的精神尊严。

当然，如今喝了洋墨水的学者会论证我们之所以落后全是因为孔子当初没像苏格拉底和耶稣那样被人整死，但依我看，该说的老先生都已经说得很透彻，而圣人的教导我们至今并未领会。我们都是子贡，不知天之高地之厚，而且坚信混得好比天高地厚更重要，但有一点总算证明了真理正在时间中暗自运行，那就是，我们早忘了两千五百年前那场鸡飞狗跳的战争，但我们将永远记得，在那场战争中，一个偏僻的角落里，孔门师徒的乐音、歌声、舞影和低语。

——永不消散。

这就是李敬泽先生这篇非常好的千字文——《中国精神的关键时刻》，是我多年来看到的最好的千字文，没有“之一”。篇幅很短，但是有思想，有深度，有幽默感，还有特写镜头。大家可能注意到了，“颜回择了一根菜，又择了一根菜，放下第三根菜”，从文章的角度来说，这是神来之笔！这么大的场面，这么大的主题，这三根菜是怎么放进去的？很了不起，值得大家仔细读一读。

陈蔡绝粮喜剧版

除了李敬泽这篇文章，我们还应该从另一个角度来观察“陈蔡绝粮”——一段相声叫作《吃元宵》。为什么要用一段相声呢？首先是由我自己的主观爱好决定的。我可以说是资深的相声迷，愿意在自己的课堂（包括音频课堂）上有机会就多讲点儿。我经常开玩笑说：“在中国大学讲台上讲武侠小说我不是第一人，讲相声我可能是第一人！”第二个也是更重要的原因是我们想提出一个问题：我们经常说，中国传统文化在流传过程当中形成了一些符号式的人物、符号式的事件。那么什么样的人或者事件才能够成为文化符号呢？有没有标准呢？我个人以为，尽管不能完全量化，但还是应该有基本标准的，那就是——这个人、这个现象，或者这个事件，他/它不仅被精英知识阶层所熟悉，同时也被大众通俗阶层所熟悉，那么他/它就有可能成为文化符号。“陈蔡绝粮”就是这样一个“可能”的文化符号。

《吃元宵》是天津“马派”相声“把杆儿的活”。——“马派”就是以马德禄、马三立、马志明这几代大师为代表共同构建成的、相声的主要流派。——这段相声从语言艺术的角度、从喜剧的角度都堪称是罕见的精品，我来大概转述一下。——非常可惜的是，我这儿没有“量活”——捧哏的，只能给大家说一段单口。

话说孔子带着子路和颜回游历各国时，不巧赶上陈蔡地区的大战，连续三四天没吃上饭，饿得前胸贴后背。带着两个学生翻山越岭，走着走着，看见前面有一个小饭店，门口挂着一块牌子，上面写着“白糖桂花馅儿元宵，一文钱一个”。看见这块牌子，孔子就走不动了，回头问子路颜回说：“你们俩谁身上有钱？翻点儿出来，咱们吃元宵吧！”两个学生非常委屈：“老师呀，咱早就没钱了，有钱咱至于饿到现在吗？”“那也不行啊！咱既然到了饭店门口了，就找一找吧！”这爷儿仨在身上、包袱里好一顿翻，还真不错，在包袱里头找到一文钱。

这一文钱是在哪儿找到的呢？毛笔的笔杆儿上。过去很多人在毛笔杆儿上拴上一文钱，是写字时候镇毛笔杆儿用的，没有人想要花这一文钱。现在到了这关键时刻，一文钱倒是顶用，可一文钱只够买一个元宵，这仨人饿了好几天了，怎么够啊？孔子灵机一动：钱咱没有，笔墨咱不是有吗？告诉子路、颜回：“你们给我看着点儿啊！”他拿毛笔蘸了点儿墨，在“一文钱一个”后边那个“一”字上面迅速画了一竖，变成“一文钱十个”了。四下里看看，没人看见，挺高兴，带着俩学生进了小饭店了。

“掌柜的，给我来十个元宵！”掌柜的说：“你看，老先生啊，这个数不大对呀！你们仨人，一人吃三个是九个，一个人吃四个是十二个，你要十个元宵，仨人也不好分哪！”孔子把脸一板：“你不会分哪？我告诉你怎么分。我是老师，我吃了四个，他们各吃了三个，尊师重道嘛！”人家掌柜的和气生财，你要十个，人家就卖给你十个。于是给盛上来十个元宵，孔老师吃四个，两个学生各吃三个。饿了三四天了，吃三四个元宵，管什么事儿啊！吃完以后更饿了，但是不敢再要了，手里面没有钱了。怎么办呢？

孔子一低头，看见那元宵汤了。哎！这东西不错，黏糊糊的，甜丝丝的，像杏仁茶一样，这个东西要喝点儿能管事儿。孔子明知故问："掌柜的，你这个元宵汤怎么卖呀？""这个我们不要钱，赠送的。""那好嘞，你给我来一碗。"俩学生一看老师都要上元宵汤了，那咱俩也别客气了，于是这爷儿仨，你一碗，我一碗就喝上了。喝到后来，掌柜的都快哭了："三位三位，咱不能再这么喝了！现在我们六个人挑水供不上你们仨喝汤！你们到后厨看看，我那元宵全变锅贴了！"给人家锅都喝干了。

孔子说："那好吧！不喝了，算账！"撂下一文钱转身就要走。掌柜的给拦住了："咱这个元宵汤不要钱，但是你们刚才吃了十个元宵，一文钱一个，得给十文钱，你们还欠我九文钱呢？"孔子一听这话，"呱嗒"一下，脸撂下来了："掌柜的，你这个生意不能这么做呀！敢情你们河南人吃元宵就一文钱十个，我们山东人吃元宵就一文钱一个吗？你这不是欺负外地人吗？你这牌子上明明写着'一文钱十个'，我吃十个元宵给你一文钱，这有什么不对的呀？"掌柜的纳闷儿：不能啊，我亲手写的牌子，"一文钱一个"呀！"好，咱们一块出去看看吧。"出去一看那牌子，掌柜的说："老先生你看好，我给你念啊——白糖桂花馅元宵，一文钱……"念到这儿卡壳了，上面明明写着

“一文钱十个”！

掌柜的知道被人耍弄了，但是没办法，没抓住啊！和气生财，几个元宵也不值当的，还得反过来跟孔老师道歉：“老先生，对不起，我是一着忙啊，可能给多写了一笔。那好吧，一文钱我收下，你们几位就请上路吧！”你看，挺好个事儿，你一走不就完了吗？结果人家孔老师还不乐意了：“掌柜的我告诉你，做生意以后不能这么干！说我们读书人蒙嘴吃，我们是那样的人吗？我还明告诉你，今天赶上我心情不错，只在那‘一’上给你画了一竖，你要是赶上我哪天心情不好，我还在上面给你多画一撇呢！那就成了‘一文钱一千个’了！”

转述这个相声固然是为了热闹，同时还要回到刚才那个问题：到底什么东西可以成为文化符号呢？这段相声应该产生于晚清，经过几代相声艺人的加工，定型成现在的版本。晚清民国时候，相声的地位非常低，大都是露天表演，术语叫“撂地”。听相声的大多是市井小民，没有什么文化水平，所谓“引车卖浆者流”。他们听懂这个相声得有一个前提——知道孔子是谁，还得知道真正的陈蔡绝粮是怎么回事儿。在这个基础上加一些喜剧化的虚构、解构、加工，才能产生比较，产生幽默感，从而收到很好的艺术效果。

所以说，像陈蔡绝粮这样的事不仅被精英知识阶层所熟悉，同时也被大众通俗阶层所熟悉，那么它就有可能成为重要的文化符号，这个时刻也就更加毫无争议地成为了中国精神的关键时刻。

第 3 讲

儒道互补

这一讲我们要进入孔子人生的最后一个阶段——“长歌以终”。

孔子删诗的真相

孔子周游列国十四年之后，鲁国的政治形势发生变化，他终于有机会回到自己的祖国了。但是，孔子离开鲁国的时候五十四岁，总体来说还属于年富力强，回来时已经六十八岁，垂垂老矣，年近古稀。这个时候孔子再想做什么事情，也是有心而无力了，所以孔子人生的最后几年是在平静的书斋生活当中度过的。

孔子晚年的几项学术工作对中国文化有着深远的影响。比如说第一项，“夫子删诗”。这个“诗”是指中国最早的诗歌总集《诗经》。大家知道《诗经》又叫《诗三百》，现在保存下来的有三百零五篇，加上六篇有目而无辞的“笙诗”，一共是三百十一篇。有这样一个说法：其实从西周到春秋，流传下来的诗歌共有三千首左右，孔子十删其九，最后形成了现在的《诗三百》。我们也常常看到有人非常惋惜，说孔子当年若不是将“诗”十删其九的话，诗歌的源头不就扩大了十倍吗？

对于这种疑问我个人是这样理解的。孔子删诗恐怕并不是删掉两千七百首与现在不同的诗篇，而是将从到西到春秋周流传下来的这些诗篇中有多个版本的挑选出来，选择一个最好的版本留下，把其他不那么好的版本删掉了。为什么可以做出这样的推测呢？

我们知道，《诗三百》分为风、雅、颂几大部分。从艺术性上讲，最好的还是十五国风。十五国风中的郑、卫二风写男女情爱比较大胆泼辣，所以古人有“淫风”之说，比如《将仲子》。“将”是请求的意思，“仲子”就是“二哥哥”，是女孩对自已情人的昵称。这首诗的原文是：

将仲子兮，无逾我里，无折我树杞。岂敢爱之？畏我父母。仲可怀也，父母之言，亦可畏也。

将仲子兮，无逾我墙，无折我树桑。岂敢爱之？畏我诸兄。仲可怀也，诸兄之言，亦可畏也。

将仲子兮，无逾我园，无折我树檀。岂敢爱之？畏人之多言。仲可怀也，人之多言，亦可畏也。

我的同事木斋教授是这样翻译的：

求求你呀我的二哥哥，
不要跳我家的墙窝窝，
不要碰坏了我家的树棵棵。
你是非常惹人爱呀，
但是我的父母太严厉，
想起他们我就心哆嗦！

再比如易中天翻译的《大车》，原文是：

大车槛槛，毳衣如菼。岂不尔思？畏子不敢。
大车哼哼，毳衣如璊，岂不尔思？畏子不奔。
谷则异室，死则同穴。谓予不信，有如皎日。

译文是：

牛车款款，毛衣软软。我想私奔，怕你不敢！
活着不能睡一床，死了也要同一房！你要问我真与假，看那天上红太阳！

《鸡鸣》的原文是：

鸡既鸣矣，朝既盈矣。匪鸡则鸣，苍蝇之声。

东方明矣，朝既昌矣。匪东方则明，月出之光。

易中天的译文是：

“亲爱的，鸡叫了，天亮了”！
“什么鸡叫？那是苍蝇”！
“真的天亮了，太阳都出来了”！
“什么太阳？那是月亮”！[①]

像这样写男女情爱的诗我们能找到相当大的一批。所以孔子并不是我们想象的那种老古板。他把一些对现代人来讲都是很敏感的题材保存在了《诗经》当中，并没有把那些不吻合自己道德标准的东西都删掉。从一定意义上说，比现代人的宽容程度有过之而无不及。孔子的这项工作，对中国文化，特别对诗歌史产生了深远的影响。此外，还有其他学术工作，如整理《春秋》、做《易传》，这两项学术成就也非常重要，我们暂不细说。

划着小船去海漂

需要特别注意的是，孔子在晚年提出了一个非常有意思、

① 见《易中天中华史·青春志》，浙江文艺出版社，2016年版。

有价值的哲学命题——儒道互补。《论语》中有句名言："道不行，乘桴浮于海。""桴"是船桨的意思，可以指代船，这句话就是说：我的理想反正也不能实现了，我还不如划着一条船到海上去漂流算了。简简单单几个字，意义重大。

第一点，它表达了非常典型的出世思想，这种思想明显是道家的主旋律，也就是说，孔子居然讲出了和老子、庄子差不多的话，这体现出了孔子思想的丰富性，也体现出了孔子这个"人"的丰富性。我们很多人的印象中，都觉得孔子是愈挫愈奋、斗志昂扬、从不会沮丧消沉的，但作为一个人，哪怕他是圣人，也不会一辈子都把那根弦绷得紧紧的，总会有松弛、颓唐、郁闷的时候。这才是真正的人性，才是真正的孔子。

第二点，我们平时讲国学，常常出于叙述的方便，按照儒、佛、道的次序依次来讲。其实真正的中国思想体系发展都是你中有我，我中有你，互相影响、渗透、补充的：儒与道互补，儒与佛互补，道与佛也互补。这几个互补当中，"儒道互补"是最为重要的文化命题，也是古代无数知识分子的基本思想格局。孟子有一句话："达则兼济天下，穷则独善其身。""达则兼济天下"是儒家的主旋律，"穷则独善其身"是道家的主旋律。后代无数文人都会在比较得意的时候勇于干涉现实社会政治，一旦失意，他们就会拣起"乘桴浮于海"的思想武器，用来平衡自己的逆境。

人人都爱苏东坡

我们以千年一出的文化巨人苏轼为例，就从苏轼名字说起。苏轼，字子瞻，这个名字是他的父亲“老苏”苏洵给取的。什么意思呢？“轼”是古代车辆上扶手的横木，古人通常有“凭轼而瞻”的动作，手扶在横木上向前看。从这个动作我们就看得出来，苏洵是希望苏轼能够登高望远，胸怀浩然，积极奋发，做一番大事业，这明显是儒家思想的主旋律。

苏轼没有辜负父亲的期望，他和弟弟苏辙从老家四川眉山来到汴梁城参加科举考试，一考即中，而且名列前茅。这一年，苏轼只有二十一岁，苏辙只有十九岁。谁是慧眼识才、录取了这兄弟俩的恩师呢？那就是大文豪欧阳修。据说欧阳修本来是要把苏轼初评为第一名的，但把这篇文章看来看去，写得太好了！欧阳修想，只有一个人能写出这样的好文章，那就是我最喜欢的学生曾巩。可是把自己很亲近的学生点为第一名，欧阳修诚恐别人会有非议，于是把苏轼往后压了一名，屈居第二。

等到拆开卷子，发现作者是自己不认识的四川小伙子苏轼，欧阳修大喜过望，此后在很多场合都大力表扬苏轼。比如说他跟自己的儿子们讲，你们平时没事儿多跟苏轼走动走动，为什么呀？再过三十年，天下人都会知道苏轼，不会有人记得我欧阳修了！你看这话说得多重啊！当时欧阳修是以什么身份说的这话呢？这话如果是我说的，那也起不了什么作用，人微言轻嘛！欧阳修不然。论文坛地位，他是首屈一指的文坛盟主；论官场地位，欧阳修最高做到参知政事，也就是现在的国务院副总理。他以这么高的地位表扬一个初出茅庐的小伙子，当然，这对苏轼文化地位提升的作用非同小可。

正是在恩师这样的奖掖、鼓吹之下，年纪轻轻的苏轼一夜走红，如日中天，迅速成了北宋王朝头号“天王巨星”。用“天王巨星”这个词儿，好像有点儿开玩笑，但也没开玩笑。苏轼在当时拥有的粉丝数量之多、档次之高，绝不是我们现在任何一个娱乐明星、体育明星能望其项背的。苏轼的粉丝里都有谁呢？有三朝天子宋仁宗、宋英宗、宋神宗，不仅有皇上，还有皇上他妈、皇上他奶奶。仁宗朝曹皇后和英宗朝高皇后，都是苏轼的忠实粉丝。皇上和太后“粉”苏轼“粉”到什么程度呢？毫不夸张地说，到了“脑残粉”“死忠粉”的程度。他们经常派小太监到苏轼的书房去看苏轼新写的诗文，如果皇宫没有，马上就要抄副本带回去，否则就寝食不安。

有句古语叫“上有所好，下必甚焉”。皇上和太后这么喜欢苏轼，那些在官场文坛混的，就是不喜欢苏轼，也得假装喜欢苏轼，甚至还得加倍喜欢苏轼，那才对劲儿。这种情况下，苏轼就毫无疑问地成了当时的文化风向标。只要你在官场文坛里头混，如果不能背诵几句苏轼新写的诗文，用电影台词来说，“你都不好意思和人打招呼”。作为风向标的苏轼对文化的影响是全方位的，不光能扭转文学风气，还能改变时尚潮流。文献中记载了这么一件事：有一年，汴梁城的冬天非常寒冷，苏轼平时戴的毡帽御寒效果不好，于是自己裁剪了一种新款的毡帽戴着上朝。用不上三天，没有人组织，没有人召集，没有人下发红头文件，所有的文武官员上朝都戴苏轼这种新款的毡帽，而且给它起了个别名叫“子瞻帽”，你要不戴那你就不时尚了。你看，苏轼当时就神气到这种地步，作为一千年以后苏轼的粉丝，我们当然替苏轼觉得高兴了。

能人背后有人弄

但是还得提醒大家一句：不能高兴得太早。还有一句古语，叫作“木秀于林，风必摧之；名高于众，谤必随之”，有多少人喜欢你，也就有多少人咬牙切齿地在背后恨你。用郭德纲的话说，这叫作“山外青山楼外楼，能人背后有人弄”。很多人都在嫉恨苏轼，但现在他如日中天，对他无可奈何。我在前几年出版的一本关于苏轼的小书里面打过这样一个比喻：这些嫉恨苏轼的小人就好像动画片《狮子王》里面的那群土狼，平时栖息在阴暗的巢穴当中，看见狮子王在外面耀武扬威，他们无可奈何。但是，这些土狼也有他们自己的特殊敏感，他们能够捕捉到空气当中飘荡的哪怕一丁点儿的血腥味儿，只要时机来临，他们就会成群结队、凌厉凶狠地向狮子王发动进攻。

再过若干年，这群土狼的机会就来了，那就是到了王安石变法的时候。王安石变法是中国历史上的一大公案，我们三言两语说不清楚，也不准备细说。最简单的事实是——苏轼是站在王安石对立面、反对王安石用这种方式变法的，因此得罪了“内阁总理”，也就得罪了“内阁总理”的后台、自己的忠实粉丝宋神宗。这就是空气当中飘荡的那一丁点儿血腥味儿，土狼们当然早就敏锐地觉察到了，弹劾苏轼的奏章像雪片一样每天飞到宋神宗的办公桌上。宋神宗一开始还好，后来勃然大怒，派了一个专案组，跑到浙江湖州，把市长苏轼带回当时的中央纪检部门——御史台。因为御史台表肃杀，墙面常常漆成黑色，俗称“乌台”，苏轼由此卷入了中国历史上最著名的文字狱——乌台诗案。

苏轼被关押在乌台的看守所里面，规定时间、规定地点交代问题，一共度过了一百三十天，四个半月左右。在这四个半月里面，宋神宗有没有考虑过杀苏轼的可能性呢？这个没有相关文献，但是我个人认为宋神宗是有考虑过杀苏轼的可能性的。可能有的朋友会觉得不大对头：宋神宗不是苏轼的粉丝吗？粉丝怎么会干掉自己的偶像呢？我想告诉大家一句话：政治家对一个人的好恶是最不可靠的。政治家随时可以为了更大的政治利益牺牲自己的好恶，喜欢的人可以干掉他，不喜欢的人可以跟他沆瀣一气，因为政治利益最大。宋神宗也是政治家，现在推行新法，步履维艰，动辄掣肘，如果能够杀掉苏轼，他就等于向天下臣民昭示了自己推行新法的决心——潜台词就是：我自己的偶像我都舍得杀，那我还有什么事儿干不出来呢？所以对宋神宗来说，杀掉苏轼是非常合算的。

那最后为什么又没杀呢？我觉得还是粉丝的感性战胜了政

治家的理性。我们从两处文献记载中能够看到宋神宗的内心挣扎和矛盾。第一处记载：宋神宗派了一个人做卧底，乔装成囚犯，跟苏轼在监牢里边同吃同住。十多天之后放出来向宋神宗汇报苏轼的情况：苏轼胃口非常好，中午吃了八个包子，晚上吃了四碗饭；晚上睡眠也好，每天脑袋一沾枕头就睡着了，还说梦话，打呼噜。这些汇报对苏轼是利好消息。为什么呀？宋神宗认为，这期间苏轼写了不少奏章为自己辩护，如果他在奏章中撒了谎，就有欺君之罪，他会吃不好、睡不着的；他现在胃口好、睡眠好，说明苏轼跟我说的都是实话。这里我觉得大家可以记住一个经验：不管遇见什么难事，最重要还是吃得饱、睡得着，关键时刻这是可以救命的呀！

第二处记载：宋神宗翻阅苏轼的诗词文章，看到那篇千古绝唱《水调歌头》中的“我欲乘风归去，又恐琼楼玉宇，高处不胜寒”几句，一声长叹：“苏轼终有爱君之心哪！”为什么宋神宗会这么想呢？他认为“琼楼玉宇，高处不胜寒”说的是自己，因为自己是九五之尊，站得最高，最孤独寂寞，没有人能说个知心话儿。他觉得苏轼心疼自己，有爱君之心。其实我们知道，宋神宗是自作多情了，根本没有这回事。苏轼填词的时候未必是想到某个人，如果非要想到某个人的话，这个人应该是弟弟苏辙才对，恐怕也不会一拐弯儿想到皇帝那儿去。看来这是个误会，但这是个“美丽的误会”对苏轼是有利的。这两条史料都表现出，粉丝宋神宗的感性和理性正在进行非常激烈地交战，他在努力从感性层面给自己找一点儿不杀苏轼的理由，最后正是这种感性以微弱的优势战胜了理性。

武装部副部长

这种情况下，苏轼九死一生，四个半月以后，从看守所里被放了出来。给了他一个什么处分呢？苏轼当时的官衔叫“检校水部员外郎黄州团练副使本州安置”。这个官衔听起来挺长，实际上在宋朝官衔里已经算比较短的了。这个官衔我们要从三个层次来理解：第一层，检校水部员外郎，也就是水利部副司长，这是苏轼的职级。以这个级别安排一个什么职务呢？第二层，黄州团练副使，也就是湖北省黄冈市人民武装部副部长。但是，别忘了后面还有四个字——“本州安置”，第三层就是说，不是真的让你担任武装部副部长的职务：给你一间办公室，让你天天在那儿看报纸，喝茶水，处理公务。你可以按照这个职务享受政治经济待遇，但是，没有处置公务的权力，只是一个被看管在黄州的比较体面的囚犯而已。

我常常开玩笑说：如果谁要这么处分我一下，我还挺高兴呢！当着武装部副部长，还不用上班，每个月领工资就行了，多清闲哪！问题是，苏轼能领到工资吗？

首先应该看到一个大背景：宋朝的文官数量比唐朝有显著的增加，工资标准也显著提高，导致大宋朝行政事业费开支常常出现赤字，拖欠公务员工资。怎么办呢？常见的解决手段有两种：一是先欠着，等财政有钱了一总儿给；另一种是以实物来抵偿工资，苏轼经常领到的就是没什么用处的“实物”。比如这个月到了发薪的日子了，苏轼应该到衙门口去领五千块钱，但人家衙门口说了，没钱！我们有官府卖完了酒剩下的皮口袋，叫压酒囊。我们发你五十条皮口袋吧！每个皮口袋一百块钱，这五千块钱就全都发完了。苏轼如果把这五十条皮口袋拿到市场上去卖呢？一千块钱都不一定换得回来，但是在人家官府的账面儿上，工资可全发完了。苏轼的诗《初到黄州》尾联：“只惭无补丝毫事，尚费官家压酒囊。”说的就是这件事。

苏轼来到黄州，一方面要面临巨大的人生落差——从北宋头号巨星到现在的囚犯身份，这相当于从喜马拉雅山的山顶掉到了马里亚纳海沟的沟底。同时，苏轼还要面对经济上的拮据困窘。全家老小都指着自己的工资过日子，但是就领回来几十条皮口袋，这日子可怎么过呢？苏轼写给学生秦观的一封信就表达了经济上的难堪状况。他说：我全家老小一个月的开支是四千五百钱，不够花怎么办呢？我就把这四千五百钱分成三十串，每串一百五十钱，每到月末，从房梁的这边挂到那边。每天早晨用竹竿挑下来一串，不管怎么不够花都不动第二天那串。你看，苏轼这样的巨星现在也落到精打细算、一分钱掰成两半儿花的境地了。如此困窘，怎么办呢？苏轼只好领着妻子儿女在黄州住所东面的山坡上开荒种地，希望能够稍微补贴点儿家用。据说苏轼种田的手艺不行，一年下来也就收个几百斤粮食而已。这我们能理解，文化巨人一般来说都不会是种田好手，聊胜于无吧！

正是为了纪念自己从北宋头号巨星沦落到在黄州住所东面山坡上开荒种地的这种天差地远的境遇，苏轼在黄州给自己起了个别号，叫“东坡”，这就是他这个著名别号的由来。

酒量最差

逆境给人带来很多折磨，但是逆境也成全人，正如孟子所说：“天将降大任于斯人也，必先苦其心志，劳其筋骨，饿其体肤，空乏其身，行拂乱其所为，所以动心忍性，增益其所不能。”黄州贬谪的五年，应该说是苏轼人生中最重要的五年。如果没有这种天差地别的转折和跌宕，始终一帆风顺，苏轼也就不是今天的文化巨人苏轼了。后代学者研究，苏轼平生的千古名篇有百分之四十左右是在黄州写下来的。这其中不仅有千古绝唱《念奴娇·赤壁怀古》、前后《赤壁赋》，还有《定风波》。

在苏轼的好词中，这首《定风波》可能排不上前几名，但它是我个人最喜欢的词作，估计很多朋友都会有同感。词前有小序，“三月七日，沙湖道中遇雨，雨具先去，同行皆狼狈，余独不觉。已而遂晴，故作此词”，大意是说：我在沙湖道上遇到大雨，雨具被拿走了，跟我同行的朋友都非常狼狈，东逃西躲，只有我自己没觉得这个大雨能怎么样，照样迈着方步散步，不一会儿，雨过天晴了。

读这段小序，我们能够体会到，其实从一开始，苏轼的心思就不在自然界的风雨上面，而是在写他人生的风雨，所以他才写下这样一首词：

莫听穿林打叶声，何妨吟啸且徐行。竹杖芒鞋轻胜马，谁怕？一蓑烟雨任平生。　　料峭春风吹酒醒，微冷，山头斜照却相迎。回首向来萧瑟处，归去，也无风雨也无晴。

你看，这就是苏轼！黄州五年，我们看到苏轼其实一直在用“归去，也无风雨也无晴”的心态在平衡自己的境遇，治疗自己的伤口。这是相当接近道家思想的真髓的。

这时期苏轼还有一首《临江仙·夜归临皋》，则是对孔子思想的直接致敬：

夜饮东坡醒复醉，归来仿佛三更。家童鼻息已雷鸣。敲门都不应，倚杖听江声。　　长恨此身非我有，何时忘却营营。夜阑风静縠纹平。小舟从此逝，江海寄余生。

这里的第一句我们要加个注解：苏轼是中国大文人里酒量最差的一个，跟李白正好是两个极端。差到什么程度呢？他说自己小时候“望酒辄醉”，不用喝，只要看见酒，“梆”一声，倒下就醉了！经过多年历练，苏轼的酒量有了点儿进步，晚年时他说自己可以喝“三蕉叶”。蕉叶，是指蕉叶杯，一种狭长浅底儿、如芭蕉叶一样的杯子，估计按今天度量衡来算，一两半、二两酒吧！因为酒量差，所以才“夜饮东坡醒复醉”，醉了又醒，喝了再醉，直到半夜才回家。本来是有个应门的童儿的，小孩儿犯困，已经睡着了。我们这位“苏酒鬼”只好拄着拐杖在江边站了半夜。

站在江边，苏轼在想什么呢？“长恨此身非我有，何时忘却营营”，这两句用的是道家典故。老子云：“吾所以有大患者，为吾有身；及吾无身，吾有何患？”苏轼是说，我的命运难以自主，何时才能忘却这些蝇营狗苟的事情呢？眼看着江面寂静，波澜不兴，要是能划着小舟江海漂流，以度余生，那该多好！

注意“小舟”二句，这不就是孔子“道不行，乘桴浮于海”的诗化表达吗？同样在黄州，苏轼的《前赤壁赋》中有“惟江上之清风，与山间之明月……取之无禁，用之不竭”之句；《后赤壁赋》里，他讲到一个道士入梦跟自己对话之后，化成黑色大鹤（玄鹤）飞走了，这样的迹象都表明，道家思想在这个特殊时期对苏轼产生了决定性影响。

羊蝎子火锅发明者

黄州平反之后，没过上几年相对顺利的日子。北宋绍圣元年（1094）十月二日，五十九岁的苏轼历经几个月的周折来到惠州，开始了他人生中的第二次贬谪生涯。

我也常说，要是现在把我给贬到惠州我还挺高兴呢——珠三角经济发达区，多好的地方啊！可是宋朝的惠州不比现在，那时候岭南一带蛮烟瘴雨，猛兽出没，根本就是远恶军州，不适宜人居。唐朝大文豪韩愈因为上书谏迎佛骨得罪了唐宪宗，被贬到岭南潮州当市长。所谓“一封朝奏九重天，夕贬潮阳路八千。云横秦岭家何在，雪拥蓝关马不前”说的就是这件事。韩愈到潮州上任后，要面对的第一个问题居然是鳄鱼横行，上岸伤害人畜（可见那时候生态系统保护得不错），如果换了别的市长，可能有别的治理鳄鱼的办法，但人家韩愈是大文豪啊，他有自己的特殊办法。韩愈挥笔蘸墨，刷刷点点，写了一篇《祭鳄鱼文》，站在江边铿锵有力地念了一遍，从此潮州的鳄鱼就搬家了。鳄鱼搬家当然是传说，那只是反映了大家对韩愈的热爱而已，但这确实说明了唐宋时期岭南地区的那种难堪的生存状态。

苏轼就这样在惠州住下来了，虽然年近花甲，又是罪官身份，苏轼还是在逆境里保持着良好的胃口和睡眠。有诗为证：“罗浮山下四时春，卢橘杨梅次第新。日啖荔枝三百颗，不辞长作岭南人。”三百颗荔枝，我们现在去买一下，估计没有十斤也得有八斤！苏轼说，让我每天吃上十斤八斤荔枝，就算总待在这么边远荒凉的地方，那也没什么嘛！还有一首诗是写自己的好睡眠的：“白头萧散满霜风，小阁藤床寄病容。报道先生春睡美，道人轻打五更钟。”那就是说，每天都睡到五更天自然醒！

苏轼说得轻松，其实惠州的贬谪生活是很艰苦的，我们来看看这封写给弟弟苏辙的家书：

惠州市井寥落，然犹日杀一羊，不敢与仕者争买，时嘱屠者买其脊骨耳。骨间亦有微肉，熟煮热漉出（不乘热出，则抱水不干），渍酒中，点薄盐，炙微焦，食之。终日抉剔，得铢两于肯綮之间，意甚喜之，如食蟹螯。率数日辄一食，甚觉有补。子由三年食堂庖，所食刍豢，没齿而不得骨，岂复知此味乎？戏书此纸遗之，虽戏语，实可施用也。然此说行，则众狗不悦矣。

苏轼首先说，惠州的市场每天可以供应一只羊，因为人家当官的都买，我抢不上（其实可能是买不起的委婉说法），只好买点儿人家剔得很干净的羊脊骨回家，慢慢把它炖熟烤焦，拿竹签儿剔骨头缝里的肉渣吃。说到这儿我们应该想到，大家都知道苏轼是东坡肉的发明者，其实苏轼还是羊蝎子火锅的发明者呢！

苏轼在里头啰里吧嗦，把羊蝎子的做法写得很详细，比如“不乘热出，则抱水不干”这样的细节他都特地夹注提醒一下。同时他也很得意——别看我只能吃到点儿肉渣，老弟你在国宾馆吃红烧羊肉，一口咬下去根本没有骨头，可你能有我吃蟹螯一样的快感么？在这句话里，苏轼用了一个典故，晋朝有位叫毕卓的名士，他说：“人生最妙的事情莫过于左手持蟹螯，右手持酒杯，那就不白活这一辈子了！”苏轼信手拈来这个典故既是自嘲，也是苦中作乐，笔法是很妙的。

还有更妙的，这封信最神奇的地方其实是在结尾（用网络语言说，就是“结尾亮了”)。表面上看，“此说行，则众狗不悦矣”说的是地下到处乱跑的可爱的小狗，人家小狗本来是要啃骨头上的肉渣的，结果你都给人家剔干净了，小狗当然就“不悦”——不高兴了！其实我们都不难领会，苏轼哪里是在说小狗呢？这是双关语！是骂人话！苏轼骂的难道不是那些排挤他、构陷他、把他置于今日境地的那些小人？

量身定做贬儋州

宰相章惇就是非常“不悦”的一个/一条，也是气得两眼发黑（而且是漆黑）的一个。说起章惇，我们还颇有些感慨。章惇本是苏轼交情不错的朋友，年轻时常在一起游山玩水。有一次过独木桥，苏轼有恐高症，不敢过，章惇则大踏步走了几个来回。苏轼相当羡慕嫉妒恨，开玩笑说：“你这家伙连自己的命都不重视，将来肯定能杀人。”可见两个人关系的亲密。后来苏轼遭遇“乌台诗案”，章惇还参与营救，很帮苏轼的忙，但现在十几年过去，章惇青云直上，成为最高行政长官，朋友翻脸整起朋友来有时候比敌人还狠。通过秘密侦谍渠道，章惇第一时间读到了苏轼这些诗，他一声狞笑：“子瞻尚尔快活耶！”——看来还得贬！可是惠州南面是大海了，贬不过去了怎么办？干脆，贬过琼州海峡，责授琼州别驾、昌化军安置，那就是现在海南省第三大城市儋州。

这里面我们还要注意一个细节：苏轼字子瞻，和儋州的

“儋”相近，贬苏轼到儋州，这就是特地给苏轼“量身定做”的。那么会不会是巧合呢？恐怕不是。我们看，苏辙也同时被贬，他字子由，所以被贬雷州（现广东湛江），那是“由”和“雷”字底下的“田”字相近；还有一位他们的朋友刘挚字莘老的也被贬，因为“莘”字，就被贬新州（现广东新兴）。大家看看，小人整起人来对你是何等的“关怀备至，体贴入微”！

绍圣四年（1097），苏轼渡过琼州海峡，来到天涯海角的儋州。这一年苏轼六十二岁，垂垂老矣，日暮途穷。在海南，苏轼过着什么样的生活呢？我们还有一封他写给侄孙苏元老的家书可以看一看：

> 又海南连岁不熟，饮食百物艰难，及泉、广海舶绝不至，药物鲊酱等皆无，厄穷至此，委命而已。老人与过子相对，如两苦行僧尔，然胸中亦超然自得，不改其度。

他和小儿子苏过遭遇连年饥荒，百物匮乏，两人愁眉相对，像一对苦行僧一般。几乎所有人都会这么想：这一回苏轼挺直的腰杆肯定塌下去了，白银一般的嗓子肯定失声了，他再也唱不出那些美妙绝伦的诗歌了。

但他们都错了。

元符三年（1100），宋徽宗赵佶登基，大赦天下，苏轼也得到了一纸特赦令，终于可以回归了。苏轼再次横渡琼州海峡回来的时间是这一年的六月二十日，正是在这一天晚上，苏轼写出了一生最杰出的诗，发出了一生中最浑厚、最洪亮的声音：

参横斗转欲三更，苦雨终风也解晴。
云散月明谁点缀，天容海色本澄清。
空余鲁叟乘桴意，粗识轩辕奏乐声。
九死南荒吾不恨，兹游奇绝冠平生。

诗的前两句是写三更天渡海的场景，第二句的“苦雨终风”就是狂风暴雨。跟《定风波》一样，从这儿开始，那就不是在写自然界的风雨了，而是在写自己人生的风雨。苏轼在说：人生的凄风苦雨都过去了！浮云也许会遮住月亮，但它也总会散去，月亮会露出灿烂的笑脸，而我的人格和情怀，正如这辽阔的蓝天和蔚蓝的大海，永远那么澄澈，不会混浊！

接下来一句“空余鲁叟乘桴意”，指的又是孔子那句名言，又是对孔子的致敬！而且这一次，六十五岁的苏轼真的坐上了船，在海上漂流了。这与孔子想象出的境界何其相似！要注意的是，苏轼每次用这句话，后面都隐含着“道不行”三个字，用这个典故的时候，他心里是很有点儿道家的悲凉与儒家的愤怒的！

什么叫“粗识轩辕奏乐声”呢？“轩辕”意思是“轩辕黄帝”，代指上古时代，因为海南岛蛮荒原始，所以才这么说。经过这两句的过渡，苏轼的情感曲线在最后一联达到了高潮，“九死南荒吾不恨，兹游奇绝冠平生”——你要问我这一趟流放什么感觉，我就告诉你，就算死在天涯海角多少次我都不后悔，因为这一次流放是我平生最壮观的旅行！

这十四个字是中国文化史上最震撼的宣言之一，它负载和传递着苏轼无比巨大的人格重量，也构成了我们热爱苏轼最过硬的理由。

问汝平生功业

苏轼终于从海南回到了大陆，很多百姓听说流放海外好几年的大胡子苏学士回来了，都自发自觉围在河岸两旁，等着盼着看苏轼一眼。经过几年蛮荒生活的折磨，苏轼的身体其实已经不行了，但他又不忍心让这些“死忠粉”看不见自己，只好每天早晨搬一把椅子坐在船头等着让人参观，直到暮色沉沉才能回到船舱里歇息一下。这样很多天下来，苏轼也很疲倦，回头跟旁边的“坐客”说：“这样下去不是要看杀我苏轼吗？”

这本来是句玩笑话，结果却成了不吉祥的谶语。苏轼走到常州，一病不起，走完了自己六十六岁的一生。他病逝前一个月在镇江金山寺写下一首六言诗：

心如已灰之木，
身似不系之舟。
问汝平生功业，
黄州惠州儋州。

前两句用的是道家庄子之语，后两句则又回到儒家的“功业”之问。交叉着儒道思想的融合与冲突，这就是苏轼给自己写下的“临终寄语”“结案陈词”。不管别人如何评价他的才华、光环和业绩，他自己还是有点儿凄凉地说：这一辈子做了点儿什么呀？无非是从黄州到惠州，从惠州到儋州的流放罢了！

这就是苏轼，他临终前苦涩的叹息都带着一点儿幽默和阳光，别具一种系人心处的魅力。林语堂名著《苏东坡传》讲得很有意思：“苏东坡有魅力，正如女人的风情，花朵的美丽和芬芳，容易感受，却很难说清其中的成分……显然他心中有一股性格的力量，谁也挡不了。这股力量由他出生的一刻就已存在，顺其自然，直到死亡逼他合上嘴巴，不再谈笑为止。”[①]

从这个意义上说，苏轼的一生就是儒道互补的典型格局，这也是中国古代文人最有代表性的思想构成。所以说，“儒道互补”是孔子晚年对中国思想文化非常巨大的贡献，对这一点我们要特别关注。

七十三、八十四

公元前479年，孔子七十三岁，病入膏肓。孔子知道大限将至，使出最后的力气，拄着拐杖在院子里边走了一圈，完成了人生的最后一次散步。他一边散步，一边唱了一首短歌：“太

① 林语堂《苏东坡传》，宋碧云译本。

山其颓乎？梁木其摧乎？哲人其萎乎？”意思是说，大山要崩塌了，栋梁要折断了，而哲人要凋零了。唱完了这首短歌，孔子溘然长逝，走完了自己七十三岁的一生。

孔子的家世和生平到这儿应该已经说完了，但是我还想多说一个小花絮。大家知道，在民间，特别是北方的民间，有这样一个说法：老人到了晚年有两个坎儿，所谓的“七十三、八十四，阎王不找自己去”。我常常在想：为什么要把这个坎儿定在七十三和八十四呢？这是民俗的说法，我们也不知道来源，我也只是做一点儿推测。我觉得，首先是因为天干地支纪年，十二年为一旬，六旬是七十二,七旬是八十四。那为什么不直接叫七十二、八十四，而叫七十三、八十四呢？因为七十三是孔子的寿数，而八十四是孟子的寿数。在这里隐含着大家对老年人的尊敬和奉承。潜台词就是：如果七十三、八十四这两个坎儿你都过去了，那固然好；如果没过去，那就是和孔孟同寿。从这个意义上讲，民间风俗中潜藏的传统文化信息是非常丰富的，而我们同时也可以看到，作为儒家文化的奠基人，孔子对于中国传统的无比深刻的影响。

第 4 讲

仁者无敌

在对孔子家世生平的了解过程中，我们体会到，孔子很多经历和话语都建构了传统文化的重要部分，形成了中国精神的关键时刻。比如“天之不丧斯文，匡人奈予何”，比如“岁寒，然后知松柏之后凋也”，比如“道不行，乘桴浮于海”。在此基础上我们进一步了解孔子奠基的三大重要理念——“仁”“礼”“中庸”。

失火问人不问马

先从“仁”字说起。这一讲的标题叫作“仁者无敌”，看到这四个字，很多朋友可能会联想起金庸笔下一部并不出名的短篇小说《鸳鸯刀》。我个人认为，它是金庸笔下最不成功的作品之一。小说中对于某些江湖术语的运用还称得上可圈可点，但结尾揭破悬念的地方（用相声术语来说呢，我们称为“底”），这个“底”显得太随便了。那么多英雄好汉争鸳鸯刀，据说其中藏着一个可以无敌于天下的大秘密，结果发现居然只是四个字“仁者无敌”，这未免也太开玩笑，太侮辱读者智商了！我特别喜欢金庸，但是，我还是认为这部小说写得并不成功，如果我是金庸，我一定会把这部小说从自己作品集中删掉的。

那我就以此为开头谈谈这个“仁”字。有学者统计，在《论语》中“仁”字一共出现了一百零四次，是毫无争议的《论语》第一高频词，可见“仁”在孔子思想中的核心地位。什么叫“仁”呢？首先要注意，孔子给“仁”字至少下了二三十种定义。比如孔子有的时候说“克己复礼之谓仁”，有的时候说“刚毅木讷近乎仁”，有的时候说“巧言令色鲜矣仁”。为什么会有这么多不一样的解释呢？我们在后面还会讲到。孔子是大教育家，他奠基了“因材施教”的教育理念。当学生来问他“老师，什么叫仁”这样问题的时候，孔子会根据提问学生的不同情况给他们不同的答案。涉及国家政治秩序的时候，孔子可能就会告诉学生“克己复礼之谓仁”；当学生生性圆滑，左右逢源，有点儿墙头草——随风倒的迹象，孔子可能就会劝告他要“刚毅木讷”，“巧言令色”不是仁人君子的境界。我经常开玩笑说，像孔子这样的老师若是在现在的学校里面任职，很可能是要被开除的，因为他自己连标准答案都没有，但这也恰恰是大教育家和教书匠的区别。

那么，到底什么叫“仁”呢？从孔子的答案中，我们还是能够相对地归纳出一个最核心的东西来的，那就是“仁者，爱人也”。在这里，孔子想表达的思想是，“仁”不但要珍视人的物质生命，同时，也要尊重人的精神自由、精神尊严。这个“爱”也不是简单的、个体的“小爱”，而是要把这种“小爱”推广到最大的人群中去，变成“博爱”。孟子说“古之圣贤无大过人者，善推己及人而已”，这就阐述得更详尽清楚了。

在《论语·乡党》中有这样一段记载：“厩焚，子退朝，问：‘伤人乎？’不问马。”孔子家里的马厩失火了，孔子退朝以后，问：“伤人了吗？”根本没有问马匹的损失情况。古代人马厩里养的马就相当于我们今天的豪车。奔驰、宝马车被烧了，孔子没有太在意，他在意的是有没有人受伤，人的生命是否受到伤害。这句话还有另外一种点读方法，那就是在“不”字后加一个逗号，“不”字通“否”，这句话的意思就变成：孔子问：“伤人了吗？”别人回答说“否”，孔子再问马。不管是不问马，还是后问马，都同样体现出孔子对人的生命的珍视要远远超出对财物的珍视。我们不能据此批评孔子缺乏动物保护意识，在他心目中，人的生命是最重要的。

“表哥”与“王羡鬼”

我们再进一步归纳，可以得出结论：“仁”的最基本的情感元素是悲悯，也就是恻隐之心、同情之心，这是“仁”的底线，也是人的底线。如果一个人连悲悯、恻隐和同情都没有了，他也就不成其为“人”了。“仁者无敌”“仁者爱人”，我们已经讲了几千年了，是不是已经陈词滥调，没有必要再去演绎、运用它了呢？恐怕不是。这些原则之所以能够穿越几千年的时光，一直被大家所珍视，至少还有一个原因，就是那些不“仁”的行为还始终在我们身边存在。

举两个例子。2012 年 8 月 26 日，在陕西省包茂高速安塞段上发生了一起特大交通事故。一台大客车失火，导致三十六名乘客遇难。时任陕西省安监局党组书记、局长杨达才来到现场，面对几十具烧得焦黑的遗体，不知道想起来什么开心的事儿，居然在现场露出了非常开心的笑容。这个笑容被拍下来以后传到网上，引起众怒，“人肉搜索”的结果是发现他出席会议戴的名表就有十几块之多。于是杨达才得了个外号叫“表哥”，据说后来“表哥”因为经济问题被移送司法机关处理，判处十四年有期徒刑。为什么这位局长在事故现场露出笑容会引起大家如此强烈的愤怒呢？很显然，它超越了悲悯、恻隐和同情的底线。大家可以试想一下，如果换了是我们来到这个现场，看见几十具烧得焦黑的遗体，不管因为什么，你能露出那么开心的笑容吗？

还有一个例子。2008 年汶川地震，举国震悼，作家王兆山在《齐鲁晚报》上发表了一首词《江城子 · 废墟下的自述》。词的构想还是不错的，出发点也是好的，但是我们看看这首词具体是怎么写的：

天灾难避死何诉，主席唤，总理呼。党疼国爱，声声入废墟。十三亿人同一哭，纵做鬼，也幸福。

银鹰战车救雏犊，左军叔，右警姑。民族大爱，亲历死也足。只盼坟前有屏幕，看奥运，同欢呼。

这显然已经超越了人类正常的反应和语言表达方式，特别是最后几句，简直要让我们拍案而起了！前几年，我在一篇关于诗词的论文中提到这首词，特别加了一句话：“这样的词，寡廉鲜耻，穷极无聊，它挑战的不是文学底线，它挑战的是人伦底线！”

诸如“表哥”与“王羡鬼”这样的人，像这样的事情都在提醒我们，“仁”的原则还远远没有过时，它依然应该在我们的社会生活当中占有着相当重要的位置，而且在未来可见的人类历史发展过程中，它也将会是一个永恒的原则。

忠恕：隐形的翅膀

我们还要注意：“仁”作为孔子思想的核心，其实它是一套相当复杂的伦理情感系统。它不是一个单纯的“仁”，在下面还有相当多的属概念或者子概念，诸如忠、恕、信、惠、宽、谅……共同构成一个以“仁”为核心、以“忠恕”为两翼的复杂结构。

何谓“忠恕”两翼？《论语》中有句名言：

子曰：“吾道一以贯之。”曾子曰：“夫子之道，忠恕而已。”

这句话应该怎么理解呢？我猜想，当时可能是这样一个场景：学生们七嘴八舌地问老师：“孔老师，您这一辈子坚持的最主要原则是什么呀？”孔子说：“我有个原则，一辈子都坚持着，从来没有动摇过。”具体是什么原则呢？孔子没有明说。大家去问曾子：“师兄啊，你最了解老师了，老师说的原则到底是什么呢？”曾子说：“夫子一辈子坚持的原则就是‘忠恕’两个字。”

为什么曾子出面来解释孔子的原则呢？这涉及古代的师生关系。我们知道有个说法，叫“入室弟子”，就是最亲近的学生，可以进入老师的书房或者卧室得到老师的真传；再次一等的学生叫“登堂弟子”，在老师的客厅有座位的学生，也是比较亲近的。孔子门下三千弟子，不可能都入室登堂。很多外围的学生可能只好站到院子里听课，保不齐还有更悲惨的，只能站在墙外听课呢！这种情况下，他们常常不能直接跟孔子学习，而要通过那些登堂入室的亲信弟子探讨老师的思想和学问。

那么，什么叫“忠恕”呢？我以为朱熹的解释是准确的：“尽己之为忠”，“推己之为恕”。“尽己”，就是尽心竭力，对得起自己要负的责任；“推己”，就是“己所不欲，勿施于人”。曾国藩家书中有一段话对“恕”解释得相当详尽精确：

我要步步站得稳，须知他人也要站得稳，所谓立也；我要处处行得通，须知他人也要行得通，所谓达也。今日我处顺境，预想他日也有处逆境之时；今日我以盛气凌人，预想他日人亦有盛气凌我之身，或凌我之子孙。常以“恕”字自惕，常留余地处人，则荆棘少矣。

这个意思并不艰深，也没有太多的争议。关于“忠”，我们需要做进一步阐释。现在用这个“忠”字，常常接一个很重大、神圣的宾语。古代是忠于朝廷、忠于社稷、忠于君主，现代是忠于国家、忠于民族、忠于人民。这其实是后人附加的衍生义，“忠”字原意并不一定非要指那些宏大的对象，它其实就是指最平常的人和事，你都负责任，尽心竭力，那就是“忠”。

韦小宝的成功学

为了更好地解释“忠”字，我们来谈一个大家非常熟悉、喜爱的文学形象——《鹿鼎记》的韦小宝。跟《鸳鸯刀》相反，《鹿鼎记》在我心目当中是金庸笔下最好的小说，我称之为金庸小说“形而下的极致”。在这部小说里，金庸以20世纪中国最优秀作家之一的身份，表达了他对中国历史、中国社会、中国政治运行的独特思考。

它不仅在金庸作品中最杰出、最独特，在20世纪中国文学史上也堪称是一部非常奇特杰出的作品。书中对于中国政治、历史的观察和表达，对于国民性的描写，其深刻程度甚至可以比得上鲁迅的《阿Q正传》，书中的一些小情节，甚至一两句话都能给人带来很大的触动。

书中后半段有这样一个情节：

韦小宝离开了荒岛，回到北京，跟康熙见了面。一对好朋友分别好几年重新见面，韦小宝也控制不住自己的情绪，抱着康熙的腿放声大哭。康熙也很感慨，把韦小宝拉起来，两个人寒暄了半天：你长得多高了？你有几个老婆了？生了几个孩子了？……说了半天家常话。在这个过程中，韦小宝就把一层意思用潜台词的方式透露给康熙了。什么潜台词呢？他的意思是说：皇上，这次可是你主动低头向我投降的，如果你还让我去打天地会，对不起，这事儿我不能干！

康熙智商也非常高，很快听明白了韦小宝的意思，于是讲了下面这一段话：

> 你不用担心，把话儿说在前头，我可没要你去打天地会。你对朋友讲义气，那是美德，我也不来怪你。圣人讲究忠恕之道，这个忠字，也不单是指事君而言，对任何人尽心竭力，那都是忠。忠义二字，本来是一而二、二而一的。你宁死不肯负友，不肯为了富贵荣华而出卖朋友，也算十分难得，很有古人之风。你既不肯负友，自然也不会负我了。小桂子，我赦免你的罪愆，不全是为了你以前的功劳，不全是为了你我两个自幼儿十分投缘，也为了你重

视义气，并非坏事。（《鹿鼎记》第四十七回《云点旌旗秋出塞　风传鼓角夜临关》）

这里值得注意的是康熙对“忠”的含义的阐释：尽心竭力对待任何人，那都是“忠”，不一定是指事君而言。我们还应该想到，这段话出自康熙之口，是非常有意思的。因为他是皇帝啊！“普天之下，莫非王土，率土之滨，莫非王臣”，皇帝最容易迷失自己，强调绝对忠诚于自己。康熙能有这种清醒的头脑，是很不容易的，也是与他历史上的真实形象比较匹配的。

汉就是我，我就是汉

说完了韦爵爷，我们再来讲讲关二爷关羽。古人评价《三国演义》有云，本书有三绝：诸葛亮，古今智慧第一；曹操，古今奸雄第一；关羽，古今忠义第一。现在说起“忠义”二字，那就成了关羽的代名词了。通过分析关羽，应该可以进一步理解“忠义”这个附属的重要概念。

关羽的忠义特别表现在《三国演义》第二十五回《屯土山关公约三事》开始的情节当中。《屯土山关公约三事》的背景就是——刘备又一次打了败仗，又一次一个人骑着马跑了，又一次把媳妇扔下了。我们说“又一次”是因为刘备经常干这事儿，每次打了败仗就一个人逃跑，而且很大方，谁在身边就把媳妇儿扔给谁。这一次算他运气好，把媳妇扔给关羽了。关羽保护两家皇嫂甘夫人、糜夫人，被曹操围困在土山之上。曹操爱惜关羽的才华，围而不打，派大将张辽张文远上山劝降。

张辽上山一看，关羽横刀立马，要跟自己决一死战。张辽说：云长兄，你要选择这种方式也不是不行，成全了自己的忠义之名，但是有一条大罪我诚恐你承担不起。你两家嫂子沦落在乱军当中，后果不堪设想，将来有一天到了九泉之下，你有什么脸面去见大哥刘备呢？关羽一听不错：那么好吧，我投降。投降归投降，要“约三事”——谈三个条件：第一个条件，降汉不降曹。我投降大汉朝廷，不是投降你曹操；第二个条件，我大哥刘备还是朝廷的左将军，有一份俸禄，要请丞相按时如数发给，我得保证两家嫂子生活水平不下降；第三个条件，只要知道我大哥刘备还在世的消息，不管千里万里，我要回到刘备身边去，到时候请丞相放行。

三个条件开出来了，张辽做不了主，回去向曹操禀报：“关羽说了，第一个条件，降汉不降曹。”曹操笑了：“没问题，汉就是我，我就是汉，我不跟他争这个名分，只要投降就行”！“第二个条件，发工资”，“那也没问题，咱不差钱，发双份都行！”听到第三个条件，曹操摇头了：“这个不行！根据战场上的可靠情报，刘备没有死在战场上，那我让关羽投降过来有什么用呢？”

这个时候，张辽提了一条合理化建议：“丞相，我建议你答应。为什么呀？你要想想为什么关羽对刘备如此忠心耿耿？没有别的奥秘，刘备对关羽好啊！（原文是‘无他，恩厚尔’）关羽投降过来以后，丞相你对关羽比刘备对他更好，那不就完了吗？人心都是肉长的，人心是会变的呀！”曹操大喜，拍拍张辽的肩膀说：“文远，你这个意见很有眼光。好！三件事我都答应了！”就这样，关羽投降了。

曹操无语了

这里我们需要注意，曹操并不是一开始就毫无保留地对关羽好的，他对关羽的人品、人格有一个认识过程。其实，最初曹操是想用一种“最低成本——最大收益”的方式留住关羽的。请注意小说中这句话：“曹操欲乱其君臣之礼。”什么意思呢？曹操是这么想的：现在关羽正当壮年，血气方刚，两位嫂子青春妙龄，貌美如花。如果能创造点儿方便条件，让关羽和两个嫂子有点儿不清白的暧昧关系，那关羽哪儿还有脸回到刘备那儿去呀？撵他都不能走，只好死心塌地地留在我这儿！显然，这是成本最低、收益最好的方式。

所以曹操开始动歪心思了，行军打仗一天下来要安营扎寨，曹操告诉军需官，平时给关羽和两个嫂子两顶帐篷，今天给一顶就够了，创造点儿方便条件嘛！结果关羽安顿好两家嫂子以后，自己没地儿睡觉了。怎么办呢？搬一把椅子在帐篷门口当哨兵，给两家嫂子站岗，终夜不倦。第一天如此，第二天如此，第三天还如此，因此曹操对关羽的人品有了新的认识，衷心钦佩：我全军上下十数万人，能做到关羽这种大丈夫的程度，一人而已！曹操心想：我是不如关羽呀，要是换了我，我早进去六回了！

在小说里，曹操是一代奸雄，权诈之术非人所及，但是一旦遇到他真心喜欢的人，曹操的真诚也不是别人能相比的。他对关羽好到什么程度呢？有一套说法叫作“上马一秤金，下马一秤银；三日一小宴，五日一大宴”。什么叫“一小宴”呢？就是曹操自己请关羽吃饭。“一大宴”，就是所有文武官员都陪着关羽吃饭，五天就来一次。这还不够，曹操精挑细选送给关羽十个美女，结果关羽连看都不看，直接送给两个嫂子当丫鬟了。这就是所谓的英雄本色，视女色如粪土嘛！

有一天，曹操看见关羽穿的衣服旧了，拿出一领新锦袍：“你这衣服太旧了，我请好裁缝做了一身儿衣服，你穿上吧！”关羽接过锦袍走了。第二天来见曹操，穿的还是昨天那件旧衣服。曹操说：“云长啊，昨天我不是送你新衣服了吗？你怎么不穿呢？”关羽说：“我穿了！”“穿哪儿了？”关羽一掀旧衣服，新衣服穿里头了。为什么呀？“外面锦袍虽旧，乃大哥刘备所赐。里面的锦袍虽新，丞相所赐，我不能因此忘了旧主啊！”

曹操口中称羡，但是心里头相当不是滋味：又送金银，又送锦袍，又送美女，为什么关羽心如铁石，毫不动摇呢？想来想去，只好使出撒手锏了。名将爱宝马，而自己手里恰恰有天下第一宝马——嘶风赤兔马。这赤兔马本来是吕布的，曹操攻打徐州，杀了吕布，赤兔马就归曹操所有。平时珍惜备至，别人想借出去骑一圈都舍不得，现在为了收拢关羽之心，一咬牙：

“云长啊，这匹赤兔马我送你了！”

关羽一听这话，大喜过望，跪在地上给曹操“当当当”磕了好几个响头，抬头一看，曹操满脸阴云，一点儿笑模样都没有。曹操说：“云长啊，我就是不舍得批评你，今天我也得批评你几句了。这么长时间以来，我又送你金银，又请你吃饭，又送你锦袍，你从来就没说过一个谢字。前几天送你十个美女，你也没跟我握个手、鞠个躬啊？为什么现在我送你一匹赤兔马你给我磕这么多头呢？难道我十个美女还抵不过你一匹马吗？你这不是贱人而贵畜吗？”关羽说：“丞相，这事儿是这样，赤兔马是天下第一宝马良驹，日行千里，夜行八百，相当于后代的高铁呀！如果知道我大哥刘备还在世的消息，骑普通的马五天能到，骑赤兔马一天就能到，我为这个给你磕头啊！”我们现在网络上有个热词叫作“无语了”，我怀疑就是从曹操那时候留下的。曹操当时就“无语”了，整整俩小时没说话，这礼送的，心里头太堵得慌了！可是，话已出口，不能收回，赤兔马就这样送给关羽了。

最失败的人才投资工程

再过一段时间，关羽获得了刘备的确切消息，向曹操辞行。曹操黔驴技穷，只好避而不见。关羽多次求见不遂，干脆挂印封金，保护两家嫂子启程了。曹操收到禀报，知道这次真的留不住关羽了：“既然如此，咱们就去给关羽送个行吧！”同时特别嘱咐手下的武将：谁也不准穿盔甲、带兵刃，咱们是去送行的，不是去打仗的。

曹操率领几十号人马紧紧追赶，终于在灞桥追上了关羽。关羽看见烟尘四起，曹操带领几十号人追上来了，来意不明。关羽说："你们保护两位夫人先走，我在这儿抵挡一阵。"于是灞桥桥头，关羽横刀立马和曹操见了面。曹操在马上深施一礼，说了一段非常真诚沉痛的话："云长，天下之义士也！恨曹某福薄，不得相留啊！云长，现在你要走了，曹某无物以赠，只能送金银一盘，供路上使费。再送锦袍一领，聊表寸心！"关羽说："金银丞相所赐已足，锦袍是丞相一片心意，我得收下。"怎么收呢？按照正常礼数，关羽应该下马接过锦袍，谢过曹操，上马再走，但是关羽见对方人多，尽管没穿盔甲没带兵刃，还是恐怕曹操有诈，所以没有下马，而是用青龙偃月刀的刀尖挑起锦袍，披在身上。这出戏在后来也很有名，叫作《灞桥挑袍》。

曹操手下众将见关羽如此无礼，全都怒发冲冠："关羽欺人太甚！就算我们不穿盔甲，不带兵刃，今天也要和你好好打一架！"曹操安抚众将，替关羽说情："你们不要乱动！咱们几十号人，人家关羽只有一个人，这叫'敌众我寡'！关羽有点儿警惕心是正常的！"就这样，关羽和曹操在灞桥分别了。关羽离开灞桥以后发生了什么我们都熟悉，所谓"过五关，斩六将""千里走单骑"，斩杀了曹操若干员大将。每过一关，杀完一人，曹操的特赦文书随后传到——赦关羽无罪，不得因为此事为难关羽。在一定程度上，正是因为曹操这些特赦文书的保护，关羽顺利地走完了千里寻兄之旅，成功地回到了大哥刘备身边。

到这儿我们可以总结一下：曹操针对关羽的这项人才投资工程是中国历史上最失败的人才投资工程！不管是物质，还是感情，人财两空，血本无归，而且还被关羽拐走一匹赤兔马！可是还应该多问一句：真的失败了吗？

要到华容道才见分晓。

曹操率领残兵败将来到华容道口，眼看关羽率五百校刀手拦住去路，陷入绝境。曹操只好亲自出面，向关羽深施一礼："请君侯念在当年在我麾下，我对君侯仁至义尽，今天请君侯放我一条去路！"关羽是怎么来的呢？那是跟诸葛亮立下过军令状的：华容道要带回一个脑袋去，不是曹某人的脑袋，就是我关某人的脑袋！在这个当口，关羽确实义薄云天。眼看曹操如此狼狈，回想曹操对自己确实仁至义尽，自己也没怎么报答过曹操啊！关羽一咬牙一跺脚："既然如此，丞相，你请上路吧！"喝令校刀手让开两厢，放曹操冲出华容道。

关于华容道，还有个花絮值得一说。郭德纲有一段相声《华容道》，是一段"绺活"作品，也就是以唱功见长的，堪称他近年罕见的精品之一。他在相声里阐述了一个观点：评剧最适合家长里短、才子佳人的题材，不适合唱"老爷戏"，不适合刻画慷慨壮烈、像关羽这样的人物，那就显得太"软"。要是评剧演出《华容道》，关羽能怎么唱呢？这段唱词设计得着实令人喷饭，我们可以先看看文本，真正精彩还得看视频、听音频：

（答调）可说是曹操啊曹操，狗奸贼，你也有今天，你这不要脸的呀——

（楼上楼）曹孟德你个狗奸贼，睁眼看看我是谁。

上欺天子篡君位，下压着、三宫六院娘娘和偏妃，

你不该、逼我大哥无路退，在那新野樊城走了一回，

大皇嫂命丧在枯井内，当阳桥、遇见我的兄弟猛张飞，

今日里相逢在华容道内，咱们新仇旧恨算一回。

欠我一升还八斗，欠了我的王八还了我的龟，

狠狠心肠杀死了你呀，也免得、到将来哟吃了你的亏唉——

"欠我一升还八斗，欠了我的王八还了我的龟"，真是警句，能让人笑出腹肌！可这就根本不像"老爷"，像是"舅母"了。

现在我们再总结一下：曹操这项针对关羽的人才投资工程是中国历史上最成功的人才投资工程，它的收益是最宝贵的、不可能重来一次的生命！还有什么比这次人才投资收益更大的呢？不管是对刘备，还是对曹操，关羽表现出来的"忠义"二字的确是人所难及的。关羽这个人有很多缺点，但是，单就"忠义"这一项指标，关羽也不愧获得后世那么多崇拜和赞誉。通过韦爵爷、关二爷，我们是可以对这个"忠"字有着更深入的了解的。

第 5 讲

以礼治国

这一讲开始，我们来谈孔子奠基的第二个重要文化理念，那就是“礼”。根据有关学者统计，“礼”字在《论语》中出现过七十四次，是第二高频词，由此可见它在孔子思想当中相当重要的地位。

礼是政治学

“礼”字的含义，简单表达可称为“君君臣臣，父父子子，长幼贵贱，尊卑有序”。这句话怎样理解呢？前面我们提到，“仁”是一套美好的伦理情感系统，那么，“礼”就是那套美好伦理情感系统的外化形式。从这个意义上讲，“礼”字应该包括两个层面：第一是日常层面，表现为言语、行为、待人接物，等等，由此演化出礼节、礼貌；第二是社会层面，在日常层面基础上形成一定的风俗习惯之后，就表现为礼俗、礼仪等。要特别提醒大家：不能光在日常生活层面来理解“礼”。在本书中，我们会不断强调这样一种思路：孔子拿出的每个概念都不只是针对日常生活层面的。如果以为孔子讲了这么一句名言只是为了指导日常生活，那也未免太矮化了孔子的思想高度。现在有好多国学宣讲者，常常是从日常层面来讲儒释道的，我有一个概念，称他们为“矮国学”。如果把国学比喻成一个人的话，国学应该是个巨人，像姚明那么高，结果却被很多人讲成小孩子那么高了。具体回到“礼”，我给出的标题叫作《以礼治国》，意思是“礼”不应该只表现在日常生活层面，而更应该表现在社会学层面、政治学层面。换句话说，“礼”应该是一套良性运行的国家秩序。

前面讲过，孔子曾任大司寇、行摄相事，并推行以“复礼”为核心的政治体制变革。孔子有一句名言：“克己复礼之谓仁。”这都可见“复礼”是孔子心目中非常重要的理想目标。孔子要“复”的“礼”是周礼，是周王朝建立的一整套良性运行的国家秩序。

周武王灭殷商后推行的是“封建”制度。这里需要加一个注解：我们从小接受的历史概念中，“封建”其实是相当不合理、不准确的。我们学到的社会形态演变过程是原始社会——奴隶社会——封建社会——半殖民地半封建社会——社会主义社会——共产主义社会，这里面有意思的是，周王朝推行的是封建制，形态是奴隶社会；秦朝推行郡县制，形态是封建社会。这最起码在概念层面是相当混淆的。历史学界对此有过很多反思，但目前还没有改变这些提法。回头来说，什么叫封建制呢？它应该分成两个层面：一个层面是“封”，即天子分封诸侯；一个层面是“建”，即诸侯建国。通过封建，就形成了社会运行的一个金字塔形构架。

第一层是“天子”及其对应的“天下”。据说周文王姬昌有一百个儿子，这当然是传说，那时候还没有信史，但打个五折，那也不少了吧？这五十个儿子可能有一部分夭折的，有一部分牺牲的，到周武王立国的时候，剩下十几二十个还是很可能的，再加上那些文武功臣，比如说大家熟悉的吕尚（姜子牙）、散宜生、南宫适，等等。周武王做的第一件事情就是给兄弟和功臣封爵，爵位分成五等：公、侯、伯、子、男，笼统说叫作分封诸侯。这五等爵位分封起来情况相当复杂：中原地区有很多诸侯国地盘很小，但是爵位很高，因为这是当时的经济中心区；有的诸侯国地盘很大，但是爵位很低，比如说楚国。楚国国君称“楚子”，是五等爵位的第四等，但地盘相当大，基本上涵盖了现在的湖南、湖北两省，还包括重庆、河南、安徽、江苏、江西的部分地方。这些地方在当时都是没开化的落后地区，打一个包都分给“楚子”了。这样分封之后，周天子就站在了金字塔的顶端，它对应的行政区域是“天下”——当时已知的全部中国区域。

金字塔的第二个层级是诸侯，对应的行政区域是“国”，大概相当于现在的省级行政区或面积比较大的市县级行政区。第三个层级就是天子和诸侯国的官员，主要由知识分子来充任，笼统称之为“大夫”或“士大夫”，他们面对的行政区域介于“国”和“家”之间。金字塔最后一级是庶人，即老百姓，对应的区域是“家”。于是就形成了这样一个从行政区域来讲叫作天下、国、家的三层级分布，从人的角度讲是天子、诸侯、士大夫、庶人的四层级分布。

从金字塔形图我们能体会到，“国”是缩小的“天下”，“家”是缩小的“国”；反过来说，“国”是放大的“家”，“天下”是放大的“国”。家稳定了，国就稳定；国稳定了，天下就稳定，所谓“身修而后家齐，家齐而后国治，国治而后天下平”。所以，在“家”里“父父子子”，在“国”和“天下”里“君君臣臣”，要求“长幼贵贱，尊卑有序”。这个“序”字非常重要，这就是孔子认同的完美国家秩序，也就是“礼”，应该上升到这个层面来理解“礼”，而不能只停留在日常生活层面矮化它的意义。

《论语·八佾》有一条记载很能说明问题。孔子议论季平子说，他公然陈八佾于庭，“是可忍，孰不可忍也？”这里所谓“佾”，乃是周代礼制规定的乐舞行列，一佾指一列八人，八佾即八列六十四人。这是天子才能有的待遇。诸侯用六佾，卿大夫用四佾，士用二佾。季氏是正卿，只能用四佾，他却用八佾。孔子为什么会对乐舞娱乐的事情如此大动肝火，说出这么重的话呢？因为“乐坏”，后面跟随的是“礼崩”，整个国家秩序崩塌了，世界都随之颠倒了，这怎么能忍受呢？

礼的当下价值

我们还要在这样的前提下来分析两个问题。第一，“礼”的当下价值。举一个小例子：孔子有一个“子为父隐，父为子隐”的说法，见之于《论语·子路》篇。叶公说：“吾党有直躬者，其父攘羊，其子证之。”意思是：我们这伙人里头有一个人，行为端正，大义灭亲，他的父亲偷了别人的羊，他出来作证，把他父亲交给法律来制裁。孔子针锋相对地说：“吾党直躬者异于是。子为父隐，父为子隐，直在其中矣。”意思是：我们不是这样的。儿子做了坏事，父亲替他隐瞒；父亲做了坏事，儿子替他隐瞒，这才是我们要的“正直”呢！

孔子的说法我们一直都有相当多的批判，但近些年来，我们开始逐渐考虑到这个说法的合理性。比如说在最近的《刑事诉讼法修正草案》中有这样的规定：“证人没有正当理由不按人民法院通知出庭作证的，人民法院可以强制其到庭，但是被告人的配偶父母子女除外。”这在学理上概括为“近亲属出庭作证义务豁免”，而且有的学者还进一步提出：特定亲属不但应该享有出庭作证的豁免权，而且还应该享有侦查阶段的作证豁免。这种“让亲人从亲人作证席上走开”的做法既同质于孔子思想，同时也体现了现代人道主义和人文关怀。或许有人会批评“父子相隐”破坏了社会正义，破坏了法治精神，但是从来就没有完美的法律，就好像从来没有完美的道德一样。法律和道德都是两害相权取其轻的产物，这种对配偶、父母、子女的作证义务的豁免，总比我们某些历史阶段拿出一个正义的名义，要求大义灭亲、子女要直接举证父母要好得多。

该扬弃就扬弃

第二，是不是说“礼”还具有当下价值，就不应该扬弃呢？当然不是，“礼”字中也有不少缺欠，比如说繁文缛节，比如说厚葬，比如说过于注重等级排序，其中我们稍微详说一下“丁忧”。

“丁忧”本于孔子“三年无改于父之道”之说。在古代社会，父母（特别是父亲）去世，儿子需要庐墓三年。不管你当时在担任着什么重要的社会工作，哪怕是内阁总理，都要停职回乡守孝。一旦做不到，就会冒天下之大不韪，遭到大家“鸣鼓而攻之”。明朝大政治家张居正因为没有丁忧，就遭到官员们的强烈攻击。只不过张居正是大明帝国实际上的一把手，这种攻击在他生前没有得逞，但还是留下了不小的污点。然而这种做法显然已经不适合现代社会的节奏、道德和情感的要求了。父母去世当然是悲伤的，自己带着社会角色来治疗也就是了，完全没有必要抛弃自己的社会职责，形成对智力资源的巨大浪费。“丁忧”已成历史陈迹，但厚葬、厚祭等陋俗依然存在，而且甚嚣尘上。对此，该抵制的就要抵制，该扬弃的就要扬弃。

为什么会讲到抵制和扬弃呢？在国学课里，我一直强调防止“国学国粹化”的问题，国学不等于国粹。现在有一批国学研究者、宣讲者，把国学当成包治百病的救世灵丹，那必然要沦落到鲁迅先生批评的“红肿之处，艳若桃花”的境地。国学的出路不在于故步自封，夜郎自大，我们继承传统文化的目的也不是要排斥比我们更优秀的外来文化。国学只有和人类发展的主潮相对接，才能凤凰涅槃，走出一条绚烂蓬勃的康庄大道。关于这个问题，我们在结束语部分还要详细阐述。

第6讲

一堂关于理想的讨论课

孔子思想的第三个重要理念是“中庸”，从排序来讲是第三，但内涵非常复杂，也非常有趣。我们需要先来解释一下中庸的哲学属性——中庸方法论。

中庸方法论

我们看到，“仁”是一套美好的伦理情感系统，而“礼”是这种美好情感的外化形式，那么，通过什么方法和手段才能把内在美好的伦理情感外化成为一套有利的形式，或者良好的国家秩序呢？“中庸”就是提供这个方法和手段的，在哲学上就称之为方法论。

《中庸》是《礼记》中的一篇，经北宋程颢、程颐极力尊崇，南宋朱熹作《中庸集注》，最终和《大学》《论语》《孟子》

并称为“四书”。宋、元以后，《中庸》成为学校官定的教科书和科举考试的必读书。一般认为，《中庸》是孔子的孙子孔伋（子思）所作。孔子身后，儒学分为八门，其中从子思到孟子的思孟学派被认为得孔子之正传，地位最为崇高。所以，子思所撰的《中庸》也被认为是孔子思想原始面貌的表达。

《中庸》有云：“君子尊德性而道问学，致广大而尽精微，极高明而道中庸。”可见“中庸”是儒家的最高原则之一。但什么是中庸呢？追寻它的原意，我们需要引入训诂学的两个基本手段——义训和音训。义训，就是拿同义词或者近义词来解词；音训，就是拿同音字或者近音词来解词。拿义训的方法来解释“庸”字，我们给它找一个近义词——“常”，“常”又有一个近义词——“恒”，因为a=b，b=c，所以a=c，那么“庸”就等于“恒”，“庸”就是永恒真理的意思。“二程”就是采用这种说法的，所以他们说“不偏之谓中，不易之谓庸。中者天下之正道，庸者天下之定理”。

这种解释方法我个人不完全同意。我更赞成用音训的方法来解词。我们给“庸”字找一个近音词，就是“用”，“中庸”就等于“中用”。在古代汉语当中，我们常常把动词提前，把名词性质的“中”放在后面，“中用”就变成了“用中”。“用中”，就是所谓的“执其中而用之”，用“中”的手段来解决从美好的内在情感转向外化的“礼”的形式的问题。这个解释方法能更好地揭示“中庸”的方法论性质，应该更加贴近它的原意。

狂与狷

具体分解“中庸”，“中庸”应该包括下面三个层面的含义：第一，“过犹不及”。

“过犹不及”的意思我们可以在自己的生活层面得到相当多的印证。什么事情过分了，效果就不好；没有达到必要的尺度，效果也不好。这相当好理解，但就像我们上一讲当中讲过的那样，孔子的思想绝不只是为了指导我们的日常生活，他的很多话语都包含着相当重要的文化史意义和影响。具体到“过犹不及”，可以引申出一个关于“狂狷”文化性格的大判断。“过”就是“狂”，“不及”就是“狷”，用孔子自己的话讲，“狂者进取，狷者有所不为”，那就是说：“中庸”是一种圣人的境界，不是每个人都能做到的，正常人做事一定是有时候有点儿过头，就是“狂”；有时候没达到那个分寸，就是“狷”，所以孔子才说“必也，狂狷乎”。

什么叫“狂者进取”呢？“狂者”的特征就是勇于承担，缺点则是他的能力和目标之间常常存在一定的落差，我们现在也经常在这个意义上使用这个“狂”字。“狷者有所不为”，就是他可以做，但他逃避、退缩、躲开了。“狂”和“狷”这两个字应该是中国文人最基本的文化性格。“过犹不及”阐述明白了，“狂”和“狷”的基本文化性格认识清楚了，我们对中国古代社会就认识清楚一大半了。

我有一个判断：中国古代社会从某种意义上来讲，就是中国古代文人社会，文人的文化性格代表了中国古代社会的基本性格。为什么这样说呢？在中国古代社会的绝大多数时段，文人一直是站在全社会最顶层的，文人的价值观构成了整个社会的价值风向标。我们举两个小例子：第一个，白居易有一次在写给朋友的信当中有点儿洋洋得意地讲，他昨天晚上出席了一个大 party，听到了两个妓女的对话。一个妓女跟另一个妓女说："你不要不服气，为什么我的出场费会比你高呢？那不是因为我的身材比你好，我的相貌比你漂亮，而是因为我能背诵白学士的《长恨歌》，而你不能。"通过这样的表述能看到什么呢？在最底层的青楼社会里，衡量身价的标准居然不是身高、相貌等指标，而是文化素养。这说明青楼社会的价值观都是向文人看齐的。第二个例子我们前文讲过。有一年冬天，苏轼自己做了顶新款的毡帽御寒，没几天，所有的文武官员都戴着这种新款的毡帽上朝，并且起了个名字叫作"子瞻帽"。这样的例子也说明文人价值观是成为全社会的风向标的。从这个意义上讲，我们了解中国文人的文化性格非常重要。

"我的理想"

为了进一步了解"狂者进取""狷者有所不为"，我们需要讲到《论语》中一篇鼎鼎大名的文章《侍坐》。关于"文章"这两个字应该加一个注解。我们知道，《论语》可以说是一部格言集，或者是一部听课笔记的合集，短的条目七八个、十来个字，长的条目也就是几十个字。《论语》中有头有尾、场面叙事比较完整的文章寥寥无几，《侍坐》是其中之一。为什么《论语》中格言片段比较多，文章比较少呢？这应该跟当时记录手段的原始落后有密切的关系。我前面讲相声《吃元宵》的时候，提到孔子用毛笔，其实这是不符合史实的。一般认为，毛笔发明于战国时期，孔子那个时代应该是用小刀在木竹简上刻字，可以想象刻起来速度多慢。有可能孔老师一下午讲了几万个字，你只刻了十几个字或者几十个字。这种情况下，《侍坐》这篇文章就显得格外可贵，成为我们了解孔子思想的一个非常有意义的文献。

这篇文章的全名叫作《子路、曾皙、冉有、公西华侍坐》，其实就是孔老师和四个学生开的一堂讨论课。主题是什么呢？用我们写作文时候最熟悉的主题来说，叫作——“我的理想”。

文章一开篇，四个学生陪坐于孔子身旁，讨论课开始了。孔老师说：“这堂课我们讨论的主题是——我的理想。你们平时常说没有人了解我的价值，如果现在有一个机会，你们能做什么呢？”子路第一个发言，原文是“子路率尔而对曰”。“率尔”这两个字很有意思，这就是文学性的笔法。如果正常叙事，说“子路对曰”就可以了。“率尔”是形容子路毛躁的样子，“噌”地一下站起来了，没怎么经过大脑，直接就说。我们前面说过，子路是武士出身，性情直爽，心里藏不住话。他说：“千乘之国，摄乎大国之间，加之以师旅，因之以饥馑，由也为之，比及三年，可使有勇，且知方也。”意思是说：有一千辆兵车的一个中等规模的国家，先被周边的强国给侵略了一遍，又赶上大饥荒，变成了一个烂摊子，谁都不愿去治理，但是，如果给我三年时间，我就可以让他具有基本的国防能力，而且老百姓能够知书达礼。

孔老师听了以后什么反应呢？“夫子哂之”。“哂”者，笑也，但这个笑不是善意的笑，而是冷笑、嘲笑，从鼻子里面“哼”了一声，没有做更多的评价。孔老师回头问：“求，尔何如？”——问到冉有了。冉有一开口，就比子路显得温存多了。冉有说：还是这个中等规模的国家，让我去治理，三年时间，我可以让老百姓实现温饱，“如其礼乐，以俟君子”，至于知书达礼，我的能力恐怕做不到，要有比我更高明的人来做。

孔子没有做更多评价，再问公西华：“赤，尔何如？”公西华答道：“非曰能之，愿学焉”——我不敢说我能做什么，但是我愿意学做点儿什么。这就比子路、冉有都谦逊多了。公西华说：如果有国家祭祀或者外交谈判，我愿意戴上高帽子、穿上礼服去做一个司仪，做个主持人也就是了，我只能学着做这一点儿小事。孔子仍然没有做评价，再问：“点，尔何如？”那就是曾皙了。到这儿，好戏开场了。

男一号出场

这场讨论课里，曾皙是男一号，所以，文章中花了相当多的文学笔法来表现主角的出场。我们现在看电影、电视剧都是如此，男一号很少第一个镜头就出来的。一般都要经过相当多的铺垫，好不容易镜头给到他身上了，还要先给个侧脸，最后才把正脸交给观众，相当隆重。曾皙是怎么出场的呢？

如果把这堂讨论课拍成一段短片的话，应该是这样拍的：在讨论课进行中，旁边其实一直有一个人在伴奏，那就是曾皙。现在孔老师提问了，曾皙的反应用了十几个字来描写，“鼓瑟希，铿尔，舍瑟而作，对曰”——音乐逐渐低沉下去了，五指一划，琴声戛然而止。曾皙慢慢推开琴，从容地站起身来。这么多的动作，表现出他非常从容的性格。

好不容易张嘴说话了，曾皙还跟老师卖了个关子，“异乎三子者之撰”，我和三位同学的看法都不一样呀！孔老师鼓励了一句：“何伤乎？亦各言其志也。”没有关系，谈自己的理想而已，随便说吧！这么多转折铺垫之下，曾皙才讲出了《论语》中最著名、也是最富诗意的一段话：“莫春者，春服既成，冠者五六人，童子六七人，浴乎沂，风乎舞雩，咏而归。”这段话，古代有位村塾先生翻译得颇为生动形象：

年年有个三月三，著件青灰大布衫。
大的大，小的小，都到南河去洗澡。
洗了澡，去乘风，回来一路梆子腔。

孔子听了这段话，“喟然叹曰：‘吾与点也。’”——“曾皙，我和你的理想是一样一样一样的呀！”这堂讨论课到这儿结束了，曾皙打了一百分，非常高兴，其他几位同学都散了，他还围在老师身边问东问西：“老师，你刚才为什么要哂笑子路呢？”孔子回答：“治国，不懂‘礼’不行，‘礼’的基本要求是谦逊。子路说话一点儿都不谦虚，上来就说我能做什么什么，话说得太大了，所以我才拿鼻子哼了他一下。”

在这段表述中，我们能看到，子路是“狂”，曾皙就是“狷”。子路的好处是担当、进取，同时，他的理想和能力之间有一定差距；其实曾皙作为孔门高弟子之一，几位同学能做的，他能不能做呢？当然能。即使做不到那几位同学那么好，也应该八九不离十吧！但是曾皙说：我都不去做，我就愿意在春天洗洗澡，唱唱歌，高高兴兴回家去。这就是“狷者有所不为”。值得注意的是，孔子非常赞成曾皙，这堂讨论课应该是发生于孔子的晚年。因为他的“吾与点也”表达出来的思想走向，和前面讲过的“道不行，乘桴浮于海”是基本相同的。

还要特别说明一点：作为基本文化性格的狂和狷，在孔子那个时代还是相当单纯、黑白分明的，狂就是狂，狷就是狷。但后来，随着文化流变的繁复多元，随着文献记载的详尽鲜明，狂和狷常常呈现出非常复杂、相互渗透的状态：有的时候表现为“狂中有狷”，有的时候表现为“狷中有狂”，有的时候表现为“似狂而实狷”，有的时候表现为“似狷而实狂”，还有更多的时候是“狂而不能，终入于狷”。在下面几讲中，我将以宋代柳永、明代唐寅、清代金圣叹、现代钱锺书为例，进一步梳理狂狷的流变形态。

第 7 讲

大王叫我把词填[1]

这一讲我们首先谈谈宋代大词人柳三变。柳三变是柳永的原名，“三变”这个名字听起来似乎有点儿土气，实际上这个名字出自《论语·子张》，“君子有三变：望之俨然，即之也温，听其言也厉”，含义非常好，也非常典雅。

宋词也有“小苹果”

柳永是福建人，才华过人，心高气盛，来到汴梁东京城参加进士考试，他就是奔着状元来的，这很符合“狂”的特征。考试结束，他觉得自己发挥得不太好，进士考不考得上不一定，状元估计是没戏了。从考试结束到等待录取，柳永有一段空闲

① 标题借自高松（殊同）先生，致谢。

时间，他少年风流，就跑到秦楼楚馆厮混去了。柳永是很好的文人，又是大作曲家，所以迅速在当时的娱乐圈里面闯出了名堂，成为首屈一指的巨星。

我们这样说有开玩笑的成分，但也不完全是开玩笑。我们来盘点一下宋词的两个基本特征：第一，宋词是通俗文学，为大众喜闻乐见；第二，宋词是音乐文学，是可歌的。两个特点放在一起，我们可以得出结论：宋词就相当于现在的流行歌曲。今天流行歌曲里有的东西宋词里面都有。比如说现在流行歌曲里爱情题材最多，宋词也是如此；现在流行歌曲里爱情形态很多，暗恋啊、单相思啊，宋词里也都有；现在爱情歌曲唱的“你是电你是光，你是唯一的神话”“你是我的小呀小苹果，怎么爱你都不嫌多”“你身上有她的香水味”……宋词里也都有，只不过当时不用这种语言来表达而已。

柳永精通音乐，这一点很了不起。《全宋词》里收入的一千四百九十三位词人中，达到专业级别、可称大音乐家的只有三个人。第一个就是柳永；第二个是南北宋之交的周邦彦，周邦彦曾任大晟府乐正，相当于现在的中央音乐学院院长，词人是他的第二身份；第三个是南宋的姜夔。这三位是真正的词曲全能作者，从这个意义上讲，柳永其实就是当时音乐界的崔健、罗大佑、汪峰。柳永每填一首词，谱上曲，就迅速地唱响天下，“凡有井水处，即能歌柳词”，有井水的地方就有人家，有人家的地方，就能听到有人唱柳永的词。

奉旨填词

有一天，他心血来潮，想起考进士中状元这事儿了，于是填了一首《鹤冲天》，宣泄一下失落的心情。开头一句是“黄金榜上，偶失龙头望”。黄金榜，就是进士录取时用黄纸写的榜单的美称。龙头即第一名，就是状元。柳永的意思是说，估计状元我是拿不到了，但我那是偶然失足，没有发挥好。下面接着一句：“明代暂遗贤，如何向？”在这清平盛世，我被弃置草野当中，怎么办呢？他说，那也不要紧：“才子词人，自是白衣卿相。”像我这样的词人才子，就是不穿官服的达官贵人，我比他们还强得多呢！在下阕，柳永写了许多烟花巷陌、左拥右抱、灯红酒绿的生活之后，煞拍说“青春都一晌”，意思是，青春一晃儿就没，年少及时行乐。“忍把浮名，换了浅斟低唱”——“忍”，就是“不忍”“怎忍”，怎能忍心用官场浮名来换我这种喝喝小酒、唱唱小歌的生活呢？

我们看得很清楚，这首词就是柳永写的几句牢骚话，有点儿文人常见的酸葡萄心理而已。写了之后，他自己也没当回事儿，可就是这首词惹了祸。

这首词和柳永其他的词一样，不胫而走，迅速传唱开来。传到别人耳朵里都不要紧，要紧的是传到了宋仁宗赵祯的耳朵里。过了一段时间，赵祯审阅礼部进呈的进士预录取名单。为什么叫预录取呢？这里涉及古代科举考试的程序问题。礼部举行全国考试，经考官阅卷后，把预录取名单呈报皇帝，皇帝确认最后的录取结果，所以古代进士有个说法叫作“天子门生”。这一科的名单考卷拿到宋仁宗这儿来，翻来翻去，忽然翻到一张眼熟的：哎哟！柳三变这个名字挺熟啊！前几天新歌排行榜上有他一首《鹤冲天》，里面有两句叫“忍把浮名，换了浅斟低唱”嘛！看来这是个无行文人，不予录取！于是就把柳永的卷子摘出去了。

为什么可以把柳永摘出去呢？这里还有一个科举史的掌故。北宋前中期的科举考试中有这样一个规定：皇帝可以取消考生资格。但后来有一个叫张元的人，因为不知道什么原因被取消了资格，一怒之下投奔了西夏，鼓动西夏和大宋大动干戈，纷争多年。从这儿开始就定下一条规矩：皇帝只能决定录取考生的名次，而不再取消某个考生的资格。

柳永没赶上这时候，皇帝看他不顺眼，把他的卷子摘了出来。我们为什么知道是这首词惹的祸呢？因为皇帝在他考卷下面加了一句批语：“此人且去浅斟低唱，何用浮名。”就这样，到嘴的鸭子飞走了，柳永痛失大好功名。从此以后，柳永非但不洗心革面，反而更加放浪形骸，变本加厉，而且还有新名堂了。他给自已起了个外号叫“奉旨填词柳三变”，这是皇帝批准认证的，相当于我们现在获得官方认证啊！这就是所谓“大王叫我把词填”。

史上最窘公关

话是这么说，但那个年代，娱乐圈是下九流，是非常不被认可的，年纪轻轻的才子柳永怎么会轻易放弃对功名富贵、对实现个人价值的渴望呢？所以柳三变改名柳永，继续参加科举考试。若干年坎坷，很不容易又考中了。

其实我们能想象，像柳永这种性情，在今天的官场上都不一定吃得开，何况是在宋朝。大家都知道，今天的柳永就是当时被皇帝取消录取资格的柳三变，所以组织部门也歧视他。别的进士考中之后都被顺利安排工作了，而柳永这边，组织部门迟迟不任命。他非常愤慨，找政府说理去吧！谁是政府的最高长官呢？另外一位大词人晏殊。柳永在见晏殊之前肯定在想：一会儿总理出来了，怎么跟总理套套近乎呢？还是从填词这事儿入手的好，能找到共同语言。

见了晏殊以后，柳永先没话找话地说："听说相公也作曲子？"（宋朝人称词为"曲子"或"曲子词"）如果晏殊接个下茬儿，说"对，我填词啊"，那不就找到共同语言，沟通比较顺利了吗？不料晏殊当头一棒，一句话就打垮了柳永："殊虽作曲子，不曾道'彩线慵拈伴伊坐'！""彩线慵拈伴伊坐"是柳永歌词中比较流行的一句，写一个女孩子坐在自己心上人身边刺绣。这在当时不是良家妇女所为，而是风尘女子的行为。晏殊是说："我确实填词，但我填得典雅，不像你填词那么庸俗、恶俗、低俗。我们没有共同语言啊！”柳永的面子被“卷”得乱七八糟，“无言而退”。这次沟通最终以这样尴尬的局面而告终。

柳永在仕途上的进展非常不顺利，在基层工作了若干年，到了晚年才被调到中央，做了户部屯田司员外郎，相当于现在的农业部农垦司副司长。我们看到，柳永在很多文献中被美称为“柳屯田”，就是指他这个官职而言的。但就是这样一个副司局级官员，柳永也没当长远，很快就因为生活作风等问题被弹劾。

罢官之后，柳永晚景凄凉，只好又回到他熟悉的秦楼楚馆当中去，给那些歌女、舞女们填填词，作作曲。靠别人的馈赠惨度晚年。去世的时候，柳永“身无长物，葬无余资”，灵柩被长时间寄放在一座寺庙当中，后来还是跟他相好的一些歌女舞女凑了点儿钱，才把这一代大文豪草草埋葬了。柳永的生平我们大概说了一个轮廓，大家可以看一看，他的一生是“狂”还是“狷”呢？恐怕这就不是一个字能够简单概括的了。我觉得他是“狷中有狂，狂中有狷”，更倾向于“狂而不得，终入于狷”。

我笑他人看不穿

说完了柳永，我们再来说说明代江南第一风流解元唐寅唐伯虎。“解元”这个词什么意思呢？明清时期，科举考试分为几个级别：第一个级别叫童试，考中了以后称为痒生，俗称秀才；第二个级别是全省统一考试，叫乡试，考中了以后称为举人，俗称孝廉，第一名叫作解元；最高层级是全国考试，叫会试，拿了第一名叫会元，最后经过皇帝亲自举行的考试叫殿试，第一名才能叫作状元。大家知道，我们现在每年高考结束以后，各地都报喜，某某同学成为省状元；市状元、文科状元、理科状元，这个词用的是有问题的。全省统考第一名应该叫解元。

为什么要讲到这些闲话呢？我们可以拿今天来对照古代的情况。现在各省"高考状元"的含金量是不完全一样的。有的文化发达省份，状元的含金量是非常高的，在这样人才济济的省份拿个状元多难哪！但有一些文化相对落后的省份，可能拿到了状元，还不一定考得上北大清华呢！我的意思是说，古代也是这个情况。大明朝南七北六一十三行省，哪个省的解元含金量最高呢？就是唐寅所在的南直隶。明朝的南直隶包括现在的江苏、安徽、上海及江西、浙江一部分，从宋朝开始就是人才荟萃之地。在南直隶获得解元本来就千难万难，到京城参加会试、殿试，如果拿不到状元，只拿了榜眼、探花，那都可能觉得自己发挥失误了。

唐寅二十多岁考中了南直隶解元，我们能想象他当时的心态，必然是意气风发、目空一切，到京城参加进士考试，直奔状元而来。北上途中碰到一个伙伴一路同行，此人叫徐经。他本人没有什么名气，但他的曾孙非常出名，那就是大旅行家徐霞客。到了京城，两个人合租房子，等待第二年春天参加考试。这期间发生了一些什么隐秘的事情我们就搞不清楚了，因为这是明代科举史四大谜案之一。我们只知道，会试结束之后，唐寅在公开场合宣称：“这科状元非我莫属，没有诸君的份儿了。”这话肯定激起众怒，大家发现这科考试题目十分冷僻，很多考生都没答好，但是唐寅答得很好。他是江南省的解元，这不奇怪，奇怪的是那个表现平平的徐经也答得很好。于是有人告发唐寅、徐经买通了副主考程敏政，泄露考题，这就是所谓“科场案”。

现在也会发生“科场案”，什么考试漏题了，或者其他状况，我们的处置一般比较轻微，一般不会有太可怕的后果。但古代不一样，科场案是惊天大案，每次科场案差不多都有人掉脑袋，清代甚至因为科场案杀过大学士，那真是“皇上很生气，后果很严重”啊！现在唐寅卷入了科场案，最高层雷厉风行，派调查组专案查处。从结果看，调查组没有找到任何有力的真凭实据，但还是给了当事人一点儿处分，副主考程敏政被勒令致仕，也就是退休。唐寅、徐经被革除举人资格，永不叙用。这对年纪轻轻、目空一切的唐寅来说得是多大的打击啊！

唐寅回到苏州，家里人都以他为耻辱，“父母不以我为儿，妻不以我为夫，子不以我为父”。唐寅一怒之下，跑到苏州城西郊一处桃花很盛的地方，盖了几间茅草房住下来。这就是著名的桃花坞，那几间茅草房就是著名的桃花庵。他笑傲风月，以诗画为生计，所谓“闲来写幅青山卖，不使人间造孽钱”，表面上过着放浪不羁、潇洒自由的生活。到了节日，他乔装成乞丐在路边乞讨，得了钱就邀请朋友喝得不亦乐乎；在街上看见美貌的大姑娘、小媳妇儿，就跟在人家后面流连不去。“唐伯虎点秋香”的故事是有一点儿影子的，不全是凭空捏造。

唐寅确实放浪形骸，但我们应该看到，这是他在现实中受挫后的应激行为。从被取消举人资格、永不叙用那一天开始，他就没有真正开心过。可以看看唐寅最著名的《桃花庵歌》，开头几句“桃花坞里桃花庵，桃花庵下桃花仙。桃花仙人种桃树，又摘桃花换酒钱”，飘飘欲仙，很有点儿李太白的感觉，越写到后来就越愤慨，越颓废，越凄凉。最后四句大家是很熟悉的：“别人笑我太疯癫，我笑他人看不穿。不见五陵豪杰墓，无花无酒锄作田。”这才是真正的唐寅。

唐伯虎裸奔

唐寅后半生的隐居生活里有一个小插曲非常有意思，值得我们说一说。唐寅以江南第一风流解元著称，引起了受封于南昌的宁王朱宸濠的注意，我们后面讲到明代心学的时候还会提到他。朱宸濠眼见正德皇帝在位，昏庸荒淫不理政事，起了不臣之心，要大规模笼络人才。他听说苏州有这么一位唐解元，这么好的人才朝廷不用，我为什么不用呢？于是卑辞重币，带了很贵重的礼物，说了几大车的好话，把唐寅从苏州请到南昌。

唐寅一开始还是很高兴的：有亲王请我，可以实现自我价值，何乐而不为呢？于是欣然就道。到了南昌之后，凭自己的高智商，唐寅很快就看明白了：宁王包藏祸心，蓄意谋反，自己牵扯到这么险恶的漩涡里面，后果不堪设想啊！怎么做才能全身而退呢？

唐寅不是第一个遇到这种困境的人，这种困境用当代著名作家李国文先生的一句话来概括，叫作“当文人遇上皇帝”。当文人遇上世俗权力的巨大威压的时候，能够凭借的有什么呢？一无权、二无钱、三无勇、四无兵，能够凭借的只有智慧。类似困境中，文人常常不谋而合、英雄所见略同地选择同一种逃避方式，那就是——装疯。我常开玩笑说，什么时候有时间可以写一部《文人装疯史》，那将是一个特别有意思的话题。

在装疯方面，唐寅不愧为江南第一风流解元，人家确实有独到之处。他重磅推出的是装疯系列的必杀技——裸奔！我用“裸奔”这个词固然是开玩笑，但也是写实。唐寅看出宁王包藏祸心以后，有时候穿着很简单的衣服，有时候甚至一丝不挂，把自己喝得酩酊大醉，满南昌城乱跑，一边跑还一边拉住别人，告诉人家：“我是宁王请来的贵客！”这可把宁王气坏了：我把你请了来，你能帮忙最好；就是不帮忙，当个花瓶给我撑一个求贤若渴的门面也好。现在可倒好，满南昌城丢我的人！满南昌城都在说：你看宁王请来的是什么人哪！怎么处置唐寅呢？有心把他杀了，又怕伤害了自己礼贤下士的好名声。宁王只好选择了另外一个办法，又是卑辞重币，说了比请他来的时候更好听的话，送了比请他来的时候更贵重的礼物，好不容易才把这位唐大爷送回了苏州。

唐寅凭借智慧的王牌终于从险恶的漩涡里面全身而退了。

他的波澜起伏的人生形态是狂还是狷呢？显然，那也不是简单的一个字能概括的吧！在下一讲，我们还要讲两个人来加深对“狂狷”的认识：一个是明清之际的文学批评大师金圣叹，一个是现代“文化昆仑”钱锺书。

第 8 讲

天下第一会读书人

对于金圣叹，我个人有个评价，称他为“天下第一会读书人”。金圣叹是中国文学史上屈指可数的批评大师，他评点的小说《水浒传》、戏剧《西厢记》都堪称是中国文学批评史的瑰宝。中国文学批评有“评点之学”应该说自金圣叹开始。作为“天下第一会读书人”，他最了不起的本事就是：能从没有字的地方能读出字来。这是一个很神奇的功夫，等到专题讲《水浒传》可以再详细讲。这里我们先来看一看金圣叹的传奇人生，从他的名字说起。

三十九个“动”

其实金圣叹既不姓金，也不叫圣叹，他的姓和名都改了，这比柳三变变成柳永更为彻底。金圣叹据说本来姓张名采，字若采，跟唐寅一样是苏州人。张采年纪轻轻考中了秀才，这很平常，但他跟柳永、唐寅一样，因为一个“岁考事件”把功名丢了，这事儿很值得说一说。

什么叫岁考呢？在古代，一个人考中了秀才以后并不是一劳永逸的，比如说我没有什么进取之心了，一辈子都当秀才，我就不用读书了，没那么简单，朝廷对秀才一直是有考试的。我们现在读大学、读研究生，要期中考试、期末考试，古代叫岁考，一年考一次。根据考试结果把秀才分成六个等级：考一等、二等的，发奖学金；三等、四等的，相当于我们现在说的及格，无赏无罚；考到五等、六等的就是不及格，要打板子。板子可能打不了几下，也不会打得多疼，但是有失体面。所以很多秀才，特别是那些功课不太好的，都特别恐惧岁考。清朝的笑话集里就有一个笑话，一个县官和一个秀才作对联，县官说：“我以自己的生活经验出个上联，‘天不怕，地不怕，就是老婆也不怕’。”这还不怕呢，把老婆和天地都放在一起了！秀才应声对出下联，“杀何妨，剐何妨，纵然岁考又何妨”。把岁考和杀剐都放在一起了，可见怕到什么程度。

秀才张采参加的这次岁考，作文题目出自《四书》中的《孟子》，叫作《如此则动心否乎》。考官在出这类题目的时候有一个预设，那就是所有考生都要对《四书》背得滚瓜烂熟，随便从《四书》拿出一句半句话，考生都要知道前后的语境和表达的主题，然后以此为基础，演绎圣人的微言大义。孟子讲“如此则动心否乎”的语境是这样的：一个人在追寻理想的过程中，遇到困难就会退缩，遇到诱惑就会动摇，他把这些情况统称为“动心”。所以他问：“遇到困难和诱惑的时候，你会动心吗？”然后自己回答：“四十而不动。”到四十岁左右，心就定下来，不再为困难和诱惑所动摇了。

像这样的命题作文，我们都知道怎么写——首先要保证政治上正确，符合主旋律。我们为了崇高的理想，“有困难要上，没有困难创造困难也要上”（小品语）。照这样写，就算拿不到一等二等奖学金，也不至于弄到五等六等挨板子。结果我们这位张采老兄看到这个题目，突然灵感井喷，智慧爆棚，于是文不加点，倚马立成，第一个交了卷。他这文章怎么写的呢？“深山空谷，有美一人，黄金万两”，十二个字先设置了一个情境——独自在深山空谷之中，眼前堆着万两黄金，身边站着一个绝色美女，问：“如此则动心否乎？”自设一问，然后回答：“动动动动动……”一共写了多少个“动”呢？张采查得非常精细，一共写了三十九个“动”字。为什么是三十九个“动”呢？因为孟子曰“四十而不动”，四十之前都可以动，所以写了三十九个“动”字。这文章我们读着有意思，但考官可不这么看，他气得吹胡子瞪眼：“文体怪异！”一怒之下把张采的秀才资格取消了。其实张采也没有什么恶意，就是思维活跃，一时好奇，写着玩儿的，结果把自己的秀才功名给玩儿丢了。

当然，丢了秀才功名并不算很惨重，比柳永、唐寅还是要轻微一些的，再考回来也就是了。于是，张采花钱买了一个户口冒名顶替，重新考中了秀才。他买户口顶替的这个人叫金人瑞，如果现在我们办身份证，他法律认可的名字应该是金人瑞。但是他又嫌这个名字不好听，于是就给自己改名叫金喟，字圣叹。这个名字好听在哪儿呢？这个名字是有来历的，来历就在前面讲过的《侍坐》当中。曾皙和孔老师讲了“莫春者，春服既成”一段话，“夫子喟然叹曰：吾与点也。”夫子就是圣人，“夫子喟然叹曰”，所以名喟，字圣叹。那么这个名字什么意思呢？他的潜台词就是：如果现在孔夫子看到我的话，他也会长叹一声：“金圣叹，我和你的理想是一样一样一样的呀！”这就是以圣人门徒自居，真是狂得可以。

早被认定是“坏货”

金圣叹的狂放不羁最主要体现在这样一件事情上：他以在野的普通文人身份“悍然”发布了古今最佳文学作品排行榜，用金圣叹的话说叫“六大才子书”:《离骚》《庄子》《史记》《杜诗》《水浒传》《西厢记》。把《离骚》《庄子》《史记》《杜诗》放在“六大才子书”里，哪个时代都不会引起非议，但把《水浒传》《西厢记》也放进去，在当时文坛那是相当震撼的。《水浒传》的主题是“诲盗”，教人造反的;《西厢记》的主题是“诲淫”，描写偷情的。中国古代但凡禁书,《水浒传》和《西厢记》作为诲淫诲盗的代表作肯定是榜上有名的，更不用说登上大雅之堂了。但现在，这个在野的小秀才居然把它们抬进了六大才子书的行列，而且还声称:《史记》有的好处,《水浒传》都有;《史记》没有的好处,《水浒传》也都有,认为《水浒传》比《史记》写得还好,那就自然有一大批人看着金圣叹不顺眼了。鲁迅先生有一个很有意思的判断:他说金圣叹后来之所以被杀,是早就“被认定是坏货了的缘故”。再过若干年,到了清顺治十八年(1661),这个“坏货”终于大祸临头了。

顺治十八年是顺治朝的最后一年,顺治皇帝去世的讣闻传到苏州,当地若干文人秀才在文庙集会,借着悼念大行皇帝的名义发布自己的政治要求,要驱逐一个他们十分憎恶的地方官——吴县县令任维初。这种文人集会在明朝是家常便饭,但清代统治者很忌讳这种文人干政的行为。尽管秀才们的政治要求没有多高,但还是很快引起了最上层的注意。于是派了巡抚朱国治铁腕处置此案,最终认定了十八个组织者和召集人,将其全部斩首,家产没收,妻子儿女流放黑龙江给披甲人为奴。这就是清初江南五大案狱之一的“哭庙案”[①]。

金圣叹很不幸被卷进了哭庙案,成为这十八人之一。为什么说很不幸呢?学界研究已经得出结论,金圣叹其实并不是组织者,也不是召集人。他的一个秀才朋友参与筹划,回家路上经过金圣叹家,一敲门正好金圣叹在家,趁便邀请他给明天文庙的活动站台助威,主要是利用他的名人效应。结果金圣叹友情客串,站台站出了杀身大祸。到专案组下来调查,问当事人:那天你们在现场看见谁了?很多人大家都看见了,但是不认识,

---

① 清初江南五大案狱为顺治十四年科场案,顺治十六年通海案,顺治十八年奏销案、哭庙案和康熙二年庄史案。

金圣叹有名啊，大家都说看见金圣叹了！金圣叹就这样很不幸地卷了进来。他的无辜大家知不知道呢？很多人都知道，但就像鲁迅先生说的那样，他们早就认定金圣叹是“坏货”，把他卷进来，顺手杀了也不为过嘛！

盐菜与黄豆同吃

金圣叹从此沦为阶下囚，从被关押到被杀头这段时间非常短，但他创造的传奇故事并没有因此而减少。比方说有一件事叫“盐菜与黄豆同吃书”。金圣叹被关押在死囚牢中，有一天，他神秘兮兮找来狱卒，拿出一个糊得密密实实的大信封，请狱卒交给自己家里人。狱卒满口答应，回头把信封就交给典狱长了。金圣叹是钦命要犯，他一个小小狱卒能担得起干系吗？典狱长也担不起这个干系，战战兢兢找来专案组大员，大家三头六证一起拆看。结果拆开大信封，里边是一个小信封，再拆，里边是更小的信封，像俄罗斯套娃一样……连拆了十来个，在里面最小的信封里发现一张二寸宽的字条，大家如获至宝，赶紧围过来看，上面写了两行小字：“盐菜与黄豆同吃，大有胡桃滋味。此法一传，吾死无恨焉。”这几句话既不是暗语，也不是密码，就是没事儿写着玩儿的。他明知道狱卒不敢给他送这封密信，故意设了这么一个局来捉弄大家的。我们能想象，当时这些官员都“无语”了，大家面面相觑，半天谁也没说话，最后有个官员说了一句话：“金先生啊，你可真行！你自己刀都架到脖子上了，还有闲心跟我们开这种玩笑呢！”

这就是金圣叹，这个人身上有很多缺点，但是生死大事视若等闲，也是豪杰人物。过了不久，死刑命令下来了，金圣叹被推上法场，开刀问斩，术语叫“出红差”。站在木笼囚车里推上法场，沿途无数看客，很多江洋大盗、绿林好汉都高叫一声：“二十年后又是一条好汉！”金圣叹也留下了最后一句话，只不过人家不是绿林好汉、江洋大盗，他留给人间的最后一句话是：“杀头，至痛也；籍家，至惨也，而圣叹以无意得之，大奇！”这就是说：杀头最疼，家产妻儿都被没收，最惨，而我金圣叹怎么无意当中就活到了这个地步呢？人生真是奇特，人生真是过瘾哪！看看他的人生，到底是狂还是狷呢？

学习外语很重要

上面这三位都是古人，为了更好地把狂狷文化性格的流变看清楚，我们再来讲一位大家熟悉的现代人，那就是被称为“文化昆仑”的钱锺书。

钱锺书是无锡人，少年才子，名满天下，同时也是“狂名”满天下。有个传说：钱锺书当年是以国文、西文两科满分，数学零分被破格录取进清华大学的。后来有些“钱学家”发现这个说法不准确。钱锺书先生数学不是零分，而是十五分，跟零分也差不了多少。钱锺书进入清华西语系学习。毕业的时候，系主任找钱锺书谈话，准备免试录取他进入研究院。这在我们看来是求之不得的好机会，结果钱锺书根本就不买账，不仅没答应，还借这个机会把老师们都点评了一遍：某某某太傻，某某某太笨……总而言之一句话，清华西语系没有人有资格做我钱某人的导师。说完了拂袖而去，跑到国外留学去了。

欧游归国，正值战乱，想狂，时代也不给你这个机会，只能流离辗转，谋生不遑。新中国成立以后，及至那段动荡的时期，以钱锺书的目空一切、犀利口角，必定伤人不少，排在挨整的前列；但他为什么能在那个知识分子命运最悲惨的时代履险如夷、逢凶化吉呢？这里头有一个非常特别的原因：钱锺书的英语太好了。他是全国最了不起的英语专家之一，所以被抽调到《毛泽东选集》英文翻译组。有了这道护身符，才没受到太大的冲击，平安度过了那个凶险年代。这个事实提醒我们：学习外语多么重要，学好了可以保命啊！

20 世纪 70 年代后期，社会生活正常化以后，钱锺书已经垂垂老矣。按照正常逻辑，大家都以为钱锺书不大可能再狂了。圣人云，“六十耳顺，七十从心所欲而不逾矩”，钱先生应该不那么锋芒毕露了吧？他们都错了，大家惊讶地发现，钱锺书不仅宝刀不老，而且变本加厉、更胜从前。

不三不四、不明不白、不痛不痒

有这样几件事儿能看到钱锺书的“晚狂”。第一件，80 年代，他家乡无锡的某些学者准备召开一个钱锺书的父亲钱基博先生的纪念会，钱基博先生也是一位很了不起的学者。在沟通的过程中，不知道是哪些人、哪些事儿惹火了钱锺书，他给人家回了一封非常不客气的信，里面有一段话犀利刻薄，几乎比得上《围城》中的妙语。他说："一个人身后之荣名应当由历史来裁判，根本不需要找一些不三不四的人，花一些不明不白的钱，说一些不痛不痒的话。"人家好心好意给他父亲开纪念会，他却说人家不三不四、不明不白、不痛不痒，这个纪念会也就不欢而散，没有开成。这件事传出来，大家说钱锺书还真的是狂名更盛啊。本以为这就是极致了，但他们又错了。

再过几年，中央电视台新闻评论部成立，拳头产品叫《东方时空》，《东方时空》的拳头产品叫《东方之子》，每天早晨播五分钟。只有各个领域最杰出的人物才能够进来露个面，所以很多人托关系、走后门、打招呼都要上《东方之子》。栏目组出于对"文化昆仑"的尊敬，多次主动邀请钱先生，钱先生均以"老丑"为由委婉而坚决地拒绝了。这件事传出来后，大家又在传说钱锺书太狂了，那么大的平台，别人想上都上不去，他居然多次拒绝！可还有比这更狂的事儿呢！

钱先生去世之前，有位级别颇高的中央领导被委派到钱先生供职的社会科学院做院长。到了春节，新院长去给老先生们拜年。到钱先生家敲门，老先生自己来开门，却只开了一个一尺多宽的小缝，门上的防盗链儿都没摘。院长先生满面堆笑："钱老，过年了，我带人来给您拜个年！"贵人登门，一般人当然欢欣鼓舞，热情款待，但钱先生没有。他只淡淡地说："谢谢领导！我很忙，我很忙。”伸手就把门推上了。这么高级别的领导拜年，连门都没让进就给关在门外了！这事儿传出来，大家说钱锺书那真是狂到登峰造极了。

钱先生的夫人杨绛先生在文章中记录过这样一段对话——她说：“锺书啊，现在外间都在说你狂啊！”钱锺书笑笑，说：“他们不懂我，我这哪里是狂啊？我这分明是狷嘛！”这段对话很有意思。别人认为钱锺书瞧不起别人，目空一切，所以说他“狂”，但他说：我没“狂”啊！我其实是逃避了、躲开了。人家给我父亲开纪念会，我躲开了；人家要给我拍专题片，我躲开了；领导给我拜年，我躲开了，我这不是狷吗？

钱先生这话能让我们体会到：其实“狂”和“狷”两种形态常常很相似，可以相互转化，并不是那么截然对立的。但这里还有一层意思值得揭示出来：别人认为钱锺书狂，而他自以为狷，这是一种更高层次的“狂”。我的意思是说：别人都说钱锺书狂，钱锺书说我没狂，我这都是逃避，我这还很收敛呢，搂着没放开呢！你看，这不是一种更高层次的“狂”吗？

“狂”和“狷”的关系的确是十分微妙复杂的，但不管怎样微妙复杂，作为中国文人的基本文化性格，这一点没有问题。“狂”和“狷”是我们了解中国文人和中国文化社会的两个非常重要的概念和通道，这就是中庸的第一层含义——“过犹不及”给我们带来的非常重要的启示。

第 9 讲

君子共同体与小人共同体

“中庸”的第二个原则叫作“和而不同”。《论语·子路》云：“君子和而不同，小人同而不和。”在现代汉语中，我们把“同”“和”二字混用，不怎么区分，但孔子把“和”“同”分得相当清楚。

什么叫“君子和而不同，小人同而不和”呢？我的理解是：君子之间是一个理想共同体，大家为了一个共同的崇高神圣理想走到一起，这叫“和”。在理想实现过程中，一定会有相当多冲突和分歧，这叫“不同”。尽管这种分歧和冲突会相当激烈，但因为君子之间是“和”的，那就可以求同存异，搁置或解决冲突，最终达成共同理想。

小人之间正好反过来，他们是一个利益共同体，而且他们不是为了共同利益，而是为了各自利益集合到一起来的。当利益比较一致的时候，大家可以称兄道弟，勾肩搭背，灯红酒绿，如胶似漆，但是一旦利益分配不均衡，或者有强大的外力要碾碎这个利益共同体，小人就会分道扬镳，翻脸无情，甚至落井下石。

这种“君子—小人”之辨对我们的日常生活有着重要的指导意义，但就像我们前面所说，孔子讲“礼”，讲“过犹不及”，都不只是为了指导日常生活，而是有更高的哲学、政治学、社会学内涵，我们是需要提高到上述层次来理解的。放在国家政治层面上，“明君——直臣”就会形成君子共同体，就能打造出清平天下，而“昏君——佞臣”就组成小人共同体，会让国家民族走向水深火热的深渊。

宰了那个乡巴佬

先来说“和而不同”的君子共同体，第一个典型例子是唐太宗打造的贞观盛世。我们常说中国历史上有三个盛世——“文景之治”“贞观之治”“康乾盛世”。其中“贞观之治”是含金量最高的。问题是，“贞观之治”是怎样炼成的呢？普及性的历史书中都告诉我们，说唐太宗打造盛世的奥秘很大程度上体现在他善于纳谏，但是我们想补说一个细节：他的纳谏也不常常是那么愉快的。

唐代史料中记载了这样一件事：有一天，唐太宗下朝回到皇宫，一脸阴云，非常不高兴，一边踱步，一边嘟嘟囔囔：“我非宰了那个乡巴佬不可！”长孙皇后过来问他：“皇上，这是跟谁生这么大的气啊？”唐太宗终于等到有人接他下茬儿了，气呼呼地说：“谁？魏征呗！我说一件事，他跟我拧着干；我再说一件事，他还反对，也不知道他是皇上还是我是皇上！明天我就宰了这个乡巴佬！”长孙皇后一看皇上跟魏征生气，一言不发，转身出去了。过了一会儿，换了一身只有在国家最盛大典礼的时候才穿的礼服，花枝招展地进来了，向唐太宗盈盈下拜：“恭喜陛下！贺喜陛下！”唐太宗很纳闷儿：“何事贺喜呀？”做了这么多铺垫，长孙皇后才把自己的道理讲出来：“上有明君，下有直臣，就会组成和而不同的君子共同体。现在我们有了魏征这样的直臣，他不看皇上的脸色说话，说明皇上你是明君啊！明君直臣都有了，我大唐清平盛世指日可待，臣妾因此为陛下贺！”听了这几句话，唐太宗霁然色喜，龙颜大悦，魏征的脑袋算保住了。其实过后想想，我们很替魏征捏一把汗。如果没有长孙皇后这么富有艺术性的劝谏，说不定唐太宗一时想不开真把魏征杀掉了也未可知呢！

但不管有多么重大的分歧、激烈的冲突，唐太宗最后不仅没有杀魏征，而且越来越了解了魏征的价值。若干年后，在魏征同志的追悼会上，李世民同志发表了深情的讲话：“人的一生应该有三面镜子。以铜为镜，可以正衣冠；以史为镜，可以知兴替；以人为镜，可以明得失。魏征一死，我失去了一面镜子了！”这段话可谓对魏征平生功业的至高评价。

唾溅帝面

类似这样的明君直臣共同体不是很多，我们再来说说宋仁宗与包拯。在前面讲到柳永的时候，宋仁宗赵祯同志友情出演了重要配角，取消了柳永的进士资格。我们会觉得宋仁宗这种做法太过分了；但实际上站在一个皇帝、政治家的立场上，也不能说他做错了。其实宋仁宗在位时期，是北宋达到顶峰的一个时段，也堪称盛世。这个盛世不是没有来由的，下面这件事就值得我们咀嚼。

有一天，宋仁宗最宠爱的张皇后给他吹枕边风："我父亲只是一个小军区的司令员，你能不能提拔他做一个大军区的司令员。"我们用的是现代官职的说法，古代大军区司令员叫作节度使。宋仁宗理所当然地答应了，第二天上朝就把这事儿跟吏部尚书包拯说了。包公我们都很熟悉，尽管民间神化演绎颇多，什么日断阳、夜断阴，但是总体来说，历史上的包拯与文学艺术中的包拯形象还是相当接近的，包拯确实以铁面无私著称。宋朝流行两句谚语："关节不到，有阎罗包老。"也就是说，在这个世界上有两个地方走后门是不好使的，地下是阎罗王，人间是包公。现在宋仁宗把这件事情委派给了包拯，包拯一听就急了，反复和皇上说：这个人不适合当节度使。说来说去，到底把皇上都给说烦了。宋仁宗说："包拯，你听好了！我这个任命不是和你商量，我这是圣旨！你去执行就好了，这事儿不要再说了，退朝！”

包拯一看皇上要走，更急了：“皇上你不能走，我话还没说完呢！”抢上两步，一把把皇上的衣袖拽住，站在对面滔滔不绝讲这个人不适合当节度使的理由。讲到什么程度呢？史料上说“唾溅帝面”，唾沫星子迸了皇上一脸。宋仁宗也不擦，就站那儿等他说，又说了半个多小时，最后终于受不了了：“好了好了，都依你！都依你！不让我岳父当节度使行了吧？放朕回后宫去吧，我这儿都饿了，该吃晚饭了！”这才算脱身出来。刚回到后宫，人家张皇后还在那等消息呢！一看皇上回来了，赶紧过来问：“我父亲当节度使那事儿怎么样了？”宋仁宗正没好气：“你就知道要节度使，要节度使，你不知道包拯在当吏部尚书吗？这事儿我能办成吗？”

这个故事，特别最后这句话，很值得琢磨。我们仔细想一想，宋仁宗能不能办成这件事呢？完全能办成啊！第一，他是皇上；第二，他下了命令，包拯不执行，他可以以违旨之罪来惩治包拯；第三，包拯失礼，拽着皇上的袖子对面而立，唾沫星子还迸了皇上一脸：追究他失礼之罪，把他吏部尚书职务罢免，换上一个听话的人，这事儿不就办成了吗？但是宋仁宗没有这样做。他忍受了包拯的违旨失礼，因为他知道包拯说得做得都是对的。他尽管一时昏了头，想提拔他岳父做节度使，但他知道真正的道理在哪儿。在这一点上，宋仁宗是不失为有道明君的。有明君，有直臣，才能打造起来北宋的鼎盛局面。

群小毕集，乱自上作

反过来说，小人同而不和的共同体可就好找多了，每个王朝都有。特别是每个王朝的末世，气数将尽的时候，总会出现小人共同体，所谓“国家将亡，必有妖孽”，某种程度上说，就是这个意思。

这样的例子举不胜举，我们来讲一个大家比较熟悉的，三国蜀汉后主刘禅。刘备夷陵战败，病逝白帝城，临终前将刘禅委托给诸葛亮，让他以“相父”名分指导刘禅治理国家。诸葛亮秉承刘备遗志，六出祁山，多次讨伐魏国。在这个过程中，诸葛亮写下了名垂千古的前后《出师表》，所谓“出师一表真名世，千载谁堪伯仲间”。前后两《表》洋洋洒洒数千字，我以为最核心的只有六个字，“亲贤臣，远小人”。亲贤臣，你就可以建立君子的和而不同共同体；亲小人，你就会陷入小人的同而不和共同体。诸葛亮文章写得那么情意深切，讲得那么透彻明白，但刘禅是个“扶不起的阿斗”。诸葛亮一走，没有人在眼皮子底下管着了，刘禅就和宦官黄皓等人沆瀣一气，将蜀国上上下下弄得乌烟瘴气，乱七八糟，离心离德，天怒人怨。

实际上，当时魏蜀吴三国鼎立，按照正常的历史规律，蜀国应该是最后灭亡的一个国家，因为蜀国踞有地利之险。到大唐朝，李白还说“蜀道之难，难于上青天”，蜀国到处都是“一夫当关，万夫莫开”的天险。为什么蜀国最早灭亡、国运最短呢？这个问题说起来复杂，我以为有这样几个因素：第一，关羽要负责任。因为他没有大局观，导致了孙刘联盟的破裂；第二，刘备要负责任。他不能审时度势，悍然用兵，导致夷陵之败，蜀国精锐损失惨重；第三，诸葛亮要负责任。诸葛亮没能很好地培养人才，构建梯队，而且穷兵黩武，多次讨伐魏国，掏空了蜀国的国力；最后一个，最终导致蜀国灭亡的还是刘禅“亲小人，远贤臣”的小人共同体的形成。可见从国家政治层面来讲，君子小人之辨有多么重要的价值。

再来看一个例子，《水浒传》中高俅的发迹史。《水浒传》一部大书，写了一百零八位梁山好汉，但书不是从任何一个好汉写起的，而是从一个无赖泼皮高俅写起的。

高俅本来没有名，依排行就叫高二，东京城里的小混混、浮浪子弟而已。因为踢得一脚好足球，大家称他为“高毬”。古代的足球应该是毛毡制成的，所以是“毛”字旁。后来发迹了，嫌“毛”字不雅，就改成了人字旁的“俅”。

这个浮浪子弟是怎么发迹的呢？因为总和一些花花公子厮混，撺弄别人败坏家产，被官府断了几十脊杖，然后驱逐流放。后来遇到新皇登基，大赦天下，高俅也很高兴地准备回东京了。他在外面飘荡的时候，有一个叫柳大郎的人很欣赏他，估计是他的球迷。柳大郎说：“你回东京也没个安身之处，我给你推荐个人吧！我在东京城有一个叫董将仕的朋友，开了一间生药铺，我推荐你到他那里找一份工作吧！”高俅带了柳大郎的信来找董将仕，董将仕左右为难：冲着好朋友的面子，我应该留下他；

但这人不是良善之辈，孩子被他带坏了怎么办？还是“捧杀”吧！于是跟高俅说：“舍下池水太浅，养不下阁下这条大鱼，为了不耽误阁下的前程，我推荐你去小苏学士府谋个差使吧！”这个小苏学士是谁呢？据说正是苏东坡。董将仕家里安不下高俅，找了个借口把他支走了，但客观上成全了高俅，使他一步步往高走。

高俅到了小苏学士府，小苏学士的想法跟董将仕一样，照方抓药吧！于是把高俅推荐给了小王太尉。小王太尉正是驸马王晋卿，这个人是有名的玩儿家，最用得着高俅这样的人，非常高兴地把高俅收下了。到了小王太尉这儿，距离权力顶层就已经越来越近了，这叫作“富贵逼人”。但高俅的身份很低微，只是一个仆人而已，怎么发迹呢？

这一天，小王驸马的小舅子端王到姐夫这儿来做客，看见一个玉雕狮子笔架，非常喜欢。小王太尉说：“好啊！我还有一个镇纸，也是出于同一个匠人之手，我改天让人给你送过去！”过了两天，小王驸马把笔架、镇纸包好，命高俅给小舅端王送去。高俅到了端王府，请求通禀，人家说：小舅端王正在后面球场踢球，你自己进去到球场那边去找吧！高俅到了球场，果然，比赛进行得十分激烈。高俅也很懂规矩，老老实实在场边看。忽然，有人开了个大脚，球奔着高俅这儿来了。高俅一方面是福至心灵，一方面是本能反应，看见球来了，使了一个“蝎子摆尾”，“啪”一脚踢了回去。这脚法一露，技惊四座，小舅端王也不踢了，兴奋点完全转移到这位超级球星身上了。问明来历，当即邀请他下场表演。高俅很懂礼数：“小的是何等样人，敢与恩王下脚！”端王说：“没关系，我们这儿叫齐云社，又叫天下圆，你尽管踢！”高俅要奉承端王，使出浑身解数，球像粘在他身上一样。端王眼睛都看直了，当即跟小王驸马把高俅要到了自己府上，朝夕相伴。

过了不久，哲宗皇帝晏驾，小舅端王登基，是为宋徽宗赵佶。一人得道，鸡犬升天，自然一力提拔高俅，让他当了京营殿帅府太尉，相当于今天的首都卫戍区司令员。这才有上任点名、逼走教头王进、九纹龙史进出场等一系列事情。

在高俅的发迹史里，“天下第一会读书人”金圣叹敏锐地注意到一个问题。他说：“小苏学士、小王太尉、小舅端王，都有个‘小’字，这叫‘群小毕集’。《水浒传》一部大书从高俅写起，从朝廷写起，这叫‘乱自上作’。”金圣叹是非常有眼光的，而高俅与宋徽宗的“风云际会”也正形成了小人共同体，最终断送了北宋一朝。这是“同而不和”的又一个历史教训，值得汲取。

不援手者，禽兽也

中庸的最后一层含义叫作“有经有权”。“经”，就是“原则”；“权”，就是“权变”。我们做事情，既要坚持原则底线，同时又要灵活通融。具体怎么操作呢？孟子举的一个例子，很简洁，但很说明问题——“礼有经有权”，“嫂溺，叔援之以手”。

我们要从“礼教大防”的基本原则“男女授受不亲”说起。什么叫“授受不亲”呢？“授”，是把东西交给你；“受”就是把东西接过来，男女之间交接东西的时候，肌肤不能相碰。郭德纲讲过一个很夸张的段子：孟姜女是怎么嫁给她的丈夫范喜良的呢？因为他们两家是邻居，孟姜女家院子里的苹果成熟了，她去摘苹果，半截胳膊露出来，被站在墙那边的范喜良看见了。完了！不能嫁给别人了，只能嫁给范喜良了。郭德纲说：那个年代多好啊！换了我，我就二节鞭绑上三节棍，满街上划拉去，估计能划拉来不少媳妇儿。

这当然是开玩笑了，但是男女大防的礼教要求确实在叔嫂之间体现得相当严格。一个大家族里，小叔子和嫂子之间是“高危关系”，常常容易出现问题。《红楼梦》里贾瑞和凤姐就是一个典型例子，所以不识时务的焦大才放声大骂：“爬灰的爬灰，养小叔子的养小叔子！”结果被人塞了一嘴马粪。那么，到了什么时候这个原则可以通融呢？就是“嫂溺，叔援之以手”的时候——嫂子掉到河里面要淹死了，作为小叔子，你不能站在岸上说：“哎呀嫂子！男女授受不亲啊！你自己往上扑腾吧，我可不能伸手救你。”而必须打破礼法的规约，伸手把嫂子救上来。这不是建议，而是强制性的要求，因为孟子在后面还有一句话：“不援手者，禽兽也。”——死守教条而坐视别人陷入生命危险，甚至丧失生命，这是禽兽才做出来的事情。这样一个例子很好地解释了什么是“有经有权”，但我们还需要做进一步的引申思考。

都是双刃剑

作为孔子的核心理念，“中庸”是最后一个，“有经有权”又是“中庸”三原则中的最后一个。换句话说，在孔子整个思想体系中，它是处在最末一位的，但是最末一位并不意味着它的地位不重要：第一，我们可以看到孔子的思想体系中灵活通变的那一部分构成。孔子并不是我们通常想象的板着脸坐在讲台上说教的老头儿，他有相当灵动的东西来修正自己的大原则，从中我们可以窥见孔子思想和人格的丰富性。

第二，我们的祖先早在两三千年前就领悟到做事情既要守原则，又要有弹性，这无疑是一种中国智慧的体现；但同时，我们还应该提出一个问题，这种中国智慧给我们带来的是不是都是好处呢？我想应该特地强调，“中国智慧”也好，“国学”也好，其实都是一柄双刃剑。它有很多好处，同时也会带来一定的副作用。比如“有经有权”这个问题，它一方面代表了中国智慧，同时我们还不能回避这样的思考：为什么不按照这样规则做事的很多国家，现在会比我们先进、发展得更好呢？

例如美国人就不大懂得做事“有经有权”的道理，比较教条，一是一，二是二，只讲“经”，不讲“权”。德国人更是非常典型的教条主义者，据说他们在煮鸡蛋的时候，菜谱上说鸡蛋要煮五分钟，他都定好闹钟放在鸡蛋边上，五分钟一到，赶紧把鸡蛋捞出来。中国的菜谱拿到欧美去，他们不会用，你说盐、糖、酱油“若干”“适量”“少许”，他们不懂。人家都说多少克，甚至精确到小数点以后好几位。还有跟我们恩怨纠葛的近邻日本，说得开玩笑一点儿，日本人有一股二杆子精神，不撞南墙不回头。他们也是不讲“权”而只讲“经”的。为什么这些国家不推崇“有经有权”，而又在一定程度上比我们发展得好呢？我个人也给不出答案，只能来提醒大家思考一些现象。

第 10 讲

那个山东老头儿

在前面几讲中，我们了解了孔子思想的几个基本支点，也初步认定了孔子的第一重身份——孔子是大思想家、大哲学家。我曾经有一个讲座叫《3D 孔子》，意思是孔子形象有三个维度。第一个维度就是大思想家、大哲学家，接下来我们来谈另外两个维度。

大教育家之“大”

第二个维度，孔子是大教育家。

这个说法非常浅显，但有些问题需要辨析。为什么说孔子是“大”教育家，要符合什么样的条件才能成为“大”教育家呢？根据我自己对教师这个职业的理解，教师应该分成四个层级。第一个层级叫“教书匠”，就是承担教师工作的普通教师；第二个层级我称之为“教师”，指那些有理想、有追求、有能力的优秀教师；第三个层级叫“教育家”；第四个层级才是“大教育家”。大教育家需要具备三个条件：第一，要终身处在教育岗位上；第二，弟子的成才率比较高；第三，也是最重要的，就是要形成一定的教育理念，深刻影响到教育事业的建构与发展。

按照四个层级和三个条件来对照一下孔子的情况，首先我们看到，孔子满足第一个条件。他从二三十岁开始担任教师，此后四五十年一直都没有离开过这个角色。包括他做官的四年、周游列国的十四年，孔子从来都没有放弃过教师的责任。当然，第一层级的“教书匠”和第二层级的“教师”也都满足这个条件。

满足第二个条件的，我们称之为教育家。孔子有三千弟子，贤者七十二人，也就是说，孔子弟子的成材率是百分之二点四，他每教四十个学生就有一个成才的，这个成材率相当惊人。就我个人的体会而言，我做教师十五六年，我的学生早就超过三千人了。一个大阶梯教室就是几百人，一个大礼堂就上千人，但是我的弟子的成材率肯定没有百分之二点四那么高，能到万分之二点四就不错了。所以说我只是教书匠，最多是教师，而孔子是教育家。

最关键的当然是最后一个层级、最后一个条件。孔子给我们留下了三个重要的教育理念。

第一，有教无类。白话文就是“一个都不能少”。不管你的家庭是贫贱还是富贵，不管你的基础是深厚还是薄弱，不管你的智商是比较高还是比较低，只要你有想学习的愿望，就应该获得学习的权利。

第二，教学相长。孔子非常看重教师和学生之间的互动关系，教师可以在比较聪明的学生那儿学到东西，丰富自己。前面讲过，孔子曾经称赞过颜回，他说我已经是很好的学习者了，可以举一而反三，但颜回能够举一而反十，比我强得多，说明孔子时是注重从学生身上学东西的。后来韩愈写《师说》，提出著名的“师不必贤于弟子，弟子不必不如师”的说法，这个理念早在孔子时已经奠定下来了。

第三，因材施教。我们前面在讲“仁”的时候，提到孔子对“仁”字有多种定位，很大程度上就是由于孔子“因材施教”的理念在起作用。每个来问“仁”的学生，他的具体情况都不同，孔子就提供不同的方案来解决他的具体问题。另外，如孟懿子问“孝”，孔子回答“无违”。我们估计是孟懿子有顶撞父母长辈的行为，孔子说，先做到“顺”，那就是“孝”；子游可能在“顺”的层面做得不错，所以他问“孝”，孔子就提出更高的要求:“今之孝者,是谓能养。至于犬马，皆能有养。不敬，何以别乎？”不仅要“顺”，而且要“敬”。

这三个教育理念大家都非常熟悉，可谓老生常谈，它还有没有当下意义呢？各位可以仔细想一想，不管是“有教无类”，还是“教学相长”，或者是“因材施教”，我们今天的教育中真的都做到了吗？都落实到比较完美的程度了吗？我以为我们其实距离这些目标还相当遥远。像这样的教育理念不仅影响到我们过去几千年的教育事业的发展，而且我相信它还会在未来有永恒的价值和光芒。因为有这样的教育理念，孔子就从教育家跃升到了大教育家，这是孔子的第二重身份。

打倒孔家店，不是孔子

第三重身份，我还要特别强调：孔子是个普通人。我为什么给这一讲的标题取了这样一个有点儿调侃的“那个山东老头儿”呢？一个来源是苏东坡的诗。前面讲“儒道互补”，我们提到苏东坡的人生，他晚年被贬海南儋州，公元1100年，宋徽宗赵佶即位，苏轼获得特赦，横渡琼州海峡回到大陆，这一天是这一年的六月二十日，苏轼写下了他一生最杰出的诗篇之一——《六月二十日夜渡海》，其五、六句云：“空余鲁叟乘桴意，粗识轩辕奏乐声。”“空余”一句指的就是孔子晚年那句著名的“道不行，乘桴浮于海”，隐含着“道不行”三个字。“鲁叟”这两个字很有意思。什么叫“鲁叟”呢？翻译过来就是“那个山东老头儿”，这是我们用到这个标题的原因之一。

第二个原因要说到新文化运动。新文化运动我们讨论甚多，如果大家比较关切文化界动向的话就可以看到：过去一段时间，有些学者认为新文化运动中的文化激进主义倾向非常严重，把传统文化秩序破坏得体无完肤，起了非常消极的作用，甚至有人把新文化运动和十年“文革”相提并论。对这种看法，我个人表示不以为然。新文化运动是一场功德无量的文化启蒙运动，它把民主、科学、自由、平等、博爱、人权等概念输入中国。一百年来，中国人把这些概念常常挂在嘴边，深深印在脑海。就凭这一点，就完全称得上“功德无量”。新文化运动的推进会不会对传统文化秩序造成颠覆和破坏呢？答案是毫无疑问的。一套新的思想体系、潮流进来以后，必然要破坏原有的文化秩序，但同时，我也想特别指出：它对传统文化秩序的破坏是有分寸、有尺度的，破坏性很强的同时也是相当有建设性的。为什么这样说呢？

新文化运动中有一个著名的口号叫“打倒孔家店”。这个口号很有意思，为什么说“打倒孔家店”，而不是打倒孔子本人呢？我们知道，孔子是一个平民色彩浓厚的思想家。尽管做了几年官，但是很快就凄惶地周游列国，最终哀叹着“道不行”告别了这个世界。同时我们又知道，从汉代董仲舒提出“罢黜百家，独尊儒术”，孔子被一步一步推上神坛，不断加封，成为“大成至圣先师文宣王”。每加封一次，孔子脑袋后面就多了一道光圈，脸上就涂上一层厚厚的粉。久而久之，我们到文庙去叩拜孔圣人，其实那已经不是真实的孔子了。他脑袋上的光圈太多了，脸上的粉太厚了，我们已经看不清孔子的真面目。数千年来附加在孔子身上的、被后人歪曲强加的这些意识形态系统在新文化运动中就被称之为“孔家店”，“打倒孔家店”就是要剥掉孔子脸上厚厚的粉，铲掉孔子脑袋后面的光圈，把孔子还原成一个普通人。

经过这样的还原，孔子走下了神坛，他也追求生活享受，也有七情六欲，有性格上的小毛病、小缺点，也会打打自己的小算盘，就像住在我们家对门那个老先生一样；但这个平凡的孔子，更有血肉和性情，并不影响他的伟大。我们称孔子“山东老头儿”，目的就是还原这个真实的、平民化的孔子。

孔子的最窘时刻

《论语》是最真实的孔子言行记录，其中有很多小细节是非常耐人寻味的，能让我们看到孔子身上很多有意思的地方。比如孔子很讲究生活品位。他说：“食不厌精，脍不厌细。”在这八个字后面，孔子提出了几个“不食”：桌子摆歪了，不食；肉片儿切厚了，不食；不是当令的菜品，不食……这些要求固然有“礼”在起作用，同时也必然包含着孔子追求生活品位的因素。开个玩笑，我觉得这些话肯定是孔子在鲁国做大官的时候说的，陈蔡绝粮的时候估计不会那么讲究了。

还有一些细节让我们看到孔子的“窘”“糗”时刻，比如“子见南子”事件。孔子在卫国的时候，卫灵公娶回了大美女南子作为第一夫人。南子听说大圣人孔子在卫国，要求会见孔子。孔子却不过情面，或者出于公关的考虑，去见了南子一面。怎么见的面、谈了什么、谈了多长时间，文献没有记载；但《论语》中写了这么一段：“子见南子，子路不悦。”子路武士出身，性情直爽，有什么话藏不住，激烈地批评了孔子，最后居然把孔老师逼到死角，面红耳赤，指天发誓。孔子说：“予所否者，天厌之，天厌之！”孔子说：我去见南子没有任何邪念，如果有的话，老天都会讨厌我，我就天打五雷轰！能想象当时孔子多么狼狈尴尬，这和我们普通人有什么区别呢？

说到“子见南子”，还应该补说一件小事：民国的“子见南子”风波。张鸣先生《民国的角落》一书有专篇谈之，写得极有趣味，应该引若干文字以便我们了解大概：

> 子见南子，是孔夫子一生中做过的一件不大不小的尴尬事……在过去的时代，科举考试《四书》章句作为题目出了个遍，但“子见南子”却很少有考官出过，如果真的出了，考生都要骂的，因为实在不好演绎，一个不留神说出孔夫子“寡人有疾”来，那可麻烦大了。
>
> 到了五四新文化运动的时候……林语堂根据《论语》上的寥寥几个字的记载，铺衍成了一个独幕话剧。只不过里面的南子已经变成了一个新时代的新女性，要求个性解放，主张男女同学，而且还为此跟孔子大辩其论，最后居然用一群美女唱着“郑卫之淫声”，且歌且舞，将夫子师徒包围起来，令夫子不得不落荒而逃。这样的话剧，即使拿到今天，演给今日的读经派人士，也许都会招来臭鸡蛋的。但是在那个年代，却有好事者在孔子的家乡曲阜来演，还特意邀请孔门的后裔来看。
>
> 事情是这样的，1929年初夏，位于山东曲阜的山东省立第二师范学校（俗称二师）的学生会决定排演林语堂的这出《子见南子》……虽然已经到了1929年，但在山东的

内地，男女同台演戏，还是相当新鲜。况且扮孔子者，“衣深衣，冠冕旒”，穿着春秋时平民的衣服，却戴着帝王的帽子；子路还佩着柄长剑；南子也是长袖飘飘，相貌俊俏；戏中的台词都是现代的新名词，一时间煞是轰动……

二师的学生为什么要演《子见南子》？那个年代，读师范的学生家境差的比较多，因为师范人称“吃饭学校”，管吃管住，还有补助，穷孩子读得起。师范学校连老师带学生，思想激进的比较多。二师虽地处曲阜，但非孔姓的学生很多。这次演出说是借此反封建之类，可能有点儿拔高，倒更像是恶作剧，恶作剧也含有小小的拿孔夫子开心的意思。尽管“在那个剧本里，有孔夫子登场，以圣人而论，固然不免略有欠稳重和呆头呆脑的地方，然而作为一个人，倒是可爱的好人物”。后来二师的校长宋还吾也强调，演孔子的学生演得“极庄严”……

非圣裔的青年们安心要惹圣裔们不高兴，他们果然不高兴了。《子见南子》的歌舞声还未消散，一封署名“孔氏六十族人”的信就递到了教育部，状告二师侮辱他们的祖宗，要求撤换校长。有意思的是，林语堂的剧作把子见南子现代化，让孔子跟女性解放接上火，孔门后裔告的状倒也没有多少“非圣”“毁道”的责难，而是在这出戏的“淫”字上做文章，说这出戏演的时候，“学生抹作孔子，丑末角色，女教员装成南子，冶艳出神”，而南子所唱“虽旧剧中之《大锯缸》《小寡妇上坟》，亦不是过”。有意思的是，这种诛心之论，其立脚点却是民国的道德和法律，没有在“辱圣”上面纠缠。

状子上达之后，在南京政府势力很大的孔祥熙力主严办，但主管的教育部以及山东省教育厅却另有打算……据奉命查案的教育部参事朱葆勤回忆，他得到了蒋梦麟和马叙伦的明确指示，不能因此开倒车……在这个事件中，站在捅了马蜂窝的二师学生一边的舆论显然要多一些……教育部的意见是，二师演戏不等于侮辱孔子，校长虽未遭查办，但却以另有任用为由而调走。接着教育部下令，对孔子要表示尊崇，各校不许再演《子见南子》。

两个事件都是所谓的新派主动挑起的，但挑起后引发的反弹却如此强劲，双方混战一场，各自都不满意。文化的争论夹杂着利益的纠葛，令政府说不清断不明。但是事件的余波，实际上直到今天也没有完全消散。

为啥女儿嫁囚徒

另外一个场景中，我们还能看到孔子像普通人一样有自己小计较、小算盘的地方。孔子有个学生叫公冶长，公冶长是孔子学生中唯一“有前科”、坐过牢的人，但孔子认为他不错。他对公冶长有一个有意思的评价：“公冶长，可妻也。”就是说他会是个好丈夫，很适合把一个女孩子嫁给他做妻子。可能有人提出异议："公冶长是囚徒啊！"孔子接着为公冶长申辩了一句："虽在缧绁，非其罪也。""缧绁"是绑犯人的绳子，孔子是说公冶长是个很好的人，虽然坐过牢，但他是无辜的，最后结论没变——此人可妻也。圣人都是言行合一的，孔子不但这么说了，也这么做了，他把自己的女儿嫁给了公冶长。

好玩的是，孔子又评价了一个叫南容的学生："南容，可妻也。"这回什么理由呢？孔子说，南容这个人非常有才华，而且情商非常高。"邦有道，不废；邦无道，可免于刑戮。"这就是说，南容的智商和情商足以让他在太平盛世中实现自我价值。到了乱世，这些智慧又能让他明哲保身，免于成为政治斗争的无辜牺牲品，所以说"南容，可妻也"；但说完这话估计孔子就犯愁了：自己的女儿已经嫁给公冶长了，没有女儿可以嫁给南容了，怎么办呢？于是，孔子把自己的侄女嫁给了南容。

有些问题值得思考：孔子在给自己的女儿和侄女挑选理想归宿的时候，他为什么会选择公冶长、南容这两个不太出名的学生呢？为什么不选子路呢？子路是武士出身，好勇斗狠，说不定哪天就被人家砍死在十字街头，危险系数太高了。为什么不选颜回呢？颜回是孔子最欣赏的学生啊！颜回太穷了，一箪食，一瓢饮，居于陋巷，自己的日子都过不明白，他会给妻子带来安稳富足的生活吗？所以，子路不能嫁，颜回也不能嫁，孔子最终选择了公冶长和南容，因为他认准了这两个人是好丈夫，能给自己的妻子带来一生的平安和幸福。这样一种想法与普天下的父母又有什么区别呢？这样一个情节足以让我们看到孔子普通人的一面，同时，我们还应该关注一个重要的思想史命题：大圣大贤皆有人之常情。

不近人情者，鲜不为大奸慝[1]

王安石变法时期出现了一篇据说是苏洵所写的文章《辨奸论》。文中提出了一个非常有意思的观点："凡事之不近人情者，鲜不为大奸慝，竖刁、易牙、开方是也。"他说，不近人情者，很可能是大奸大恶之徒，我们摘引李国文先生的一篇文章来看看这个历史教训：

> 公元前第七世纪，在齐国的国都临淄，有一场关于国君用人的大辩论。
>
> 辩论的甲方，是齐桓公姜小白；辩论的乙方，为他的上卿管仲……
>
> 甲方的齐桓公问："将何以教寡人？仲父！"
>
> 乙方的管仲回答："请允许我向你建言，你身边的三位宠臣，易牙、竖刁和卫公子开方，作为陛下私底下的亲近朋友，当无不可。但我还是建议你尽可能地疏远他们，

① 慝，tè，邪恶之意。《三国志·武帝纪》："吏无苛政，民无怀慝。"

如果做不到这点，至少从今而后，切不可让他们掌握政治权力。”

这是怎么讲呢？

因为他们的品德，不可信；因为他们的言行，不可靠；因为他们的动向，不可测。所以，对他们的未来，不放心！

齐桓公哈哈大笑：“易牙，是一位烹饪方面的行家里手，他总是在我想什么东西的时候，端来我正好想要吃的东西。哪怕是半夜三更，我的胃口有一点儿吃的欲望，易牙肯定会适时地送来美味佳肴。有一次，我对易牙说，天底下的东西我都吃遍了，唯一没有品尝过的就是人肉了。当天的晚餐桌上，就有一盘异常鲜美柔嫩的蒸肉。易牙告诉我，这就是我想吃的人肉，而且还是三岁小孩的肉。我问他，你怎么能知道这盘肉是一个三岁孩子的呢？易牙说，那是我的儿子。我说，这怎么可以呢？易牙说，忠臣心目中只有君王，为了君王，是不必顾惜家人的。易牙烹其子以快寡人，犹可疑乎？”接下来，齐桓公又夸奖竖刁：“这更是一位了不起的人。所以了不起，就是他的不惜牺牲自己，心甘情愿地割掉了传宗接代的男根。这是何等舍己为人的高尚品质啊！他为了服侍寡人，为了贴身效劳寡人，为了能进入宫廷时刻效忠寡人，自愿接受宫刑，成为太监，成为宦官，这可不是谁都能做到的。竖刁自宫以近寡人，犹可疑乎？”然后，说到公子开方：“这样一位卫国的贵族，去其千乘之太子，而臣事君，十五年来追随寡人，连家都没有回去一次，这样的忠贞之士，怎么能够不信任、不重用呢？”

对于管仲的答辩，台湾的柏杨先生是这样综合起来写的：“人性是这样的，没有人不爱自己超过爱别人，如果对自己身体都忍心残害，对别人岂不更忍心下毒手！没有人不爱自己的儿女，如果连自己的儿女都能下得狠心，他对谁下不得狠心？没有人不爱自己的父母，如果十五年之久都不想见父母一面，连父母都抛到脑后，对其他的人又有谁不会抛到脑后？”

…………

这场辩论，尽管齐桓公大不高兴，但他还是在口头上答应了管仲，将这三人逐出宫外。“管仲遂尽逐之，而公食不甘，心不怡者三年。公曰：‘仲父不已过乎？’于是皆即召返。”因为管仲已死，再也无人敢于进言谏阻。而且，他完全置当年那场用人大辩论于不顾，不但将那三个奸佞找回来，还予以重用……

…………

……公元前643年，管仲死后的第三年，姜小白——这位诸侯之伯，也走完了他的人生途程。一个曾经叱咤风云的霸主，是怎么也想不到自己会死得这样难看。他一断气，他的最欣赏的、最依赖的，也是最后放心将国家托付给他们的这三位亲信——易牙、竖刁和公子开方，个个拥立公子，拉帮结伙，争位相残，内讧不已……

…………

……这就是说，齐桓公霸业之兴，在于他用对了人；同样，齐桓公霸业之衰，也在于他用错了人。姜小白的一世英名，最终败坏在他所宠幸的佞臣易牙、竖刁和公子开方身上。

在讲述了这段史实之后，李国文先生深有感慨地说：

一个极其成功的人，最可怕的敌人其实就是他自己。在中国历史上，有多少曾经英明过、贤明过、圣明过的君王，最后都难以幸免走向自己的反面，着实令人为之痛惜。而在制造这种命运悲剧的过程中，最常见的败局，就在用错了人。由于极其成功的人，也是极其自信的人，由于极其自信，自以为是，自以为老子天下第一，这样的人通常不肯认错，尤其不会改错，甚至明知错了，也要错到底。因此，也就只好眼看着这个极其成功的人，一条道走到黑了。

我们还应该讲到另一位著名的历史人物，那就是明朝的大清官、在很多人眼中也够得上圣贤的海瑞。

海瑞刚如山峰，固然有很多非常人所及之处，但有件事会令所有读者都不以为然。海瑞有个四岁的小女儿，有一天接受了家里男仆递过来的饼。海瑞听说这件事情，大发雷霆，他说：男女授受不亲，你是女孩儿，怎么可以接受男仆递过来的饼呢？一直逼迫自己的小女儿自杀为止。这样的做法岂止是偏执、不近人情，简直是泯灭人性！如果一旦他有了可以为所欲为的权力，谁知他能做出什么可怕的事情来呢？像这样没有人性的圣人，我觉得不要也罢！从这一点来看，我们还是更喜欢像孔子这样有七情六欲、有自己小算盘、会尴尬、会脸红的圣人，他显得更加血肉丰满，更加平凡可亲；而这种平凡可亲并无碍于孔子作为大思想家、大教育家的伟岸。

第 11 讲

中国的良心

从这一讲开始，我们进入儒家文化史的第二个发展阶段：以孟子为代表的儒家文化的成熟期和光大期。说成熟期，是因为先秦儒家文化到孟子走向成熟；说光大期，是因为孟子丰富、发展了孔子的思想。我们首先要面对的问题是：孔子和孟子是什么关系呢？

过庭之训

孔子之后，儒家分为八门，其中思孟学派被认为是得孔子真传的一个正统支系，代表人物有两个：一个是孔子的孙子孔伋，字子思，还有一个就是孟子。子思应该是得到孔子的很多真传的，我们从一个比较著名的典故“过庭之训”可以看到这一点。孔子的儿子叫孔鲤，字伯鱼，得此名是因为生他的时候得到鲁国国君所赐鲤鱼的缘故。孔鲤小的时候贪玩，从院子这一边“扑腾扑腾”跑到那一边，孔子很威严地喊住他：“学诗了吗？”他乖乖地回答：“还没有学。”孔子严肃地说：“不学诗，何以言？”于是，孔鲤退而学诗。还有一次也是类似情况，孔鲤“扑腾扑腾”跑着玩儿，又被老爸给喊住了，很威严地问他：“学礼了吗？”“还没有。”老爸很严肃地说：“不学礼，何以立？”于是，孔鲤退而学礼。

这就是孔子著名的家教典故“过庭之训”。尽管孔鲤没有留下什么著述，但他应该传承了孔子很多东西，孔伋也会从爷爷身上得到很多耳提面命、口口传授的教导。所以，他撰写的《中庸》我们认为也反映了孔子的思想。至于孟子和子思的关系，有两种不同的说法：一种说孟子是子思的亲传弟子，另一种说孟子是子思的再传弟子。不管哪一种，都说孟子得到了子思的真传，也就是间接得到了孔子的真传应该没有问题。

爱钱好色火气大

孟子是个什么样的人呢？和孔子相比，孟子的经历显得比较平淡，大家上网一搜就知道了，但关键问题不在于孟子的经历，而在于他的形象。我觉得有一篇小文章，很能够描绘出孟子的形象，仍然是来自我们已经熟悉的李敬泽，叫《寡人有疾》：

寡人有疾，寡人好货。

寡人有疾，寡人好色。

寡人有疾，寡人好勇。

——又爱钱，又好色，火气又大，对这样的人你还能说什么呢？孟轲先生说，好啊，只要百姓吃得饱，只要街上没有老姑娘和老光棍儿，只要一怒而能安天下，那么，您就好货、好色、好勇吧。

读《论语》，我觉得孔子是老人，平和，看清了世间事，当然也有点儿老人的怪脾气。读《孟子》，我觉得那铿锵的声音出自中年人，他威严、精悍，他必定长一脸络腮胡子，他锐利地盯着你，随时准备战斗，随时准备以雄辩的言辞考验和召唤你的良心。

孟子是那个时代的良心。孔子生活在他所想象的落日余晖中，而在孟子面前，茫茫长夜已降临，“上下交征利”，“率兽而食人”——在鲁迅之前两千二百多年，孟子就以“吃人”的意象断定社会的兽性本质。也正因为暗夜当前，孟子激烈而坚定，他把一种行动的理想主义气质注入孔子开创的传统：“仁义”不仅是源于古老记忆的价值，而且成为一种必须为之战斗的社会理想。

对气大声宏的“理想主义者”，我一向怀有疑虑……我真正尊敬的理想主义者为数甚少，孟子是其中之一。该先生东奔西走，见过了一连串儿君王，从不谄媚，从未卑怯，他永远居高临下。大众欣赏和热爱居高临下地对他们说话的人，比如台上的明星或屏幕上的专家或骂人的作家，但君王们可没有这种自我作践的癖好，所以，孟子的居高临下是危险的，他竟履险如夷。

这需要真正的勇气，而孟子从不缺乏勇气，“我善养吾浩然之气”，这种“气”，在古代儒生身上时有所见，他们是真的不怕，不仅因为他们胆儿大，更因为他们从孟子那里传承着一个根本信念：在君王的权威之上，另有道德和伦理的权威，凭依着这种权威，他们英勇无畏地捍卫人类生活的基本权利，比如不挨饿，不被欺负，不被人吃。

那些儒生已被忘掉，只有孟子，尽管我们努力忘掉他，他那机智、热情，或严厉如坚金的声音在汉语中依然回响：“五十步笑百步”“挟泰山以超北海”“缘木求鱼”“君子远庖厨”“与民同乐”“国人皆曰可杀”。

但响声最大的，可能还是孟子的对话者诚恳的声音：俺有毛病，俺好钱，俺有毛病，俺好色；俺有毛病，俺见了穷人、弱者，或者想起远在天边的外国人就压不住火儿，怎么办呢？

孟子沉默。

如同《中国精神的关键时刻》一样，李敬泽先生这篇《寡人有疾》仍然紧凑而精彩。他说孔子像个老年人，孟子像个中年人，他时刻用锐利的眼睛在盯着你，考验你的良心。这些说法都非常符合我对孟子的想象。孟子以他气大声宏的理想主义气质为孔子思想注入了新的血液，那么孟子思想具体体现出哪几个特征呢？

给齐宣王的新概念作文

第一点是仁政。

我们前面讲过，孔子一生致力于把“仁”的理念注入国家政治之中，但是孔子从来没有提出过“仁政”，这个整体性概念是在孟子手里成熟起来的。何谓“仁政”？一个简单的现代化的理解，“仁政”就是原始形态的民生主义理念。我们可以读一读《孟子》名篇《齐桓晋文之事》，这是一篇难得的好文章。从思想史的意义上讲，它固然是向我们全面而详尽地阐释了孟子的仁政思想，就文章而言，也是非常好的典范、样板。

我们首先要注意到，孟子文章的语体风格和《论语》时代已经不同了。《论语》大都是格言的汇集，很少长篇大论;《孟子》则是汪洋恣肆、雄辩滔滔，特别富于逻辑和感染的力量。《齐桓晋文之事》的对话是从齐宣王发起的:“齐桓晋文之事，可得闻乎？”这话说得很有意思。先秦时代的人讲话特别有艺术性，一派外交辞令，典雅，拐弯抹角，不会有什么话直通通地说。齐宣王想说什么呢？春秋五霸中，宋襄公担任霸主的时间很短，下场比较可怜，并不是大家景仰的霸主。另外两个霸主，楚庄王是“南蛮”，秦穆公是“西夷”，都是被大家瞧不起的，所以五霸里面，齐桓公、晋文公是最受后人肯定的两位。这话的意思就是：先生啊，你给我讲讲怎么能够成为像他们一样的霸主呢？

面对齐宣王的殷切探问，孟子的反应相当冷漠，甚至排斥和抗拒。他冷冷地当头一棒打在齐宣王的脑门儿上："仲尼之徒无道桓文之事者，是以后世无传焉，臣未之闻也。"话说得冷冰冰、硬邦邦的，把齐宣王"怼"了回去。这叫作话不投机，但是孟子是很讲究语言艺术的，他绝不是要和齐宣王吵起来，而是欲擒故纵。他马上用一个焦点性问题转移了齐宣王的兴趣："无已，则王乎？"——大王你要我讲霸道，我看咱们还不如来讲讲王道。一听这个"新概念"，齐宣王立马感兴趣了："先生，要有何等样的品德可以推行王道呢？"孟子说："大王，有您这样的德行就可以啊！"

在战国各诸侯国君主之中，齐宣王还算是比较英明的一个，他不会随便被别人一句半句恭维话蒙混过去的。所以他有点儿质疑，甚至有点儿不高兴地问："何由知吾可也？"——老先生，你来齐国时间不长，咱们也不太熟啊！你为什么说我可以推行王道呢？

孟子淡淡一笑，胸有成竹地说："我听大王的近臣胡龁说，您坐在堂上，有一个人牵着一头牛从堂下经过，大王你就把他叫住了，问他这头牛要带到哪儿去。手下人回禀'将以衅钟'。"——"衅钟"就是把牛血涂在乐器上面，是一种祭祀仪式——"大王您说：'把它放了吧，吾不忍见其觳觫，若无罪而就死地。'"——看见它吓得直哆嗦，我于心不忍哪！"手下人回禀：'那我们就不祭祀了吗？'您回答：'那怎么可以呢？祭祀是大事儿，不能废，以羊易之。'大王，此事有没有啊？"

齐宣王回答："有啊，就是前几天发生的事。"孟子斩钉截铁地给出判断：“大王您这就叫作恻隐之心，有恻隐之心就可以推行王道。齐国的老百姓都说大王您吝啬，我知道不是，大王您是出于同情不忍哪！”

这话一说，齐宣王的情绪曲线明显有点儿走高：“先生，你说得对，确实有老百姓以为我吝啬，齐国虽然又穷又小，但我怎么会舍不得一头牛呢？”孟子说：“大王，老百姓以为您吝啬其实并没有错，您以羊换牛，老百姓哪知道您是因为不忍心呢？其实那只羊不也很无辜吗？它不是也会吓得直哆嗦吗？”

这话有点儿打击齐宣王的味道，他有点儿失落地摇摇头：“是啊！我这是怎么想的呢？这事儿办得真是……”孟子一抑一扬，看见齐宣王有点儿失落，又一次大力调高他的情绪：“无伤，是乃仁术也，见牛未见羊也！”——这就是仁慈之心哪！“君子之于禽兽也，见其生不忍见其死；闻其声不忍食其肉，是以君子远庖厨也。”这就是君子应该具有的心地和品质啊！

这几句话一捧，齐宣王很是高兴：“《诗》云：‘他人有心，予忖度之。’——夫子之谓也。夫我乃行之，反而求之，不得吾心。夫子言之，于我心有戚戚焉。此心之所以合于王者，何也？”——老夫子，我自己做的事我都不知自己怎么想的，你老先生的话真是说到我心坎里了！

想不得天下都不行

我们回顾一下齐宣王的情绪曲线变化轨迹：从一开始话不

投机，到应付敷衍，到质疑反问，现在是兴致勃勃，大感兴味。到这儿，孟子可以展开论述王道了。他乘胜追击，继续提问：“有人跟大王回禀：‘我是个大力士，可以力举千钧，可举不起一根羽毛。’又有一个人回禀：‘我眼力非常好，可以明察秋毫，但是看不见一大车柴草。’大王，您觉得这样的事儿可信吗？”齐宣王说：“当然不可信。”

“对呀！”孟子说，“这就是‘不为也’，非‘不能也’。大王，您做的事也是如此。恩足以及禽兽，而功独不至于百姓。您看见一头牛可怜，就放了他，齐国那么多可怜的百姓您为什么看不见呢？为什么不去帮他们一把呢？”比喻生动，循循善诱，尽管问题尖锐，但齐宣王还是心悦诚服地接受了，而且语气更加谦恭：“先生，我这个人比较笨，不一定能达到您说的目标啊！希望您好好教导我，我愿意去试一试。”

这种情况下，孟子对仁政思想进行了全面深入的阐述。他首先说：“无恒产而有恒心者，惟士为能；若民，则无恒产，因无恒心。苟无恒心，放辟邪侈，无不为已。及陷于罪，然后从而刑之，是罔民也。焉有仁人在位，罔民而可为也？是故明君制民之产，必使仰足以事父母，俯足以畜妻子；乐岁终身饱，凶年免于死亡，然后驱而之善，故民之从之也轻。今也制民之产，仰不足以事父母，俯不足以畜妻子，乐岁终身苦，凶年不免于死亡。此惟救死而恐不赡，奚暇治礼义哉！”

这就是说：安贫乐道、追逐理想，只有精英知识分子可以做到。普通老百姓如果没有充足的生产、生活资料，就不可能向善，就会胡作非为；把老百姓逼到胡作非为的地步，然后再说他触犯了法律，处以刑罚，这叫作坑陷百姓。哪有仁人君子做这种事情的呢？所以明君第一件事就是保证百姓有充足的生活、生产资料，对上，可以养活父母；对下，可以善待妻子儿女。丰收年过得很宽裕，灾荒之年保证不饿死。如果做不到的话，大家活命都不容易，谁还能顾及礼义廉耻呢？

孟子说到这儿长叹一声：“盍反其本矣。”——“大王，咱们还是从根本问题做起吧！房前房后，五亩地的地方可以种桑树，养蚕织布，市场布匹供应就会比较充分，五十岁的人就可以穿上细布衣服了；家禽家畜按时交配繁殖，市场肉蛋奶供应就比较充足，七十岁的人就可以随意吃肉了；一百亩左右的田地，按时播种、收获，不误农时，八口之家就可以温饱了！”能够“治民之产”，再来“谨庠序之教，申之以孝悌之义”，开办学校，教孩子们孝悌的道理，那就可以做到“颁白者不负戴于道路”。老年人背着包袱走在路上，就有人帮他去背包袱，而不是让他孤独疲倦地自己走了。到这一步，“然而不王者，未之有也”，你想不征服这个天下，那都不可能啦！

从这篇《齐桓晋文之事》我们可以看到孟子“仁政”的民生主义思想的闪光，这些思想光芒不仅在古代有着非常重要的意义，对现在、今后也有着非常强烈的警示意义，它还远远没有过时。

第 12 讲

朱元璋杀孟子

孟子思想的第二个亮点在于“民贵君轻”的民主思想，它当然也是比较原始、萌芽状态的，但是相当可贵。

民贵君轻，君民对等

我们来看孟子的几处重要表述，第一句话叫作“民为贵，社稷次之，君为轻”。在孟子的思想格局中，国家、社会是由三个元素组成的：老百姓是一个，江山社稷是一个，君王又是一个。如何进行价值排序？孟子毫不含糊地把老百姓排在第一位，江山社稷次之，谁来做统治者最不重要。他把君主的地位远远排在老百姓的后面，这和他的民本、仁政思想是有一定关系的，这里就能看到一种民主思想的宝贵萌芽。

对这个地位并不太重要的君主应该持什么态度呢？孟子第二句话叫作“君有大过则谏，反复不听，则易位”。——君主犯了错误，臣民的义务就是劝谏他改正，但劝谏并不是没有限度的。如果劝谏了好多次他还不改，那这个君主就不可救药了，我们就要换一个人来当君主。怎么个换法儿呢？孟子在这里说得比较含糊，但从其他表述来看，他是不排除暴力革命的可能性的。梁惠王问过孟子："儒家讲君君臣臣、父父子子，武王伐纣的事情怎么解释？这不是以臣弑君吗？"孟子说："贼仁者，谓之贼；贼义者，谓之残。残贼之人，谓之一夫。闻诛一夫纣矣，未闻弑君也。"——我只听说杀了一个残贼独夫叫作纣的人，没有听说过弑君这回事儿。孟子在这儿用了偷换概念的诡辩术，所谓"顾左右而言他"，并没有正面回答问题，但从中我们能看到，他是肯定暴力革命的合理性的。

第三段话是一段排比句，揭示了君民间的对等关系：君主怎样对待臣民，臣民就可以同样对待君主。孟子说："君之视臣如手足，则臣视君如腹心。"——君主对臣民如手足一般爱护，臣民就会爱戴景仰君主；"君之视臣如犬马，则臣视君如国人。"——君主对臣民如犬马一般轻贱，臣民对君主就如同没有感情的陌生人；"君之视臣如土芥，则臣视君如寇仇。"——君子对臣民如土块草籽儿一般践踏，臣民对君主就如同强盗、仇人，用暴力把他推翻。这话是说得极其犀利锋锐的。

在战国时代，孟子能讲出这话是很了不起的，同时我们也应该看到，当时群雄争霸，没有形成统一的中央集权态势，人才争夺战极其剧烈，士阶层可以凭借智力优势笑傲王侯，君主不会对他们形成巨大压力，所以孟子有条件讲出这些话。讲出来以后也不会太耸人听闻，谁听了不高兴，也拿孟子没什么办法。但是到了后代，随着“君权神授”观念日益深入人心，在很多专制欲望极强的君主那里，孟子这些民主思想就愈发显现出锋芒，会刺痛他们内心那些最脆弱、最柔软、最怕伤害、最怕触碰的部分了。我说这话是有所指的，那就是明太祖朱元璋。我们这一讲的标题叫作“朱元璋杀孟子”，大家可能看到有点儿奇怪，他们两个相隔几千年，为什么朱元璋能够杀孟子呢？这是孟子接受史上很有名的一件事儿。

拍马屁拍到马蹄子上

朱元璋是中国历代皇帝中家庭出身最好的一位，所谓“苦大仇深，根红苗正”。小时候没有受过好的教育，用他自己的话讲，是“淮右布衣”。朱元璋凭借自己的智慧，在元末乱世中脱颖而出，赶走了元朝统治者，建立了大明朝。打天下的时候，朱元璋还是比较英明果断的；但坐天下的时候，早年的贫苦经历在他内心里积聚的自卑，渐渐酿成了一种变态的心理。特别到了执政的晚年，面对着谁来继承江山的难题，朱元璋的变态行为愈演愈烈，一直隐藏得很深的流氓恶棍本质完全焕发出来，从而在洪武王朝演出了一场惊悚的历史大戏，其矛头指向的就是知识分子阶层。

我们都知道“文字狱”的说法，文字狱清代居多，其实朱元璋洪武王朝的文字狱也非常严重，而且非理性的程度远远超过清朝。比如有一位府学教授上奏章歌功颂德，其中有“光天之下，乃生圣人，为世做则”之语。按正常人的思维，这都是好得不能再好的吉祥但朱元璋勃然大怒。首先，“光天”的“光”他不喜欢，因为朱元璋当过和尚，这就是讽刺我剃过光头；其次，“生”和“圣”他都不喜欢，因为这两个字和“僧”谐音，还是讽刺我当过和尚；再次，“则”与“贼”是同音字，讽刺我当过强盗。十二个字里有四个字朱元璋看了不高兴，遂把这位府学教授就地斩首。这是我看过的最惨的拍马屁拍到马蹄子上的事儿了。

还有一个例子：有一位法号“来复”的印度和尚，元朝时来到中国传播佛教，朱元璋对他也很敬仰，经常邀他进宫讲说佛法。有一天，来复上人向朱元璋辞行，准备回国。朱元璋大张筵宴，为来复送行，非常隆重。这位大和尚一激动，说：“皇上，我给您写首诗吧！”大家看，会写诗有什么好？你蔫溜儿走了不就完了吗？非要写首诗惹祸。来复惹祸的诗这么两句：“金盘玉盒来殊域，自惭无德颂陶唐。”诗中的“金盘玉盒”大约指的是佛教的法器，袈裟、禅杖、钵盂之类，“来殊域”是指从异国他乡来到中国，“殊域”就是“异域、异乡”的意思；“自惭无德颂陶唐”是说我受到大皇帝这么隆重的礼遇，自惭没有什么美德可以配得上大皇帝的英明仁厚。这话没问题吧？当然没问题，因为我们是正常人。但在朱元璋的眼光里就觉得有问题。他认为，“殊”字拆开，就变成“歹”“朱”两个字，这不是辱骂我吗？一道圣旨下来，来复和尚从座上客变成阶下囚，不久就死在监狱之中。

洪武朝智商之冠

还有一件事更能说明问题。元明之际，有一位著名的诗人叫袁凯，很有才华。大明朝初建的时候，袁凯年纪已经不小了，六十岁上下，因为名声在外，朱元璋征召他出来做官。袁凯虽然不愿意来，但在朱元璋严厉的督促之下，还是被迫出山。朱元璋授予他五品监察御史的职位，品级虽然不是很高，但地位很重要，经常在朱元璋身边从事秘书工作。袁凯小心翼翼地伺候，虽然伴君如伴虎，但还是度过了一段很平静的时间。就在他冷不防的时候，突然大祸临头了。

有一天，朱元璋正在勾决死刑犯的名单。什么叫“勾决”呢？古代司法制度规定，刑部每年把准备处以死刑的犯人名单交给皇帝最终审阅，皇帝审阅的时候笔蘸朱砂，觉得这个人应该执行死刑，就在名字上打个钩，这个人当年秋天就会被处决。如果看到案件还有一些疑点或者可以从轻的情节，就把这个案卷放在底下，今年先不钩，这个人还可以再活一年。这一年可能赶上老爷子心情不好，拿起红笔从头到尾几百份案卷一个不漏，全都打上钩了。当时袁凯正好在身边伺候，朱元璋回头交给袁凯一个工作：“你去把这个案卷送到太子朱标那儿，让太子再勾一遍，以太子的决定为最后决定。”

朱标这个人比较善良，跟他爸爸性格很不相同。他审查了这些案卷以后，觉得有一些可以从轻的，就钩回来了，袁凯又捧着这些案卷回来向朱元璋交差。大家都看得出来，在整个事件当中，袁凯就是一个跑腿儿的，没有他任何责任，也没有他参与的任何意见。但是，朱元璋冷不防地给袁凯出了一道生死攸关的选择题。选择题很简单，只有两个选项，但怎么答都错。朱元璋问："袁凯，你说这件事情是我做得对，还是太子做得对呢？"

只有两个选择，但你回答哪一个都不对。你说太子对，那就说明皇上不对，皇上现在就可以翻脸处置你；你说皇上对，那就是太子不对，太子明天就可能当皇帝，照样可以处置你。我对袁凯有过一个评价——袁凯是大明洪武朝智商最高的人——袁凯是哪儿的人呢？明朝时叫华亭，就是今天的上海人。我还开过一个玩笑，上海人不是从今天才开始聪明的，古代就聪明——袁凯面对这样的难题，他即兴回答得非常精彩，我们想了几百年了，都没有想出来比他当时更好的答案。袁凯说："陛下执法之正，太子乃心之慈。"这话越琢磨越有意思：陛下您没有错，因为您是以事实为依据，以法律为准绳；太子也没错，太子是法外开恩哪！

听了这么一个回答，一个正常人会怎么看待袁凯呢？我会认为袁凯是个人才，现在给五品官太小了，应该大力提拔。这是正常人的反应，但朱元璋不是正常人，他给了袁凯八个字的评语："老奸巨猾，首鼠两端。"当即把袁凯下了大牢。

过了几个月，可能赶上有一天朱元璋心情好，又想想人家袁凯确实没犯什么错，就又把袁凯放了出来，官复原职。袁凯本来就不乐仕进，经历这次无妄之灾，更是体会到了伴君如伴虎的滋味。怎么能够从朱元璋的魔掌中逃脱出来呢？前面讲唐伯虎的时候我们讲过，这种困境不是他一个人的困境，而是无数文人在面对险恶政治漩涡时共有的困境。无数文人遇到这种险恶的政治漩涡时，都英雄所见略同地选择了同一个方案——装疯！

袁凯是“文人装疯史”中非常杰出的一个。怎么装呢？袁凯一定有过精心的设计。首先，要选择众目睽睽的场合，你自己在家装得再好也没有用；其次，是要算好跟朱元璋的距离，太近了不行，容易被看出破绽，太远了也不行，看不清楚就白装了。所以，他选择了所有官员上朝的时候，走到离朱元璋几十米的距离，突然倒在地上，四肢抽搐，口吐白沫。这叫羊角风，学名癫痫。袁凯躺在地上抽风，朱元璋神色不动，站在台阶上看了袁凯半个小时，然后告诉身边的卫士：“我听说羊角风病人都没有痛感，你们拿锥给我去扎几下。”这里说的“锥”不是我们日常用的锥子，而是武士佩戴的匕首。卫士奉旨，到袁凯身上就捅了几刀。装疯不是件简单的事情，你光有智慧还不行，还得有毅力。袁凯意识到这是生死关头，以绝大的毅力忍痛不动，做出完全没有疼痛的样子。捅完了以后，朱元璋又站那儿看了袁凯半个小时，真的没看出什么问题，不得不相信袁凯已经疯了，只好批准袁凯退休，放他回了老家。

装疯2.0版

就这样，袁凯从朱元璋的魔掌里逃了出去，但真的逃出去了吗？恐怕还没有。袁凯离开朝廷以后，朱元璋老惦记他。惦记什么呢？惦记袁凯是不是骗我，怎么能让袁凯跑了呢？于是，朱元璋派了一个钦差到华亭，给袁凯传了一道“温情脉脉”的圣旨。确实是温情脉脉，圣旨开头就说：“袁爱卿啊！自从你离开以后，朕经常惦记你。”——这话倒没错，确实是惦记袁凯来着——惦记什么呢？惦记你的身体是不是痊愈了。如果你身体好一点儿的话，还欢迎你回到朝廷里面来做官，我这儿虚席以待；如果你身体还没有完全恢复，那就在地方上做个教官，为朝廷培养一点儿人才。确实是温情脉脉，非常动听。但前面我们说过，袁凯是大明洪武朝智商最高的人，他对朱元璋这点儿小心思洞若观火：这哪里是关心我呀，不就是看我到底疯没疯，是否欺骗了皇上吗？

袁凯现在只剩下一个选择——把装疯进行到底。问题是钦差进了门，你还像上次一样发羊角风，不一定骗得过去了。不仅要把装疯进行到底，还得拿出装疯系列的必杀技，升级2.0版。于是，袁凯弄了一盆面粉，加上红糖和一堆杂七杂八的染料，拌和到一起，和了一盆黏糊糊、黑乎乎的东西，又把它捏得一坨一坨的，做了一盆假的狗屎，洒得满院子都是。钦差来袁凯家里传圣旨的时候，看到的是这样一个场景：袁凯蓬头垢面，衣衫褴褛，趴在地上捡这个东西吃呢！钦差差点儿没吐出来，他哪儿敢捡一个尝尝啊？只好回去跟朱元璋禀报，说袁凯的确疯了，比原来疯得还厉害，这才最终骗过了朱元璋。

袁凯凭借装疯“必杀技”最终逃出生天，可能连他自己也没想到，他付出的这些代价是非常“超值”的。据我的考证，袁凯最终骗过朱元璋的时候是六十多岁，他自己肯定也没想到，此后他又多活了三十年上下。袁凯是明朝最长寿的诗人，一直活到九十四岁以后才去世，那时候已经是永乐年间了。看来有时候不必计较和别人的恩怨，只要你比他活得长，你就赢了。正如李国文先生在《司马迁之死》中所说的那样：

后来，我明白了，这固然是中国文人之弱，但也可能正是中国知识分子之强。

连我这等小八腊子，在那不堪回首的“右派”岁月里，还曾有过数度愤而自杀的念头呢！因为那些王八蛋作践得你实在不想活了。那么，司马迁，这个关西硬汉，能忍受这种度日如年，生不如死的苟活日子么？他显然不止一次考虑过“引决自裁”，但是，真是到了打算结束生命的那一刻，他还是选择了中国大多数知识分子在无以为生时所走的那条路，宁可含垢忍辱地活下去，也不追求那死亡的霎时壮烈。一时的轰轰烈烈管个屁用？

因此，我想：

第一，他不死，“所以隐忍苟活，幽于粪土之中而不辞者，恨私心有所不尽，鄙陋没世，而文采不表于后世也”，他相信，权力的盛宴，只是暂时的辉煌，不朽的才华，才具有永远的生命力。

第二，他不死，一切都要等待到“死日然后是非乃定”。活着，哪怕像孙子、像臭狗屎那样活着，也要坚持下去。胜负输赢，不到最后一刻，是不见分晓的。你有一口气在，就意味着你拥有百分之五十的概率胜出，干吗那样便宜了对手，就退出竞技场，使他获得百分之百呢？

第三，他不死，他要将这部书写出来，“藏之名山，传之其人，通邑大都，则仆偿前辱之责，虽万被戮，岂有悔哉”，很明显，他早预计到，只要这部书在，他就是史之王，他就是史之圣；他更清楚，在历史的长河里，汉武帝刘彻者也，充其量，不过是众多帝王中并不出色的一位。而写出“史家之绝唱，无韵之《离骚》”（鲁迅语）的他，在历史和文学中的永恒地位，是那个“宫”他的刘彻，再投胎十次也休想企及的。

所以，他之不死，实际是在和汉武帝比赛谁更活得长久。

《孟子》删节本

在朱元璋这种极度变态的心理之下，不仅同时代的活人遭遇不幸，连跟他相距将近两千年的孟子也受到波及。朱元璋当了皇帝，需要文官给自己讲圣贤之道。讲着讲着，就说到了《孟子》的“民为贵，社稷次之，君为轻”。朱元璋一听之下勃然大怒，愤愤地说：“此非臣子所宜言！”气愤地把《孟子》“啪”地摔在地上。文官们赶紧把书捡起来，放在皇帝手里，跟皇帝苦口婆心地讲：“皇上，人家孟子是大圣人，人家讲这个东西是不会错的，您应该好好听。”劝了半天，朱元璋终于妥协了。

又讲了几天，讲到“君有大过则谏，反复不听，则易位”。怎么换君主呢？不排除暴力革命的可能性。听到这话，朱元璋更火了，“啪”的一下又把《孟子》摔在地上，讲了一句狠话：“使此老今日尚在，宁可免耶？”——这个老家伙，如果今天还活着的话，我非宰了他不可！文官们又一次捡起书，苦口婆心劝了半天，朱元璋终于按住自己的暴脾气，接着往下听。又听了几天，听到“君之视臣如土芥，则臣视君如寇仇”这句了，朱元璋这次大火而特火，第三次把《孟子》摔在地上，这一次谁劝都不捡了。不仅不捡，而且连续下发两道圣旨。第一道圣旨：把孟子塑像从文庙中给我搬出来，取消孟子的圣人资格；第二道圣旨紧跟着第一道圣旨发出去，他说：我知道我取消孟子的圣人资格会有许多人求情，但是我警告你们，刚才那道圣旨不是一时冲动，是深思熟虑的结果。我已经忍孟子很久了！谁敢为孟子求情，杀无赦！

气势汹汹，锋芒毕露。但他毕竟还是低估了孟子的影响力。圣旨明明发出去了，可是以刑部尚书钱唐为首的一百多位官员齐刷刷地跪在朝堂之上为孟子求情。史书记载，这些人“袒胸受箭”：“皇上，我们就是要为孟子求情，您可以随时让弓箭手放箭射死我们，我们为孟子而死，死得光荣！”朱元璋是什么人呢？心特狠，手特辣，杀人不眨眼。但是这一次，在如此强大的舆论压力之下，他破例收回成命，保留了孟子在文庙陪孔老先生享受香火的位置。

但是朱元璋也没饶了孟子。他回头跟这些文官谈判：我不取消孟子的圣人资格，但是孟子文章中有很多大逆不道的言论得删除掉，不能让它传播天下，流毒无穷。他让文官删掉了八十五条自己觉得不满意的孟子言论，形成了《孟子》的删节本。我们只知道《金瓶梅》有删节本，可能想不到《孟子》也有删节本吧？这个删节本的名字叫作《孟子节文》，将其颁布天下，作为读书人的标准化教材，被删掉的部分老师不许讲，学生不许听。这个版本的《孟子》使用了一百年上下，直到明武宗正德年间才恢复全貌。

我们讲述这些事情，目的是为了说明孟子的民主思想的可贵。和他的仁政思想一样，孟子的民主思想对政治史、文化史也产生了极其深远的影响，而且对现在、未来都有着重要的警示价值。

第 13 讲

性善萌娃与正气大侠

天使魔鬼混合体

孟子思想的第三个基本点是性善说。

我们可以从一部家喻户晓的启蒙读物——《三字经》的开头来了解孟子的观念。所谓“人之初，性本善。性相近，习相远”，这几句话已经把性善说的本质交代得相当清楚。何谓“人之初，性本善”？一个小婴儿，咿呀学语，蹒跚学步，这时候他没有任何后天灌输给他的知识，他的是非善恶观念是从哪儿来的呢？比如他看见小动物饿了、残疾了，或者流浪猫、流浪狗在外面冷了，他会自动生出一种怜悯同情之心，他会抱抱这些小动物，甚至有心地善良的孩子把它抱回家里养起来。这些善的心念显然不是通过后天习得的，而是本性带来的。

既然人的天性都是善良的，为什么这个世界上还有善有恶呢？那是因为“性相近，习相远”。后天环境会泯灭掉人的“性善”部分，所以我们要千方百计保持天性中的善，最大限度地减少后天环境对善良本性的影响，世界就会变得完美和谐。这就是性善说的基本思路。

性善说本身不必说太多，应该说两个相关的问题。

第一，性善说其实是一个相当于哲学本体的问题，是古今中外所有哲学家在构建哲学体系的时候都必须交代的关于人性的问题。这个问题，孔子在建构思想体系的时候并没有给予明确的交代。我们一直说孟子是孔子思想的发扬者和光大者，先秦儒家文化到他手里变得成熟，性善说的提出是一个最主要的标志。

第二，荀子的“性恶说”。同属儒家的荀子对人性的思考和孟子正好相反，他认为“人之初，性本恶”。有趣的是，他的逻辑思路与孟子完全相同。他说，还是那个咿呀学语、蹒跚学步的小孩儿，同样看见外面流浪的小动物，并不是每个孩子都表现出善良的一面。有的孩子就会上去踢几脚，有的孩子就会拿棍儿把小动物打一顿，甚至还有更残忍的行为。荀子问：他们的恶是从哪儿来的？难道是后天教化他们的吗？显然不是，那就是人的天性中所具有的。因为人性本恶，所以荀子特别讲求后天的修养，从而抑制人性中的恶，走向完美和谐的大同社会。这里我们看到了一个非常有趣的哲学场景：孟子和荀子处在同一个时代，他们对人性的理解却完全不同，但最终大家却殊途同归，走向了完全一致的目标，这也是一种“君子和而不同”吧！

那么，到底孟子和荀子对人性的看法谁更正确一点呢？我想，经过对几千年人类文明史的审视与思考，我们已经初步达成了共识：人性是善恶兼具的，每个人都是天使和魔鬼的混合体，每个人的双脚都踩在光明与黑暗的交界线上。单纯强调人性善和人性恶恐怕都是不全面的，都犯了以偏概全的毛病。对于这种复杂、黑暗、深刻的人性，我们应当给予客观的认识，构建一套好的制度来抑制恶，弘扬善。一套好的体制会把人往天使和光明的方向推进一步，一套恶的体制会把人往黑暗和魔鬼的方向推进一步。从这个意义上讲，任何一套政治、经济，以及其他体制的建立，本质上说都是哲学命题，那都是基于对人性的认识而产生、调整和改进的。

天地有正气

孟子思想的最后基本点是他提出的修身法——“浩然正气”，也就是说，拥有担当感的精英人群应该如何修养情操，达到治国平天下的崇高目标。这一点儿交代显然是非常有意味的。

关于浩然正气，孟子在著述中颇多经典表述，纲领性的一句叫作“我善养吾浩然之气”。“浩然之气”就是浩然正气，气虽无形，但充斥于天地之间，也充斥于高尚的心灵。有了这种浩然正气，我们就可以做到一些常人不能为、不敢为的伟大事情。比如“三不能”：“富贵不能淫，贫贱不能移，威武不能屈。”再比如“自反而不缩，虽褐宽博，吾不惴焉；自反而缩，虽万千人，吾往矣。”“缩”在这里是“正确”的意思，孟子这两句话是说：我做了一件事情，如果我反思了以后认为它是不正确的，那么对方虽然是穿着破烂衣服的弱势群体，我也不会通过恐吓的手段来强迫他们接受我的想法；我做的事情反思了以后，我觉得是正确的，即便有千万人拦住我的去路，我也会勇往直前，绝不退缩。孟子这些表述，是在儒家文化史上第一次明确提出的理想化修身目标，使后来的精英群体产生了强大的精神动力和思想动力，甚至鼓舞他们在很多情境下牺牲自己无比宝贵的生命。信仰情操所能产生出的巨大威力在“浩然正气”理念下是完全可以体现出来的。

文天祥就是一个好例子。文天祥是科举考试的“幸运儿”，他在进士考试最后排名的时候本来不是第一名，但皇帝翻阅卷子，喜欢上了文天祥的名字，“天祥”这俩字本身就很吉祥了，关键是他表字“宋瑞”，那就更让皇帝开心了，于是，他一跃成了状元。从科举的角度讲，这应该是幸运的；但就夕阳西下、日暮途穷的大时代而言，就不好说是幸运还是悲剧了。文天祥本来不乏纨绔习气，现在本着浩然正气和家国天下的担当感投身到抗元斗争当中去。抗元斗争失败，文天祥被捕，被关押在大都（今北京），忽必烈花了三年时间软硬兼施，但文天祥凛然不屈，写下了著名的《正气歌》：

余囚北庭，坐一土室。室广八尺，深可四寻。单扉低小，白间短窄，污下而幽暗。当此夏日，诸气萃然：雨潦四集，浮动床几，时则为水气；涂泥半潮，蒸沤历澜，时则为土气；乍晴暴热，风道四塞，时则为日气；檐阴薪爨，助长炎虐，时则为火气；仓腐寄顿，陈陈逼人，时则为米气；骈肩杂遝，腥臊污垢，时则为人气；或圊溷积臭暴尸，或腐鼠恶气杂出，时则为秽气。叠是数气，当之者鲜不为厉；而予以孱弱，俯仰其间，于兹二年矣，审如是，殆有养致然尔。然亦安知所养何哉？孟子曰："吾善养吾浩然之气。"彼气有七，吾气有一，以一敌七，吾何患焉！况浩然者，乃天地之正气也，作正气歌一首。

天地有正气，杂然赋流形。下则为河岳，上则为日星。于人曰浩然，沛乎塞苍冥。皇路当清夷，含和吐明庭。时穷节乃见，一一垂丹青。在齐太史简，在晋董狐笔。在秦张良椎，在汉苏武节。为严将军头，为嵇侍中血。为张睢阳齿，为颜常山舌。或为辽东帽，清操厉冰雪。或为《出师表》，鬼神泣壮烈。或为渡江楫，慷慨吞胡羯。或为击贼笏，逆竖头破裂。是气所磅礴，凛烈万古存。当其贯日月，生死安足论。地维赖以立，天柱赖以尊。三纲实系命，道义为之根。嗟予遘阳九，隶也实不力。楚囚缨其冠，传车送穷北。鼎镬甘如饴，求之不可得。阴房阒鬼火，春院闷天黑。牛骥同一皂，鸡栖凤凰食。

一朝蒙雾露，分作沟中瘠。如此再寒暑，百沴自辟易。嗟哉沮洳场，为我安乐国。岂有他缪巧，阴阳不能贼。顾此耿耿在，仰视浮云白。悠悠我心悲，苍天曷有极。哲人日已远，典刑在夙昔。风檐展书读，古道照颜色。

《正气歌》长序说得很清楚，这首诗产生的理论源头就是孟子的“浩然正气说”。文天祥在诗中列举了天地、历史、人间的各种“正气”形态，用以表达和勉励自己“三不能”“虽万千人吾往矣”的大丈夫人格，构成了“浩然正气说”的最理想样板。每个时代中为了理想信仰而牺牲生命的仁人志士，齐太史、董狐、张良、苏武、诸葛亮、张巡、颜真卿……他们身上无不有孟子标举的“浩然正气”的存在，例子很多，我们不再多举。

乔峰大战聚贤庄

还有值得说的一点，就是“浩然正气说”对侠文化的影响。“侠”的概念有多层面的解释，主持正义是核心关键的要素。司马迁的《史记·游侠列传》就特别提到：为了正义的目标，牺牲生命也在所不惜，浩然正气是撑起这一特质的主要支柱。我们举《天龙八部》“乔峰大战聚贤庄”一场为例，这是乔峰出场以后最让人心潮澎湃、热血债张的一场大戏。

乔峰已经失去了令人敬仰的丐帮帮主身份，成为人人欲杀之而后快的无耻异类。武林豪杰在聚贤庄召开英雄大会，目的就是要铲除这个祸端乔峰。乔峰明知他们的意图，但为了拯救阿朱的性命，还是单身闯庄。大家注意，这时他对阿朱还谈不上爱情，只是觉得花朵一般的生命被自己误伤，生命垂危，无论如何要把这个女孩子救活。乔峰为什么必须来呢？因为庄上有一位薛神医，有起死回生之能。所有人都觉得不可思议，怀疑他有什么阴谋诡计，乔峰则是“自反而缩”，泰然自若。薛神医又好气又好笑：我们开英雄大会就是想除掉你，你凭什么要求我救这个女孩子的命？乔峰说：我有一个交换条件，今天我乔某人来了，也没打算活着回去。一会儿大战起来，我饶你的命，你和这个女孩子一命换一命！

数百人围在四周，听了这话，群情激奋，但又被乔峰的英雄气概所慑，面面相觑，居然没有人敢先向乔峰出手。接下来金庸写了这么一段：

> 乔峰说道：“两位游兄，在下今日在此遇见不少故人，此后是敌非友，心下不胜伤感，想跟你讨几碗酒喝。”众人听他要喝酒，都是大为惊奇。游驹心道：“且瞧他玩什么伎俩。”当即吩咐庄客取酒。聚贤庄今日开英雄之宴，酒菜自是备得极为丰足，片刻之间，庄客便取了酒壶、酒杯出来。乔峰道：“小杯何能尽兴？相烦取大碗装酒。”两名庄客取出几只大碗，一坛新开封的白酒，放在乔峰面前桌上，在一只大碗中斟满了酒。乔峰道：“都斟满了！”两名庄客依言将几只大碗都斟满了。乔峰端起

一碗酒来，说道：“这里众家英雄，多有乔峰往日旧交，今日既有见疑之意，咱们干杯绝交。哪一位朋友要杀乔某的，先来对饮一碗，从此而后，往日交情一笔勾销。我杀你不是忘恩，你杀我不算负义。天下英雄，俱为证见”。

…………

众人越看越是骇然，眼看他已喝了四五十碗，一大坛烈酒早已喝干，庄客又去抬了一坛出来，乔峰却兀自神色自若。除了肚腹鼓起外，竟无丝毫异状。众人均想：“如此喝将下去，醉也将他醉死了，还说什么动手过招？”殊不知乔峰却是多一分酒意，增一分精神力气，连日来多遭冤屈，郁闷难伸，这时将一切都抛开了，索性尽情一醉，大斗一场。

他喝到五十余碗时，鲍千灵和快刀祁六也均和他喝过了，向望海走上前来，端起酒碗，说道：“姓乔的，我来跟你喝一碗！”言语之中，颇为无礼。乔峰酒意上涌，斜眼瞧着他，说道：“乔某和天下英雄喝这绝交酒，乃是将往日恩义一笔勾销之意。凭你也配和我喝这绝交酒？你跟我有什么交情？”说到这里，更不让他答话，跨上一步，右手探出，已抓住他胸口，手臂振处，将他从厅门中摔将出去，砰的一声，向望海重重撞在照壁之上，登时便晕了过去。这么一来，大厅上登时大乱。

乔峰跃入院子，大声喝道：“哪一个先来决一死战！”群雄见他神威凛凛，一时无人胆敢上前。乔峰喝道："你们不动手，我先动手了！"手掌扬处，砰砰的两声，已有两人中了劈空拳倒地。他随势冲入大厅，肘撞拳击，掌劈脚踢，霎时间又打倒数人。

这样一个场面，读起来令人血脉偾张，荡气回肠，极具阳刚之气、大侠风范。值得注意的是这一回的回目——《虽万千人吾往矣》。孤身一人的乔峰能够产生那么大震慑力，除了他武功高，更重要的是他身上的浩然正气。可见孟子的"浩然正气说"是深深影响到了侠文化的构成的。

假如李逵住对门

因为说到"三不能"、侠文化，我还想附带谈一个人物：《水浒传》中的黑旋风李逵。金圣叹评《水浒》的时候曾经列出一个英雄排行榜：第一名是武松，第二名是鲁智深，第三名是黑旋风李逵。金圣叹是什么理由把铜牌颁发给李逵的呢？他说："《孟子》'富贵不能淫，贫贱不能移，威武不能屈'，正是他好批语。"这有点儿惊世骇俗，"三不能"是无数儒家门徒都没有做到的大丈夫境界，金圣叹居然用它称道梁山强盗，观点确乎叛逆。这里我们想追问的问题是：从现代人文立场上看，李逵真当得起大丈夫的称许吗？

多年前，南京大学苗怀明教授写过一篇小文章《李逵：一头失控的江湖怪兽》。这个说法很有意思，李逵身上有很多优点：英勇善战，快人快语，淳朴孝顺……但他身上有一种东西是我们无论如何不能接受的，那就是嗜血。李逵杀人已经达到了没有任何功利性的“行为艺术”的境界，对生命的轻贱令人发指。

我们来看李逵的三场杀人“大戏”：第一场是江州劫法场。当时宋江、戴宗被推上法场要杀头，梁山好汉在晁盖率领下展开营救行动。他们带着宋江、戴宗往梁山撤退的路上，看见一条黑凛凛大汉，光着上身，只穿了一条直裰，手里攥着两把车轮大小板斧，在江边赶着看热闹的闲人排头砍将过去。你看，李逵实际上对能不能劫出宋江、戴宗两位哥哥没怎么往心里去，而是在江边砍那些看客。鲁迅也说看客很讨厌，好像被人提着脖子的鸭一般。讨厌归讨厌的，但是罪不至死啊！这两把车轮大小板斧排头砍将过去，会砍死砍伤多少看热闹的无辜者呢？

第二场，三打祝家庄。这场戏里，原本是扈家庄、李家庄、祝家庄形成掎角之势，互相支持。后来李家庄首先和祝家庄翻了脸，处于中立地位。一打祝家庄的时候，扈家庄和祝家庄组成联军，扈家庄的女将一丈青扈三娘连续战败梁山几员大将，后来被林冲生擒活捉。他哥哥扈成担忧妹妹的安危，带着礼物上梁山求宋江饶命，宋江提出条件，要求扈家庄保持中立，扈成同意了，这说明扈家庄已经不是梁山的敌人。可三打祝家庄的时候，李逵杀祝家庄的人没过瘾，一拐弯儿就到了扈家庄，把扈家庄上上下下百八十口人全都杀了个干干净净。其实我觉得这是《水浒传》的一处败笔，我们没有办法理解，这样的血海深仇，扈三娘怎么可能在梁山上坐一把交椅、跟李逵变成同事呢？

李逵回来，找宋江报功。宋江大怒：“你不知道扈家庄跟我们已经不是敌人了吗？你违抗军令有罪，但杀祝龙有功，功过相抵吧！”大家看李逵听了这话什么反应，李逵笑着说：“虽然没有了功劳，也吃我杀得快活！”李逵杀人到了什么境界不是很清楚吗？

第三场，最无法接受的是美髯公朱仝上山。朱仝出于义气，私放了好友插翅虎雷横，因此犯罪，流配沧州。知府见他一表人才，颇为爱惜，又赶上知府四岁的小儿子特别喜欢朱仝，扑到朱仝怀里：“我要这个胡子抱。”知府非常高兴：既然如此，你就给我当个保姆，帮我哄这个小儿子吧！朱仝巴不得如此，整天抱着小孩儿东游西逛，拿出钱来给孩子买东西吃，他自己的日子好过了嘛！

有一天晚上，朱仝领着小公子看灯，身后有人拍了拍自己肩膀，回头一看，大惊失色，正是自己私放上了梁山的雷横。雷横说：“我一直惦记着感谢哥哥，有几句话想跟你说。”可这个四岁小孩怎么办？作者这个细节处理得很符合生活逻辑，四岁小孩有什么特点呢？第一，你说他不懂事吧，他有点儿懂事，听了你的话以后他可能跟别人说；第二，你说他懂事吧，他又不太懂事，他不知道事情的轻重缓急。所以，朱仝跟雷横说话不能让这个孩子听见，于是把小孩放下来：“小公子，你在这儿等我，千万别走，几分钟我就回来。”

他和雷横到僻静之处，三言两语，赶紧回来找小公子，已经踪影皆无。朱仝心慌，连忙沿着雷横刚才来的方向追赶，追来追去，看见一片松树林，一个人站在对面。一看相貌，再看两把车轮大小板斧，正是江湖上传说的黑旋风。朱仝赶紧问："李逵！你把我那小公子怎么样了？"李逵说："没事儿啊，好好的，在前边松树林里睡觉呢！"朱仝三步并做两步赶进树林，果然，月光照耀之下，小公子躺着睡觉呢！到跟前一抱，坏了，脑袋被大斧子劈作两半。到了这个地步，朱仝彻底断了退路，也只好被逼上梁山了。但他对李逵恨之入骨，要先杀李逵，才能上山。李逵说："笑话！我是奉晁盖哥哥、宋江哥哥将令，把这个小公子杀了断你后路的，关我什么事！"这是真话，主谋确实是晁盖、宋江；但还是值得我们想一想：晁盖、宋江为什么要派李逵来执行这个任务，而不是派别人呢？那恐怕就是要杀掉一个四岁的无辜小孩，只有李逵能毫无顾忌、下得去手吧！从这个意义上讲，李逵确实是一架嗜血的杀人机器，是一头失控的江湖怪兽。所以，我也常说这句话：李逵在小说里你喜欢，他要住你家对门儿你再试试看！他要跟你生活在一个屋檐下，你能睡得着觉才怪呢！

这里我是想说，不管"浩然正气说"，还是受它影响的侠文化，我们学习传统文化，应该有一种现代人文立场的反思。这是我们应该有的非常重要的意识。

第 14 讲

为啥偏偏是儒家

从这一讲开始，我们准备进入以董仲舒为代表的第三个阶段：两汉经学期。在此之前我们还要解决一个重要问题：从孟子的战国到董仲舒的汉武帝时期，中间经历了一种怎样的历史契机和文化选择？中国为什么最终选择了儒家站在最前沿，任尔东西南北风而岿然不动，一站就是两千年呢？

法家过气，道家登台

我们已经了解了孔子和孟子的思想，我们也同样知道，不管是孔子还是孟子，他们的思想在当时从来没有被统治者采纳过。孔子周游列国，颠沛造次，最后两袖清风，一无所获；孟子唇焦舌敝，苦口婆心，但大家认为他泥古迂阔，不切实用。春秋战国的诸侯国君或选兵家，或选纵横术，或选法家，最后还是管仲、商鞅、韩非、李斯为代表的法家思想以较大优势胜出，成为有效的治国之术。

西方边陲的秦国用了商鞅、李斯的法家思想，最终灭掉了东方六国，一统天下，建立了威风赫赫的大秦帝国。秦王嬴政自以为德迈三皇，功高五帝，所以给自己创设了一个新的尊号“皇帝”。他自称始皇帝，继承人就称为二世、三世、四世……代代相传，以至于万世。与“皇帝”尊号配套的还有其他一些讲究，比如皇帝有了一个专有的自我称谓“朕”。其实先秦时代，“朕”是非常普通的第一人称，谁都可以用。我们读屈原的《离骚》，开头就说“朕皇考曰伯庸”。那时候早晨起来，见面跟邻居打个招呼：“二哥，哪儿去啊？”“朕上厕所！”可见“朕”这个词普通人都可以用，现在它变成了皇帝的专有称谓。凡此种种，都能看到秦始皇嬴政的强烈自信和对大秦王朝能够传之万世的强烈期望。

但是，和他的愿望背道而驰，甚至形成强烈的讽刺意味的结果是：大秦帝国不过十几年的寿命，二世而绝，成为中国历史上最短命的大一统王朝。为什么秦朝二世而绝？原因当然非常复杂，但有一个非常重要的因素不得不考虑：法家思想用来打天下是好用的，坐天下可就未必好用了。

大秦帝国建立以后，严刑峻法充斥天下，导致各个阶层对此产生了强烈的不满和反感，从而忍无可忍，点燃了起义的烽火。《史记·陈涉世家》写得非常清楚：陈胜、吴广两个小头目——相当于民兵连的连长和副连长吧，带领着五百戍卒调防，赶上天降暴雨，道路泥泞，不能按照预定日期赶到目的地。秦法规定“失期当斩”，也就是说不管什么原因，只要你耽误了日期，五百人全部杀掉。这种情况下，我们任何人都会知道怎么选择，造反也是死，坐以待毙也是死，而且造反还有可能不死呀！所以，我常常怀疑，《史记》的记述是司马迁文人好奇，加了很多文学性的笔法。什么从鱼肚子里弄出一条绢帛呀，什么学狐狸叫，“大楚兴，陈胜王”呀，我看完全没必要这么装神弄鬼，大家当然知道走哪条路。

后来刘邦攻入咸阳，出榜安民，第一句话就是“天下苦秦法久矣”——大家已经被残酷的秦法祸害得苦不堪言，所以我只保留三条，把其他的都废除掉：杀人者死，伤人及盗抵罪。这就是成语“约法三章”的来历。

这些场景让我们看到，完全施行法家思想治国并没能取得成功，但是问题还没有结束，接下来，作为西汉王朝创始人的刘邦应该选择什么思想作为自己的治国方略呢？刘邦选择的是黄老之术，也就是道家思想。刘邦为什么选择道家思想呢？法家思想首先不行了，从自己的选择项里勾掉了，同时，刚刚建立的西汉王朝还有一个非常严峻的问题：经过连年战乱，国力已经凋敝到了非常可怕的程度。汉高祖刘邦的登基大典上需要四匹纯色白马，堂堂大汉王朝居然找不出来，最后只好以四匹杂色的花马来代替。休养生息的强烈需要使道家清静无为的治国思想几乎成了必然的选择。什么叫休养生息呢？用现在的话说就是不折腾，给老百姓充分的自主权，不去干涉他们的经济生活、社会生活，你喜欢种玉米就种玉米，喜欢种高粱就种高粱。国家只要做一件事就够了，那就是轻徭薄赋。大家一起勒紧腰带，过点儿苦日子，让老百姓的经济能量逐渐释放出来，让国家慢慢富强起来。

汉武帝的内忧外患

我们需要回过头来讲一个小插曲：在这个时期，儒家思想也有可能成为治国方略的一个选项，但是，它只在历史舞台上闪过一点儿短暂的微光，就消失掉了。这个情况我们要从汉高祖刘邦说起。

我们知道，刘邦是基层小干部亭长出身，身上一大堆流氓无产者的恶习：不拘小节，游手好闲，好酒贪色，等等。别人不了解他的底细，觉得皇帝坐在宝座上，威风赫赫，神圣有加，但是跟刘邦打天下的这一批老兄弟清楚刘邦的底细啊！当年我们不是一起喝酒骂人、偷鸡摸狗吗？现在你只不过换了一个座位来坐着，有什么了不起的？

刘邦虽然当上了皇帝，但他坐在宝座上处理政事，手下的大臣完全没有规矩，常常是你说你的，我说我的，不但大声喧哗、随便争吵，甚至一言不合挥拳就打、拔刀就剁，把本该肃穆庄严的朝廷弄得像菜市场一样乱哄哄的。刘邦声嘶力竭大叫："Order！ Order！"完全没人理睬，刘邦也很苦恼。这时候有位儒生叔孙通向刘邦提了一条建议：请皇上下圣旨批准，让我举办一个上朝礼仪培训班吧，我把上朝应该遵守的规矩教给文武百官，以后朝廷就有秩序了。刘邦求之不得，就把这个任务交给了叔孙通。他的培训果然不错，过了一段时间，刘邦再上朝一看，情况不一样了。现在文官在左，武官在右，按照品级高低排列得整整齐齐，鱼贯而入。不闹了，不吵了，不打架了，想说话先举手，皇帝批准才能发言。刘邦非常高兴，叹口气，往宝座后面一靠，说："今日始知为君之乐矣！"可见在说这句话之前，刘邦这个皇帝当得是相当苦恼的。这个场景就是我们说的那一点儿微光，距离成为治国方略还很遥远。

就这样，从高祖刘邦到惠帝刘盈，再到文帝刘恒、景帝刘启，西汉初年四朝皇帝都运用清静无为的道家之术作为基本国策，汉帝国的国力不仅逐渐复苏，而且走向富强，出现了中国历史最为人称道的盛世之一"文景之治"。到了第五任皇帝刘彻即位的时候，国力已经相当可观。文献记载，中央储备粮库"太仓"储藏的粮食都已经溢出来了；国库里穿铜钱的绳子都已经烂了，储备金多年没有动用过。对于汉武帝刘彻而言，一方面，他雄才大略，不甘心做守成之主；另一方面，他确实有两个难题需要解决。

一个是内忧，也就是中央集权的问题。刘邦即位之初，仿照封建制分封诸子，诸多皇子到外地去做亲王，亲王手里有军队，有收税权，俨然国中之国、独立王国，埋下了内乱的根源。在刘彻的爸爸汉景帝刘启那儿，就爆发了一场吴王刘濞为首的"七国之乱"。如果不是出了一代名将周亚夫，没准儿西汉王朝早就全盘颠覆了。汉武帝需要把最高权力紧紧抓住，集中在自己手里。

第二个问题是外患，也就是匈奴的问题。作为中国北方边地少数民族，匈奴从战国时期就和中原处于战争状态。当年大秦铁骑纵横天下，但是仍然拿刀利马快的匈奴没有什么办法，只好下血本修筑万里长城，防御态势极其明显。汉高祖刘邦也曾讨伐匈奴，结果被困白登山，签订了城下之盟，好不容易才全身而退。多年以来，汉朝从来没有敢对匈奴动过心思。一方面作战能力比较差，更重要的是国家太穷，打不起仗。现在国家终于富强了，有条件解决匈奴问题了。但国家理念的转换调整必须先行，理论造势，实践才能迈开步子。

汉武帝刘彻为了达到上述目的，下诏求言，希望把相对消极的理念向积极方向大幅转换，这就是我们多次强调的历史文化选择。历史和文化的双重选择聚焦到一个人身上：大儒董仲舒。董仲舒应刘彻的需求，上《天人三策》，提出了“君权神授，天人感应”“罢黜百家，独尊儒术”等主张，中国从此开启了国家层面的儒家时代，儒家终于正式站上了历史的前台，而且一站就是两千多年，没有动摇过。

第 15 讲

孔孟无间道

我给董仲舒为代表的儒家文化新变期取了一个《孔孟无间道》的标题，意思是说，董仲舒对孔孟思想既有继承又有新变，有点儿像埋伏在孔孟思想里的“卧底”。对他的思想及其效应，我们可以从以下三点来梳理。

一站C位两千年

第一，“罢黜百家，独尊儒术”。这八个字产生的最直接效应就是儒家著述全面上升成为经典。之前诸子百家都有自己的著述，这些著述是平等的，可以互相批驳论战。什么名家、兵家、农家、纵横家，相互辩难，往复不休。现在儒家一枝独秀，上升成为经典了，那就意味着儒家著述不可以再被批评驳难了，经典只能是被阐释的对象。儒家故老相传的几部经典《诗》《书》《礼》《易》《乐》《春秋》，除了《乐》失传，其他几部现在都加上了一个“经”字，《诗》上升为《诗经》，《易》上升为《易经》，诸如此类。

朝廷在制度层面与之配套，设立五经博士等官职。能够通晓一种或数种儒家经典，朝廷就会给你提供一个相当体面的地位，这就进一步加固了儒家信徒“学而优则仕”的信念。更重要的是，通过这些手段催生了一门新的学问，那就是“经学”。“经学”这个词大家不一定很熟悉，但是我们可能知道，古典文献有一个基本的分类法，叫作“经、史、子、集”，其中排在第一位的“经”就是特指“经学”，儒家经典的阐释学。它构成了两汉时期的一代思想潮流，对后来的中国思想学术也有着极其深远的影响。通过“罢黜百家，独尊儒术”，儒家终于正式登上了中国政治舞台的前台，而且一站C位就是两千年没有动摇过。

说“一站C位两千年”难免会有朋友提出疑问：真的两千年没有动摇过吗？比如说元朝怎么解释呢？提出这个问题是很有眼光的，我们就以元朝为例做一点儿分析。

元朝是蒙古族入主中原，整体上接受汉文化比较浅，对儒家文化也不怎么“感冒”。元朝不重视科举制度，有学者统计，元朝统治的九十多年时间总共只开过七科科举，而且还不是有规律地开科举，全靠心血来潮。今年想起来了就开一科，明年想起来再开一科，以后二三十年想不起来就不开了。因为缺乏“学而优则仕”的稳定体制，知识分子阶层很难通过科举制度实现自我价值、社会价值，只好跑到“娱乐圈”里厮混，写写散曲，写写杂剧，这就是所谓“书会才人”。元朝那么多大戏剧家，关汉卿、王实甫、马致远、白朴……在其他朝代都可能通过科举来一展宏图。唯独在元朝，他们看不见这样的前途，只好沦落到“娱乐圈”里去。当年的“娱乐圈”是很被人瞧不起的，不像我们今天这样疯狂追捧，这是元朝不重儒学产生的一个文化效应。

另一个例子也可以说明问题。元朝有一种社会阶层的等级分布，所谓“一官，二吏，三僧，四道，五医，六工，七猎，八娼，九儒，十丐”，儒的地位还不如娼妓，仅比乞丐稍强一点儿。

这么多事实都能说明元朝对儒学的轻视，难道我们还能说，元朝的儒家也是站在前台，没有动摇吗？我想说，是的。第一，元朝尽管对儒学态度轻慢，但它也没有创造另外一套治国方略，比如拿道家、法家或蒙古族的什么理论来代替儒学。非要给它找一套系统的治国思想，儒家仍然是最有地位的，只不过所占的比例比其他王朝要少而已。第二，儒家思想在元朝也有缓慢的发展，比如对朱熹地位的确认。朱熹的学说集宋代理学之大成，但在宋代并没有得到特别高的评价，也没有得到官方的承认，真正确立朱熹圣人地位是在元朝。元皇庆二年（1313）复科举，诏定以朱熹的《四书集注》为标准化教材。这对明清两代科举都产生了极大的影响。

所以，我们可以看到，儒家在元朝仍然是站在最前台的。如果对儒学最轻慢的元朝尚且如此，其他朝代就更不用说了。这就是“罢黜百家，独尊儒术”对中国文化产生的极其深远的影响。

只有两个时代

有这样一种说法：董仲舒通过“罢黜百家，独尊儒术”让儒家思想彻底转化成为帝王术，那也就打开了中国人两千年身为皇权奴隶的大门。“奴隶的大门”这个典故是从鲁迅处得来的。先生说过：中国历史那么多眼花缭乱的王朝都是骗人的，看穿了，中国历史其实只有两个时代：一个是暂时做稳了奴隶的时代，也就是所谓太平盛世；另一个是想做奴隶而不得的时代，那就是无道乱世。[①] 如何来认识这样一种说法呢？我们来分析董仲舒的第二个理念“君权神授，天人感应”。

我们前面讲过，汉武帝要解决的首要难题是加强中央集权，董仲舒自然要贡献出相应的理论。他把谶纬之说等神秘文化加入儒家学说，提出“君权神授”的理念：君主的威权是由上天授予，他的统治具有无可置疑的合法性，任何人都不可以挑战。从这个意义上讲，我们说董仲舒打开了中国人身为奴隶的大门，并没有冤枉他。为什么呢？我们看到，在君主的威权没有达到这样的“神授”高度的时候，还是有很多人，比如说知识分子群体，可以凭借知识、智商的优势来挑战君主的权威。前面我们讲过孟子和齐宣王的对话，齐宣王也是雄霸一方的诸侯国君，但孟子面对他是什么姿态呢？简直像老师教小学生一样胸有成

① 《灯下漫笔》。

竹、予夺在手嘛！一点儿都没有后代文人见到皇帝那种小心翼翼、战战兢兢的畏缩。而齐宣王面对孟子也像小学生见到老师一样，非常恭敬谦逊：“老夫子啊！我这人很笨，你能不能教教我怎么做啊？我虽然笨，但是愿意努力去做。”这个时候，知识分子就表现出强烈的主体精神和独立的人格形象。自从“君权神授”深入人心，君主的权威不可以受到任何挑战。那么，包括最精英群体——知识分子在内的所有阶层，从此面对君主的时候，个头就慢慢矮下去了，膝盖就慢慢软下去了，骨头就慢慢酥下去了，就只剩下三跪九叩、山呼万岁的份儿了。

从民主意义上来看，“君权神授”起了一个相当不好的作用。但是话还要说回来，如果只用“君权神授”作为“罪证”来严厉批评董仲舒的话，他可能还会觉得委屈。他会说：“我不光是树立皇帝的权威，我还用‘天人感应’四个字限制他胡作非为了呀”！这也是有点儿道理的。

其实董仲舒也有这样的担忧：君主有了不受任何约束的权威，他胡作非为怎么办？谁能管得了？看来只有那个授权的上天的意志能承担这个任务了。所以他提出了“天人感应”说：上天会通过某些征象来表示对君主统治的评价。你统治得好，上天会降下一些征象提出表扬；你统治得不好，上天也会降下征象给予警告。孔孟思想本来是有着很浓郁的无神论色彩的，现在董仲舒用其他学说掺入儒学，就在一定程度上改变了儒学的基调和颜色。我们说他是孔孟思想的“卧底”，主要指的就是这一层意思。

祥瑞与灾异

那么到底会降下什么样的征象来提出表扬或予以批评，来约束君主的权力呢？自从“天人感应说”盛行以后，史书就开始多了两项之前没有过的记载：一项叫作祥瑞，一项叫作灾异。祥瑞就是上天对君主的统治提出表扬，比如说什么地方发现了白虎、白鹿、千年灵芝之类，还有较为普通的祥瑞叫“嘉禾”。一棵正常的禾苗可能结四个穗，如果有一株禾苗结了六个穗或者八个穗，它就会被称为“嘉禾”，地位马上不一样了。它被采摘下来以后，要小心翼翼放在盒子里包装起来，送到皇帝那儿去报喜。这些祥瑞好多是靠不住的，比如说白虎，现代生物学认为可能是白化病导致，嘉禾则是植物基因变异造成的，清代的康熙皇帝就曾经检验过进呈给他的嘉禾，发现其中没有米粒，都是空壳而已。古人没有这些概念，只要发现它有吉祥的含义，就可以去跟皇帝报喜报功了。

反过来说，灾异当然就是表示君主的统治出了问题，上天用各种现象给予警告。最可怕的灾异是地震，地震是我们至今也无法克服、无法预防的巨大自然灾害。古人更不能理解地震的发生原理，所以一旦发生地震，那就是头等大事，举国惊悚。再往细里说，地震也要分在什么地方发生，警告的程度是不一样的。山东泰安地区的地震是普天下最可怕的地震。泰山是一座和王权紧密结合的政治之山，君主封禅的第一站总是要到泰山的。如果泰山地区发生地震，对君主内心的震撼会非常强烈。比如明成化二十一年（1485），明宪宗朱见深想要废太子，太子呼天无门、告地无术。就在废太子的圣旨颁布之前，老天帮了太子一个大忙：泰山地区突然发生大地震，朱见深听到这个消息非常害怕，立刻停止了废太子朱祐樘的举动。朱祐樘因此渡过了人生最大的难关，后来成为明代少见的明君，那就是明孝宗弘治皇帝。

次一等的灾异是太庙失火。太庙是皇帝供奉列祖列宗的地方，如果太庙失火，就意味着先祖对君主的统治表示强烈不满，古人敬天法祖，对此也会非常重视。其他的表现还有人妖物怪，比如有个男的突然变成女的了，比如一条大蛇盘踞在皇帝宝座上，比如有一条狗突然穿上人的衣服去逛街了，还会说人话。我没有开玩笑，史书上是有这样的记载的。越是到某个朝代的末世，人妖物怪就越多，所谓“国家将亡，必有妖孽”。

董仲舒认为，他的“天人感应”在一定程度上做到了限制君权。实际效果怎样呢？我觉得效果还是有的，但是很有限。我们举了上面的诸多例子是想说明董仲舒思想的各个层面，并且提醒大家很多简单的判断背后，事实其实并没有那么简单。

女性的苦难之门

董仲舒的第三个观点我们也需要略说几句，那就是大家最熟悉的“三纲五常”。“三纲”的前两点“君为臣纲，父为子纲”

是和他的“君权神授”理念有一定吻合之处的，同时也是对孔子“君君臣臣，父父子子”的“礼”思想的绝对化、扩大化的继承。“夫为妻纲”的提出则相对复杂一些。

一方面，这里有孔孟的影响。孔子云：“唯女子与小人为难养也。”现在有很多人重新阐释这句话，但是似乎都没有办法掩饰孔子对女性的轻蔑和傲慢。其实孟子夫妻关系也不是很好。有一次，孟子进入卧室，看见妻子“箕踞”，就是两条腿打开伸平，很随便地坐在那儿。孟子大怒，认为这是“非礼”之举，马上要和妻子离婚。后来还是贤明的孟母比较讲道理，她说：“你回家了不说一声，直接闯进卧室，人家都来不及整理一下，这叫‘不教而诛’。你怎么可以因为这个就跟人家离婚呢？”孟子这才停止了这种极端行为。另一方面，“夫为妻纲”的提出也是中国社会发展到男权中心形态的必然结果。换句话说，没有董仲舒，也会有张仲舒、王仲舒站出来说这些话。“夫为妻纲”确立了男权社会的性质，同时也造成了严重的副作用，它极大束缚了女性的生存空间，在一定程度上打开了中国古代女性的苦难之门。关于这个问题，我们在后面的宋代理学部分还会做进一步分析。

第 16 讲

为啥偏偏是宋朝

从这一讲开始，我们进入儒家文化发展的第四个时期：宋代理学，但在此之前，我们还有一个问题需要解决——为啥偏偏是宋朝？在这儿我想提出的问题是：从汉代到宋代经历了漫长的时间、复杂的朝代更迭，两汉、三国、西晋、东晋，之后是大分裂的南北朝，然后是短命的大一统隋朝，接下来是大家最熟悉的唐朝。唐朝灭亡以后，又经历了一个纷乱的五代十国时期，这才到了相对统一的宋朝。这么长的时间，这么多的朝代，为什么没有出现一个儒家文化发展的高潮呢？特别是在非常鼎盛的唐朝，为什么没有出现儒家文化的高潮呢？

妇人之言，慎不可听

随着董仲舒提出一系列学说，经学创设，大批虔诚的儒家信徒被培养出来。他们以修身、齐家、治国、平天下为己任，信奉浩然正气、世界大同的最高理想。然而，这些理想在东汉中后期开始四面碰壁，遭遇低潮。东汉是中国历史上比较黑暗的一个政治时段，中后期大部分时间皇帝都是傀儡，最高权力沦落在两大集团手中。一个是皇帝的姻亲权力集团，也就是皇帝的岳父、大舅子、小舅子等，史称“外戚”；另一个是宦官集团，元朝以后称“太监”。这两个集团轮流坐庄，皇帝大权旁落，政治一天比一天黑暗糜烂。这种情况下，被儒家理想陶冶出来的知识分子集团一直在努力和宦官、外戚集团殊死斗争，甚至是一种自杀式的、鸡蛋碰石头式的对抗。东汉历史上有一个著名的“党锢之祸”，外戚、宦官囚禁杀害了一大批著名的知识分子。儒家信徒付出了青春、鲜血和生命，却没有看到光明和希望，信仰必然发生动摇。正是从这一时期开始，儒家文化走向低谷，到了魏晋时期，最终演变成了另外一种思潮：我们在中国思想史上也称为“一代之学”的魏晋玄学。

玄学是一门什么样的学问呢？简单说，玄学是儒道互渗，但远儒而近道。魏晋玄学的突出代表，大家最熟悉的应该是竹林七贤。那么，竹林七贤这些人对于社会、现实政治到底是什么态度呢？我们从几个典型事例中可以看得出来。

比如说“酒圣”刘伶，传说他走到哪儿身上都背着一个酒葫芦，身后还跟着一个扛着锄头的小童。他说：我这么喝酒，早晚有喝死的那一天。不管我什么时候喝死了，都千万不要挪动，就让这童儿就地刨一个坑，把我埋起来就可以了。一个人喜欢喝酒到这种程度，他夫人也非常担心，干脆把刘伶的钱都收起来，看他拿什么去买酒。刘伶实在耐不过酒瘾了，去跟夫人谈判：“我可以戒酒，但是有个条件，你得给我点儿钱，让我买些酒回来，好好喝一场，然后我就戒酒了。”夫人觉得还算公平，也就同意了。结果刘伶喝畅快了，端起酒杯发誓说：“天生刘伶，以酒为名。妇人之言，慎不可听。”酒还是照喝不误。刘伶为什么这样做呢？

我们懂得，人的心灵逃遁和隐居是有很多途径的。孔子说“道不行，乘桴浮于海”，是想到大海上去隐居，刘伶则是“隐于酒”，把自己的心灵释放在酒精当中，麻醉自己。刘伶的这种情况在竹林七贤群体中具有相当的普遍性，很多大文人都好酒。比如说阮籍，因为他名气大，司马氏集团想笼络他，派媒人上门求亲，想迎娶阮籍的女儿。阮籍不愿意答应这门亲事，又不能正面冲突，在这样的关键时刻，酒成了他逃脱现实迫害的有力武器。于是就出现了这种戏剧性的场面——司马氏的媒人来到门口一问：“阮先生在家否？”“在呢，但是喝得烂醉如泥，没有办法谈任何事情。”媒人在他家溜溜儿等了一天，阮籍硬是不醒，只好告辞。第二天媒人又来了，“阮先生今天怎么样？”“哎呀！你来得太不巧了，昨天你刚走，阮先生就醒了，但是醒过来之后又喝了一夜。现在烂醉如泥，不能谈事情啊！”连续两个月天天如此，司马氏明白了阮籍以这种温柔方式传递的信息，也只好付之一笑，婚事作罢。阮籍常常喝醉了策马狂奔，一直跑到岔路口才停下，对着旷野夕阳大哭一场。这就是著名的“阮籍哭穷途”的典故。

竹林群体在我们心目中常常是天天除了喝酒什么都不干的清高飘逸形象，实际上，他们的内心是非常苦痛的。鲁迅当年就说得很明白，其实他们才是儒家思想的虔诚信徒，只不过自己的信仰与现实冲突得如此剧烈，所以才用各种办法逃遁、躲藏。所以说，魏晋玄学的兴起，一定程度上显示出儒家文化的低潮。

不像出家像绑票

到了南北朝时期，儒学持续低迷，佛教崛起成为一时热潮。我们一般认为，佛教传入中国是在公元前 1 世纪，具体来说，是公元 64 年到公元 67 年，即汉明帝永平七年到永平十年。永平七年的一天，汉明帝做了一个怪梦，梦见西方有“十二金人”。有人认为这个梦预示着西方将有圣人出现，汉明帝于是派使团西行寻找圣人，以应梦兆。三年以后，使团回来，带回来两个“新新人类”——两个印度和尚，一个叫迦叶摩腾（也译作摄摩腾），一个叫竺法兰。这是中国大地上第一次有和尚出现，同时还带来一部佛经，大家也比较熟悉，那就是《鹿鼎记》里韦小宝到上书房去偷的《四十二章经》，这是传入中国的第一部佛经。为了安置这两个和尚，在东汉都城洛阳建了一座寺庙。因为这个使团中白马居多，所以称“白马寺”，这是中国的第一座寺庙。这三个“第一”意味着佛教正式传入中国。

但是，佛教传入中土以后，并没有马上大行其道。其实皇帝也是一时心血来潮而已，一看这俩和尚长得奇形怪状，说话叽里咕噜，讲的道理也听不大明白，也就没有太当回事儿。其后的两百年间，佛教一直处于一种自生自灭的状况。直到魏晋玄学兴起，佛教才呈现了迅速上升的态势。

“玄学”的“玄”字是从《道德经》中“玄之又玄，众妙之门”这一句来的，因为要逃避现实，大家更加关心宇宙、时间、生命等玄远的问题，而佛教在这些问题上有着非常独特高妙的看法，于是，一批有相当话语权的高级知识分子开始推崇佛教。到了南北朝时期，出现了佛教传入中土以后的第一个发展高潮。说到南北朝佛教的兴盛，我们很容易想起杜牧的绝句《江南春》“南朝四百八十寺，多少楼台烟雨中”，有很多人说“南朝四百八十寺”一句运用了夸张的写作手法，极言其多。实际上，我们检看一些文献就会发现，杜牧一点儿都没夸张，完全是现实主义的写法。文献显示，仅南朝都城建康（今南京）一地就有佛寺五百余座，僧尼十余万众，且都过着相当豪奢的生活。

问题是，作为佛教徒，他们没有经济来源，不能创造社会财富，促进 GDP 增长，为什么能过上如此堂皇奢靡的生活呢？主要原因就在于贵族阶层对佛教的推崇和供养，其中非常典型的例子是梁武帝萧衍。萧衍信奉佛教，虔诚到不可自拔的程度，古语称为“佞佛”。他曾经三次舍身出家，而且每次出家都没有计划安排，比如朝政怎么过渡？交给哪个接班人？这些事情一概不管，就凭心血来潮，跑到寺庙里剃度当了和尚了。大臣们第二天上朝才知道皇帝失踪了，四处找吧，最后在寺庙里找到了。请萧衍回来当皇帝，他说：“那不行，你们要非想让我当皇帝，只有向寺庙大量布施‘舍身钱’，赎买我不能当和尚的罪孽。”这种方式，我们怎么听都不像出家，像绑票。因为萧衍三次舍身出家，大梁朝财政共支出“舍身钱”高达十亿以上，掏空了国家的腰包和朝廷的财政。

跟南朝相比，北朝的狂热程度有过之而无不及，但表现方式不同。北朝热衷于开石窟造佛像，我们熟悉的敦煌莫高窟、云冈石窟、龙门石窟等都是在北朝时开始开凿，后又历经数百上千年而完成的。佛教如此兴盛，儒家文化当然持续走向低迷。再到隋唐时期，儒家文化逐渐复兴上扬，但是也没有达到高潮的程度。隋朝比较短，可以忽略不计，我们只说唐朝。

拿什么拯救你，我的大唐

唐朝“三教并重”，儒、释、道三者在官方意识形态中处于相对均衡态势，但是忽上忽下，变幻多端。李唐王朝初建的时候，“道”是排在第一位的。为什么呢？李唐王朝出身于西北地区，和鲜卑族等少数民族有着比较密切的血缘、文化关联，在一定程度上相当于半个“异族”。现在他要确立政权的合法性，需要在文化上给自己找一个后台，老子李耳无疑是天然的最佳选择，完全可以说明我是正宗汉文化的传承者。于是，李唐王朝奉老子为祖先，追认他为“太上玄元皇帝”，“道”当然就排在第一位了。

过了几代，到了武则天时期，“佛”超越了“道”，排在第一位了。为什么呢？我们知道，武则天是中国历史上唯一的女皇帝，女人可以当皇帝这事儿，在中国所有经典中，包括儒道经典，都找不到任何理论依据，但是佛经里讲过女儿国的存在，女人可以当国王，这就给武则天提供了一个有效的理论武器。出于这样的考虑，“佛”被排在“道”的前面，在这一时期几乎成了国教。

儒家尽管是意识形态的三分之一，但这种情况下仍然处在相对被忽视的地位，迟迟没有出现一个应有的高潮。儒家迎来大幅度上升的契机是在由盛转衰的盛唐、中唐之际。公元758年，安史之乱起，数年战乱，唐王朝元气大伤，山雨欲来风满楼，黑云压城城欲摧，儒家信徒心头都在回荡着一个共同问题——拿什么拯救你，我的大唐？大文豪、大思想家韩愈写出名作《原道》。“原道”就是追根溯源，梳理儒家道统。他把儒家道统追溯到上古的尧、舜、禹、周公，然后是孔子、孟子，孟子往下就是自己（韩愈）了。韩愈是很反感董仲舒的，他谴责董仲舒是孔孟思想的叛徒，所以只能由自己来接续儒家道统。作为韩愈的战友，柳宗元提出了比较系统的“明道说”，以为“文者以明道”“圣人之言，期以明道”，对韩愈作了有力的呼应。

这些文章、言论的出现在一定程度上厘清了儒家文化的脉络，推进了它的重振。但是因为时间关系，暂时还达不到发扬光大的程度，它只是为未来的高潮打下了厚实的基础。经过中晚唐、五代十国，到了承平繁盛的宋代，新一波儒家文化高潮终于到来了，那就是宋代理学的兴起。

第 17 讲

饿死与失节

进入宋代理学，我们首先梳理所谓的“四大正宗”，即“濂、洛、关、闽”四个学派。

文以载道与万世太平

第一个，“濂学”。“濂学”的代表人物我们并不陌生，那就是《爱莲说》的作者周敦颐。《爱莲说》标举莲花的品格，说它“出淤泥而不染，濯清涟而不妖”，这恐怕是古往今来写莲花最恰切的两句话了。周敦颐是湖南人，因为长时间在濂溪讲学，后人称之为“濂溪先生”，其学说也相应被称为“濂学”。作为宋代理学的开创者之一，周敦颐在哲学上有不少出色的见解，我们在这里不做太多阐述，而要着眼于他的文化影响。首先是他这篇《爱莲说》，他标举的“出淤泥而不染，濯清涟而不妖”的精神和孔子的“君子”概念、孟子的“大丈夫”概念，其实是一脉相承的。所谓“出淤泥而不染”，难道不就是孟子所说的“富贵不能淫，贫贱不能移，威武不能屈”吗？当然，“濯清涟而不妖”，那是君子谦逊不自满的品格的表现。

周敦颐还有一个文化观点对后来影响比较大，叫作“文以载道”。这里涉及了一个非常重要的文学 / 哲学命题——“文”与“道”之间的关系，即文采和思想之间的关系。孔子讲过“言之无文，行而不远”，意思是说，没有一个跟思想相配合的、很好的表达，道理讲出去也不会长久广泛。所以孔子强调“文质彬彬，然后君子”，文采和思想应该是相得益彰的。

这种看法到周敦颐有了一定程度的调整。“文以载道”，也就是说，文章辞藻只有一个功能，是为了传播圣贤之道，这样就把“文”的地位大大下降，把“道”的地位大大提高了。我们可以把这个观点和柳宗元的“明道说”做一个对比。柳宗元也提出做文章的目的是为了“道”，但是他没有特别降低“文”的地位——“道”是要讲的，但文采也要讲究。周敦颐把“明”字换成了“载”字，那就更进一步削弱了“文”的地位，甚至否定了它的独立审美品格。这种看法，我们学中文的人是不大喜欢的，但是不能否认它的巨大影响和重要地位。

第二个值得我们关注的是宋代理学另一位开创者，比周敦颐小三岁的张载。张载是关中人，就是今天的陕西人，所以他的学问被称为“关学”。张载产生巨大影响的观点有两个，第一个是著名的“横渠四句”。“横渠”是张载的号，这四句话就是“为天地立心，为生民立命，为往圣继绝学，为万世开太平”。

“为天地立心”就是要为天地宇宙寻找一个精神上的支点；“为生民立命”就是要为天下百姓寻找一个安身立命的方法；“为往圣继绝学”，就是要替圣人接续将要断绝的道统；最终达到一个总体目标，就是“为万世开太平”。

张载这四句话，尽管在之前的孔子、孟子、董仲舒，乃至韩愈，柳宗元那儿，都有过不同程度的表达，但是那些表达从来没有像张载这样，提炼浓缩到一种精炼而又使人热血偾张的地步。所以，“横渠四句”历经千年，至今仍然具有鼓舞人心的巨大魅力，值得大家深深记忆品味。

如何能做到这么崇高的、对普通人来说遥不可及的目标呢？接续这四句话，张载提出了一个很切实的方法论：“民胞物与”。简单解释，就是以万民为同胞，以万物为朋友。这里涉及了古汉语常用的一个句法：“民胞”就是“以万民为同胞”，“物与”就是“以万物为朋友”，名词作动词用。以万民为同胞，这是对孔子“仁”思想的升华性的阐述，把对同胞手足的感情都用到普通人身上去，这就是“仁”，是普通人能成为圣贤的要素；以万物为朋友，则吸收了道家重自然万物、重天人关系的思想营养，从这个意义上讲，张载也是“儒道互补”的一个典型。

乾坤大挪移

这里我们重点讲一下第三个学派——以程颢、程颐为代表的“洛学”。程氏兄弟是河南洛阳人，所以这个学派被称为“洛学”。他们在哲学上建树颇多，我们仍然不做过多描述。这里我们只谈他们的一个著名说法：“饿死事小，失节事大。”在文化史上，这两句话一直被认为是套在古典时代女性身上的沉重枷锁，在这八字真言底下压着无数女性的青春和泪水，造成了无数人间悲剧。因为这样的说法，我们对两位程先生的印象一直都不太好。这样的判断有没有道理呢？我们需要推本溯源，把这件事情的来龙去脉讲清楚。

首先我们应该看到，二程提出这八个字原本是针对士大夫的气节而言的，“节”指的是士大夫的气节。为什么二程会有感而发、特别强调这八个字呢？宋代以前是一个非常混乱的时期——五代十国。五代十国的一个特点是政权多，另一个特点是政权都比较短命。这样的乱世中，有一定知识优势的士大夫的选择是相当痛苦艰难的。当然也有人在这种情况下如鱼得水，把自己的小日子过得有滋有味儿，比如冯道。冯道一生历仕四姓十君，人家走马灯一样换政权，他就走马灯一样换主子。冯道到了晚年反思自己一生的时候，居然厚颜无耻地声称自己忠孝节义样样俱全，给自己起了一个别号，叫“长乐老人”。理学家们对此感到非常不齿，所以提出“失节事大”的口号。

这里我们要加一个小花絮。乱世中的冯道虽然在气节上有亏欠，但他功业还是不错的，很切实地做过一些好事情。对于这样的情况，用非黑即白的思维方式是不太好理解的；加上身处承平，不能体会乱世选择的艰难——欧阳修、宋祁修《五代史》的时候，就已经对冯道的行径大加鞭挞，二程又在这个基础上提出“失节事大”的口号，目的是提醒、弘扬士大夫的气节。初衷当然是好的，但问题是，蛮好的两句话，为什么一转手成了套在女性身上的严酷枷锁了呢？

这里我想提出一个概念，叫作“本店拥有最终解释权效应”，这个说法有点儿啰唆，什么意思呢？我们肯定都收到过一些小传单、小广告，美容院、健身房、饭店发的居多，传单上常常都列出一些优惠政策，但是为了避免争议，一般都在下面印上一行小字，“本店拥有最终解释权”。二程提出“饿死事小，失节事大”本来是针对士大夫而言的，问题是谁来解释传播这句话呢？恰恰是被提出最严厉要求的士大夫；而这些士大夫又拥有了“最终解释权”，把这个枷锁套在自己身上，显然非常不合适，所以大家就有意无意地开始曲解这句话，施展了“乾坤大挪移”神功，把它一转手，套到女性身上来了。从此以后，这个“节”字的含义就逐渐“狭隘化”，开始专指女性的节操、贞操，这“八字真言”的背后就开始逐步浸透了女性的青春、泪水，甚至生命，造成了许多难堪的人间悲剧。

丈夫死得早，自己活得长

我们可以看一看《明史》中的《列女传》。“列女传”，即各种女性的合传。是“列女传”，而不是“烈女传”。因为当时的环境下女性没有机会站在社会前台，要想被后人记录下来，那就需要在“烈”的方面做出非常杰出的成绩，她才有资格被收进这个没有“四点水”的《列女传》。《明史·列女传》一共收了三百零八人，这个数字我们听起来不是很多，明朝历经二百七十多年，平均每年才一个左右。但应该提醒一句，这个数字没有那么简单。我们都有这样的体验：比如说在校读书，想评班级三好学生，你要和几十个人竞争；成功了以后，你要和整个年级几百个同学竞争，再和全校上千同学竞争，才能获得校级三好学生。上面还有市级、省级、国家级呢！那就意味着你可能要跟几百万人甚至几千万人竞争，最终只有极少数的幸运儿能够脱颖而出，成为国家级优秀学生。《明史·列女传》也是这个意思，明朝二百七十多年历史，只选择了这三百零八个人写进来，她们就属于战胜了上百万人上千万人之后，才被载入国家级正史的。

现在我们可以在大脑中虚拟一个金字塔形图。金字塔尖儿上是三百零八人，往下再划一个台阶，省级的《列女传》会有多少人呢？恐怕就要平方一下吧？省级下面还有市级，市级下面还有县级呢！每往下扩大一级，这个数字都可能是平方级延伸的！可是，县级下面还有哪一个官方级别都进不去的私人著述呢！三百零八这个数字看似很小，但最底下的这个基数一定是个非常可怕的数字。那么，这样触目惊心的数字我们有没有看到底呢？恐怕还是没有看到底。我们上面所说的数字不管有多大，那都是需要白纸黑字写下来有据可查的数字。会不会有很多人也这样做了，但是最终事迹没有被记录下来的情况呢？显然，这底下掩盖了一个更加庞大得让人觉得恐怖的数字。

我们来盘点一下，一个女人要具备什么样的条件才有可能被私家著述乃至被任何一级官方正史记录下来。我们就以最平常的“守寡”为标本来做一个逻辑推演。一个女人想通过守寡来获得任何一种承认至少得具备两个条件：第一是守寡要早。一个女孩子嫁了人，如果跟丈夫一直生活了很多年，丈夫才去世，你守寡这没什么了不起的。丈夫死得越早就越“理想”，你要是刚嫁过来丈夫就去世了，这就很“理想”了。特别是你还没嫁，丈夫就去世了，这叫“望门寡”，那就更“理想”了。第二是守寡时间要长。比如说有一个女孩子十八岁嫁人，十九岁丈夫就死了，第一个条件倒是很“理想”，但问题是，她自己活到二十多岁就死掉了，一共也没守几年，那就不会得到高级别的肯定，所以，最“理想”的情况是早早过门儿，丈夫早早去世，而自己从青春妙龄一直守到白发苍苍，时间越长，赢得表彰的可能性就越大。我们说得调侃了一点儿，但这种调侃的分析背后真的是掩埋了无数女性的青春、血泪和她们灿烂如花的生命的。

以理杀人，其谁怜之

《儒林外史》有个角色叫王玉辉，是二程先生的虔诚信徒，坚决相信“饿死事小，失节事大”。她女儿嫁了人，没过几年，丈夫去世了。这个女孩子从小被父亲灌输了很多节烈思想，于是做出了一个极端决定，要自杀殉夫。即使是“饿死事小，失节事大”的思想深入人心，但还有另外一个朴素的真理是永远占上风的：人的生命只有一次，没有重来的机会。做出这种决绝举动的毕竟还是极少数。女孩儿的妈妈、朋友、亲戚都坚决反对女孩儿的决定，但是王玉辉“理欲熏心”，坚决支持女儿殉节：“女儿，你只有这样做了，才不愧我的良好家教，才对得起父亲的管教养护之恩哪！”于是，在亲生父亲的支持、怂恿、教唆之下，这个女孩儿终于完成了心愿，绝食殉夫。在这里，吴敬梓写了一个细节，体现出王玉辉身上最后一点儿没有泯灭的人性。他听到女儿绝食自杀的消息之后，当着别人的面仰天长笑：“好！好！好！光我门楣啊！我老王家祖坟都冒青烟啊！”但是背转身来自己一个人的时候，他还是忍不住流下两行浑浊的老泪。这样的人间悲剧，吴敬梓把它写进《儒林外史》中，的确是给人相当大的震撼的。

和吴敬梓同时稍晚一点儿的思想家焦循在《孟子正义》中讲过一句非常尖锐的话：用刀子杀人，犹有怜之者；以“理”杀人，“其谁怜之”？从这个意义上讲，我们确实应该对“饿死事小，失节事大”之类的“真言”造成的人间悲剧具有清醒认识，同时也给予严厉批判的。二程的初衷是好的，但作为始作俑者，他们把这样的教条极端化、绝对化——“动辄责人以死”，也是难辞其咎的。《二程遗书》记载，有人问他们，寡妇不嫁必然寒饿而死，怎么办？程颐坚决回答：“哪有怕寒饿就再嫁的道理？”可见，后人倡导的对女性贞操的严苛、变态要求，其实和二程原意也相去不远。所以说，对于种种人间悲剧和女性背负的沉重枷锁，二程虽然不能负全部责任，但也应当负相当大一份责任。

第 18 讲

是圣人，还是岳不群

这一讲我们谈“四大正宗”的最后一个，闽学，代表人物即宋代理学的集大成者，地位远比周敦颐、张载、二程要高的圣人朱熹。大家回想一下，朱熹在你脑海中是个什么形象呢？毫无疑问，首先蹦出来的，朱熹是个大儒，古代尊称他为朱子，孔孟以后几乎没有人能够跟他相比；但是，再搜罗一下你的脑海，有没有可能，朱熹是一个小人呢？这让我们想起李汝珍的《镜花缘》。《镜花缘》中写了一个很有意思的两面国，其人生相奇特，露在外面的一张脸非常和蔼，满面春风，但头巾盖住的另一张脸则十分丑恶狰狞，令人惊悚。这当然是这部想象力优异的小说对世态人情的一种讽刺，可是，朱熹会不会是这样一种两面人、伪君子呢？

证据链条与疑罪从无

继续盘点，我们脑海中出现的朱熹有可能是小人的印象是从哪儿来的？恐怕很大程度上是从《二刻拍案惊奇》中的名篇《硬勘案大儒争闲气，甘受刑侠女著芳名》中来的。这篇小说写道：朱熹在浙江做官的时候，对一个同僚唐仲友非常反感，想找一点儿罪名罗织陷害。他打听到唐仲友和一个妓女严蕊过从甚密，就想从严蕊身上打开突破口，要求她编造罪名诬陷唐仲友。没想到，严蕊虽然身份低贱，但是人格高尚，不说唐仲友一句坏话。朱熹恼羞成怒，对严蕊施以酷刑，严蕊气节凛然，仍然不改口供，把朱熹弄得丢人现眼，万众声讨。这就是所谓“硬勘案大儒争闲气”。“硬勘案”就是有逼供的举动，但争的是“闲气”，而严蕊成了侠女，芳名流传。小说中还记载了严蕊的一首词《卜算子》：

> 不是爱风尘，似被前身误。花落花开自有时，总是东君主。
>
> 去也终须去。住也如何住。若得山花插满头，莫问奴归处。

这首相当不错的词更进一步坐实了严蕊的侠女芳名和朱熹的小人形象。

朱熹是不是小说里写的这样一个小人，我们需要一步一步破解这个学术公案。讲到“破解学术公案”，我有这样一个看法：“破解学术公案”，省略掉所有限定成分，那就是“破案”，这和司法机构侦破、判断某个刑事案件的原则都是有共通性的。比如证据链条原则。人证、物证、旁证互相咬合，形成一条完整的证据链。如果证据链充分，就可以在犯罪嫌疑人零口供的情况下定罪。与此相关的，还有一条原则叫作“孤证不能成立”。只有一个证据，没有其他旁证，一般来说是不能作为可采信证据呈现出来的。第三条，疑罪从无原则。当证据不充分的时候，我们宁可相信他无罪，也不能把罪名强加给他。那么，我们就可以应用这些司法原则来侦破朱熹这桩公案。

首先应该追溯一下这个“硬勘案大儒争闲气”的故事最早是从哪儿传出来的。通过文献考查我们不难找到源头，它出自和朱熹同时代的一部著名笔记小说——洪迈的《夷坚志》。洪迈为什么要在小说当中塑造这样一个朱熹形象呢？原因很简单，洪迈也是著名学者，他和朱熹的学术观点存在分歧，矛盾比较深，所以他会倾向于把朱熹写成小人。《夷坚志》记载比较简单，到周密的《齐东野语》，就花了很大篇幅来渲染朱熹拷问严蕊、严蕊坚贞不屈之类的细节。经过比较长时间的流传加工，最终被凌濛初整理写进《二刻拍案惊奇》当中。

通过以上的考察我们想说明的是，这件事情只有一个来源，洪迈的《夷坚志》，同时代其他文献中都没有类似记载。从破解学术公案的基本规则来讲：第一，没有形成完整的证据链条；

第二，孤证；第三，应该本着疑罪从无的原则判断朱熹“无罪”，没有做过这件事。其实事情真相学者们已经寻绎得相当清楚：朱熹弹劾唐仲友确有其事，当时他作为浙江地区的监察官员，弹劾同事是一种很正常的职务行为。朱熹不光弹劾了唐仲友，同时还检举了另外一些行为不妥的官员，其中唐仲友的名气最大。唐仲友不是凡夫俗子，他是当时儒家“事功派”的代表人物，做事情有魄力，注重实际，明显缺点是胆大妄为，立身不正。从这个意义上讲，朱熹告发弹劾唐仲友没有私人恩怨的成分，并不像小说中渲染的那样，是一种“闲气”。还要附带辨析一点，一般都传说是严蕊写的这首《卜算子》，其实它的真正作者是唐仲友的表弟高宣教，这又从另外一个层面说明“争闲气”的事情是不存在的。

几乎完美的朱圣人

既然朱熹没有做过小说里面所写的这回事儿，那么他到底是个怎样的人呢？我想，朱熹有这样几个方面的形象。首先，朱熹是一个品性比较高尚的官员，在关切民生、勤劳为政这些方面做得相当不错。其次，朱熹是一个非常渊博执着的学者，留下了不少治学的佳话。南宋淳熙二年（1175），他和同时代的另外一位哲学大师陆九渊在鹅湖古寺举行了一场哲学辩论会。朱讲“格物致知”，陆讲“发明本心”，两个人就不同的“教人之法”辩论了三天，意犹未尽，给陆九渊送行的路上仍然你来我往，争讨不休。本来已经到了水边，陆九渊应该登船启程了，俩人还是兴致勃勃，朱熹干脆上了陆九渊的船，继续辩论。到了对岸，陆九渊应该上岸出发了，但他们把船又划了回去。这条船在河上划来划去，如是者三，不知不觉到了黄昏时分，突然听到岸边一声虎啸，两个人这才如梦初醒，相视一笑。这就是中国古代思想史著名的“鹅湖之会”。再次，朱熹是非常了不起的教育家。南宋时期，中国的书院教育已经相当发达，南宋四大书院——白鹿洞书院、岳麓书院、应天府书院、石鼓书院都和朱熹有着密切关系，或由他创建，或由他主要参与，他在教育方面的成就和魅力应该说“孔子之后，一人而已”。很多学生都长时间追随他，几年、十几年甚至终生。就是在朱熹被判为“伪学”“逆党”、遭受各种打压迫害的时候，很多学生也都不离不弃，共相患难。在朱熹去世的前两年，他的得意门生蔡元定被朝廷拘捕，朱熹召集百余位学生为他送行。余秋雨在《千年庭院》中叙述了这次生死道别：

> 席间有的学生难过得哭起来了，而蔡元定却从容镇定，为自己敬爱的老师和他的学说去受罪，无怨无悔。朱熹看到蔡元定的这种神态很是感动，席后对蔡元定说，我已老迈，今后也许难得与你见面了，今天晚上与我住在一起吧。这天晚上，师生俩在一起竟然没有谈分别的事，而是通宵校订了《参同契》一书，直到东方发白。蔡元定被官府拘捕后杖枷三千里流放，历尽千难万苦，死于道州。一

路上，他始终记着那次饯行，那个通宵。世间每个人都会死在不同的身份上，却很少有人像蔡元定，以一个地地道道的学生身份，踏上生命的最后跑道。

既然学生死得像个学生，那么教师也就更应该死得像个教师。蔡元定死后的第二年，1198年，朱熹避居东阳石洞，还是没有停止讲学。有人劝他说，朝廷对他正虎视眈眈呢，赶快别再召集学生讲课了。他笑而不答。直到1199年，他觉得真的已走到生命尽头了，自述道：我越来越衰弱了，想到那几个好学生都已死于贬所，而我却还活着，真是痛心，看来支撑不了多久了。果然这年三月九日，他病死于建阳。

这是一位真正的教育家之死。他晚年所受的灾难完全来自于他的学术和教育事业，对此，他的学生们最清楚。当他的遗体下葬时，散落在四方的学生都不怕朝廷禁令纷纷赶来，官府怕这些学生议论生事，还特令加强戒备。不能来的也在各地聚会纪念："讣告所至，从游之士与夫闻风慕义者，莫不相与为位为聚哭焉。禁锢虽严，有所不避也。"（《行状》）

作为大教育家的朱熹留下的这一幕是千百年之后还让我们非常感动的。

朱熹还有一个身份不能不提，他是一位成就不小的诗人。朱熹很多诗写得不错，特别是写自己治学心得的那些篇章。比如《观书有感》：

半亩方塘一鉴开，天光云影共徘徊。
问渠哪得清如许，为有源头活水来。

还有一首诗值得一说，那就是最有名的《春日》：

胜日寻芳泗水滨，无边光景一时新。
等闲识得东风面，万紫千红总是春。

这首诗的主题是什么呢？我小学的时候学这首诗，老师说这首诗是写朱熹寻春踏青，看见春光烂漫，万紫千红，于是有感而发，表达了对祖国大好河山的热爱。我们的语文课在面对这种诗的时候常常找不到主题，一般都会加上一句“抒发了对祖国大好河山的热爱”。从小学、中学一直到大学，几乎所有人都在讲这是一首写春天的诗，对不对呢？

我们看第一句“胜日寻芳泗水滨”，这句诗相当浅近，唯一需要注释的就是“泗水”。这条河是什么情况呢？我们查一下相关文献，泗水发源于鲁中山地新泰南部太平顶山西麓，西南流经泗水、曲阜、兖州、邹城、任城、微山等县市。古代的泗河为淮河的大支流，流经山东、安徽、江苏三省，流向从东往西，是全国最大的倒流河。《论语》云：“子在川上曰：‘逝者如斯夫，不舍昼夜。’”“川”就是指泗水。查到这些信息以后我们就觉得很有意思了，说朱熹春天要去踏青，他去哪儿不好，为什么非要到一个自己没有去过的地方踏青呢？朱熹是南宋时人，南宋只有半壁江山，它和北方的金国“划淮而治”，淮河以北都是金国的地面。朱熹要踏青，为什么不在自己的家乡江西，或者自己讲学的福建，而要到淮河以北的泗水呢？为了谨慎起见，我们再查一查，朱熹有没有到过淮河以北呢？《朱文公年谱》记载得很清楚，朱熹连短暂的出差、公干都没有到过淮河以北。那么，这首诗应该怎么解释呢？

其实，这仍然是一首朱熹讲治学体会的诗。泗水作为一个文化符号，我们现代人已经比较陌生了。但在古代，读过几天书的人都知道泗水代表着什么。孔子家门口有两条河，一条叫洙水，一条叫泗水，清代崔述所著《洙泗考信录》就是辩证孔子生平事迹的。所以，诗中的“泗水”指的是孔子为代表的儒家圣贤。“胜日寻芳泗水滨”就是说到这些圣人的著作当中去寻找精神营养和动力。找到精神营养以后，“无边光景一时新”，自己的眼前打开了一片非常开朗的世界。朱熹感慨道“等闲识得东风面”——只要你学到了圣人思想的精髓，“万紫千红总是春”——人生的一切茫然、困惑都会消散无踪，从而变得充实绚烂。某种意义上，这首诗的主旨和《观书有感》是相通的。

为啥变成伪君子

通过上面的论说我们可以看到，朱熹是不错的政治家、合格的官员、渊博执着的学者，又是有一定特色的诗人，圣人朱子这个形象是完全可以成立的。但是我们的问题还没有完全解决：这样一个几乎完美的圣人为什么会被丑化成像岳不群一样的伪君子，做出这种“硬勘案大儒争闲气”的为人不齿的举动呢？这里还有一些文化原因值得讲一讲。

第一点，朱熹的“闽学”尽管在当时没有得到官方认可，甚至一度被宣判为“伪学”，受到严重迫害。但从元朝开始，朱熹的学说就开始成为官方意识形态的一部分。到了朱元璋建立大明王朝，更是把朱熹的《四书集注》钦定为标准化教科书，也就是说，所有读书做官的人都得从《四书集注》学起。我们知道，如果一个东西被定为标准化教科书，就必然给学习者带来巨大压力。并不是每个人读了朱熹的书，最后都能获得一个如意前程的。考中秀才的可能百里挑一，考中举人的可能千里挑一，考中进士的可能是几万里挑一，这就出现了大量的科举失意者。他们读了《四书集注》，最后学业不理想，没有获得一个很满意的前途，必然就对这个标准化教材的作者朱熹产生反感，就是嘴上不敢说，心里也会相当不高兴。从心理学的补偿效应来讲，他们当然愿意看到这个大圣人出点儿丑，用来平衡自己受伤的心灵。所以，一旦有人说“哎呀！朱熹原来是个伪君子、伪道学，还做过这种事情”的时候，就会有相当一批人从心里往外由衷地快慰，乐于相信、也愿意传播这样的事情。《二拍》的作者凌濛初也是一个科举不太得意的人，他五十多岁才以优等秀才身份（优贡）当上了上海县县丞，六十多岁任徐州通判，属于沉沦在社会底层的一个九品芝麻官，那么，一定程度上他也是会有类似心理的。所以，他很敏感地抓到了这个题材，经过编辑，整理，再创作，最终写进了自己的小说集当中，从而产生了相当深远的传播效应。

第二点，不管哪个时代，哪怕朱熹讲了“存天理，灭人欲”，哪怕朱熹自己是了不起的圣人，那也阻挡不住儒家信徒中存在着大量的伪君子，表面上道貌岸然，背地里男盗女娼。像岳不群式的伪群子还是存在的，大家也都是看在眼里，恨在心里。于是，结合着上面讲的那一点原因，朱熹就阴差阳错充当了靶子。

关于朱熹的多面形象及其文化成因我们暂且讲到这里，宋代理学四大正宗之外还有一个学派需要做一点儿简单交代，那就是陆九渊的心学。上面我们讲到了朱陆的“鹅湖之会”，他们争辩的焦点在哪儿呢？主要是终极价值“理”究竟存在于何处的问题。朱熹有非常著名的“六字真言”——“存天理，灭人欲”。在朱熹那儿，“理”是“天理”，存在于宇宙的某个地方，非常遥远，可望而不可即，而陆九渊则是以他的大智慧另辟蹊径，提出一个非常深刻的哲学主张——“心即理”，“理”不在天上，它就在你自己的心里。就一般哲学概念来说，朱熹的理学被称为“客观唯心主义”，而陆九渊的“心学”被称为“主观唯心主义”。陆九渊的这个哲学判断是极其深刻的，在当世也造成了不小的影响；但是由于他的学说本身有不成熟的地方，也由于一种学说的传播和接受需要时间，陆九渊的“心学”在宋代并没有真正发扬光大。使之成为一代风潮，进而影响到一个时代的社会文化变迁，那还要等到陆九渊身后两百多年的王守仁来完成。我们也就从这儿进入儒家文化史的第五个阶段——阳明心学。

第 19 讲

“三不朽”奇人王阳明

讲一代大儒王守仁，也就是王阳明，我们可以从著名通俗历史读物、当年明月的《明朝那些事儿》说起。提到王阳明的时候，当年明月先提到了于谦，当然不是说相声的那个于谦了，而是明代的民族英雄于谦。于谦这个人不仅有才干，个人操守也非常好。在土木堡之变中，于谦指挥了北京保卫战，保全了大明天下，但英宗朱祁镇回朝之后闹了一场“夺门之变”，在别人的陷害之下，于谦被斩首抄家。书里写了这样一个场景：当那些如狼似虎的锦衣卫来抄家的时候，发现堂堂兵部尚书、台阁重臣于谦家徒四壁，非常清寒。失望之余，他们忽然发现有一间屋子锁得很紧。他们喜出望外，觉得奇货可居，可砸开锁头、冲进屋子一看，里面只是供奉了一把皇帝赐给于谦的宝剑而已。那些嚣张的锦衣卫全都沉默了，他们垂下头，默默离开了于谦的家。对此，当年明月有评述：于谦这个人论才干论品格，全都非常了不起，如果不是还有一个人出现，那么他完全可以称为明代第一伟人；但非常可惜，于谦要委屈一些了，因为在明代还有一个人，他的光芒比于谦还要强烈，这就是王阳明。

格物格出重感冒

王阳明不仅是明代第一伟人，从某种意义上来说，他甚至可称千古第一伟人，他所拥有的“三不朽”的传奇人生在中国历史上应该是独一无二的。什么叫“三不朽”呢？这个说法来自《左传》，“太上立德，其次立功，最下立言”，我们熟悉的相声大师马三立，他的名字就是从这儿来的。这“三不朽”说起来简单，但我们衡量一下古代的伟人，还真的没有谁全都能做到。就算孔子、孟子这样的大圣大贤，“立德”“立言”都做到了，但“立功”也没有做到。严格一点儿衡量，大概“三立”能集于一身的也就王阳明一人而已。所以我们要从王阳明的“三不朽”传奇人生说起。

王阳明的传奇人生可以简单划分成三个阶段，第一个阶段我们称之为“阳明格竹”。王阳明是浙江余姚人，出生在一个书香仕宦门第，父亲王华是状元出身。王阳明从小天资聪颖，思维活泼，“副作用”则是太淘气。王华给他请了不少老师，结果他把这些老师都气走了。比如他十二岁就写过一首很玄妙的诗：“山近月圆觉月小，便道此山大于月。若人有眼大于天，当见山高月更阔。”表面上看，是首打油诗，但包含的道理很高妙。他说，如果有人站在山前看月亮，山近而月远，看起来山大月小，便认为这山比月亮大很多。但如果有人站在宇宙的高度看月亮，就应当发现山虽然高，但月亮要比山还大得多。在自然科学不发达的古代，王阳明用他幼稚而天才的心灵想到了这一点，这确实是让人惊奇的。

这样的“打油诗”一做出来老师就傻眼了：这个学生太古怪了，我教不了啊！把这事情跟他父亲王华说了以后，王华有所触动，尽管还不太明白儿子到底在想什么，但是他本能地觉得这个孩子不一般。他沉思了许久，领王阳明出了居庸关。在明朝时那儿就是边境，很多个少数民族部落纵横驰骋，威胁着大明朝的边疆安全。王阳明跟着父亲来到居庸关外，眼看这种荒凉混乱的景象，跟父亲请求，准备向朝廷上书，拨给他几万兵马，他必然能够荡平边疆之乱。说出这番豪言壮语的王阳明那一年只有十五岁。

王华被儿子弄得无可奈何，只好呵斥他一顿，要求他认真读书，不要胡思乱想、口出狂言。王阳明回来以后苦心读了几天书，便去找父亲承认前段时间的错误去了：“我想荡平边疆之乱，这个想法有点儿太不切实际了……”听到这前半句的时候，王华很开心，觉得自己的教育有成效了。结果听到后半句，这位老爸差点儿吐血。王阳明说：“我有了新的理想——做、圣、贤”！荡平边疆之乱是“立功”，现在可倒好，还要跨上一个等级，要“立德”了！王华彻底被这个“熊孩子”打败了。

这个看似玩笑的小细节其实是王阳明走上哲学之路的开端，所谓“圣贤之道”要从“格物致知”做起。《大学》有“三纲八目”之说:“三纲”是明明德、亲民、止于至善;“八目”是格物、致知、诚意、正心、修身、齐家、治国、平天下，其中“格物致知”是成就大事业的基础。格物，就是探寻事物发展的规律。儒家有个说法，叫作“读书人以一物不知为耻”，什么东西都要懂一点儿。朱熹也讲过“物有表里精粗，一草一木皆具至理”，今天格一物，明天格一物，久而久之，必然能够找到“理”之所在。王阳明就按照朱子的说法去“格”一草一木了。有一次，王华发现儿子失踪了，找了好几天，才在离家很远的一个寺庙门口找到了王阳明，他在那儿对着一丛方竹聚精会神地“格”呢！七天七夜下来，竹子蕴涵的“至理”没有“格”出来，倒是“格”了一场重感冒回来。这个著名的场景就叫作“阳明格竹”。它说明了两个问题：第一，王阳明有圣贤之志；第二，“格”了“物”但没有找到“至理”。这实际上代表了王阳明内心的迷茫，从此，他对朱子之学产生了质疑，但还没有找到适合自己的通道。

精心伪造的自杀现场

王阳明传奇人生的第二个阶段我们称为“龙场悟道”。王阳明二十七岁高中二甲第七名进士，被授予工部、兵部主事之职，大概相当于现在的处级公务员。他踏入仕途的时候，正值大太监刘瑾当朝。曾经有一种说法：中国历史上有三个太监的“黄金时代”，第一个是东汉，第二个是晚唐，第三个，也是含金量最高的一个，就是明朝。从明英宗时候的王振开始，到汪直、刘瑾，直至太监这个行业中空前绝后、炉火纯青的九千岁魏忠贤，一个比一个权势熏天。现在刘瑾当国，有“立皇帝”之称，很多人但知有刘瑾，不知有皇帝。一大批文官看不过眼，联名上奏弹劾。王阳明不仅在联名奏章上签了名，还买一送一，额外送了刘瑾一顶“权奸”的帽子。

这个词儿把刘瑾惹火了。当疯狂反扑、收拾这批文官的时候，他格外关照了这个小处长王阳明，把他的官职一撸到底，分派到贵州的龙场驿任驿丞，也就是龙场招待所所长。王阳明原来担任的主事是正六品，这个所长是什么品级呢？没有品级，直接从“官”降为“吏”，已经不在国家公务员编制里了。表面上，刘瑾处置得还比较温柔，实际上他是把王阳明当成眼中钉、肉中刺，必欲除之而后快的。他派杀手埋伏在路上，准备刺杀王阳明。但大哲学家的智商显然不是刘瑾这样的市井无赖所能相比的。王阳明看起来呆头呆脑，实际上绝顶聪明，他早就料到刘瑾不会轻易放过自己，所以走到某条江边，故意伪造了一个自杀现场。他把衣服和鞋子都脱在江边，还像模像样地写了一封哀哀切切的遗书。这场戏演得非常成功，骗过了杀手，也骗过了当地官员，到江边来为他祭奠招魂。

就这样，王阳明带着几个随从，跋山涉水，千难万险，终于来到了贵州龙场驿。此地在现在贵阳西北七十里，修文县境内。本以为要和前任驿丞交接工作，结果发现这个招待所此前根本没有所长，只有一个不知道待了多少年的老兵把守。老兵见了这位王所长非常高兴：终于有人可以接替我了，我终于可以离开这个鬼地方了！临走之前老兵告诉王阳明一句话："王大人啊，在这儿你能遇到两种人：你能听懂他们说话的人，就是汉人；你听不懂他们说话的人，那就是苗人。如果你遇到的是汉人，那你千万要小心了。这个地方穷山恶水，如果不是那种被追缉得无处可逃的江洋大盗，谁会跑到这儿来呢？至于苗人反而不用担心，他们和你语言不通，有事儿都自己解决，不会来麻烦你。"王阳明差点儿没晕过去，他终于知道自己来的是一个什么样的地方了。

但荒凉偏远有荒凉偏远的好处。孟子云："故天将降大任于是人也，必先苦其心志，劳其筋骨，饿其体肤，空乏其身行，拂乱其所为①，所以动心忍性，增益其所不能。"这话苏轼经历过，现在轮到王阳明了。这个龙场驿恰恰特别适合苦思冥想的哲学家，它这么荒凉，几十里上百里见不到个人影儿，不想点儿哲学问题你能干吗呀？

王阳明在龙场苦思冥想，通过格物能不能获得真理？有没有别的办法获得真理呢？在一个天启般的晚上，王阳明心智大开，眼前一片光明，他终于明白了什么是"天理"——天理不在天上，天理就在人心之中！空山无人，水流花开，万古长空，一朝风月，王阳明放声长啸，他的"心学"精义已经灿然大备。从这儿开始，"陆王心学"正式诞生。在近千年的儒家文化史

① 这两句通常作"空乏其身，行拂乱其所为"，当代学者周笃文先生等以为当作今读，我比较赞成。

上，只有陆王心学能与程朱理学抗衡，成为与之并行的一大思想流派。

此心光明，夫复何言

龙场贬谪几年之后，刘瑾终于在权力斗争中落下马来，王阳明的冤案也得到平反昭雪，不仅官复原职，而且连续升迁，短短几年就被任命为都察院左佥都御史，巡抚南（安）、赣（州）、汀（州）、漳（州）等地，简称赣南巡抚，成了方面大员。我们或许会替王阳明感到高兴，但了解内情的人看来，这事非但不值得高兴，反而比被贬龙场更加糟糕了。为什么呢？王阳明驻节赣州，北边不远就是南昌，南昌是宁王朱宸濠的封地。这个名字大家应该有点儿印象，因为在前面讲到唐寅的时候，我们提到过此人。朱宸濠眼看正德皇帝只知游乐，不理政事，就动了造反作乱的心思。除了皇帝，几乎所有人都知道朱宸濠包藏祸心，而王阳明去的恰恰就是这个虎口的边儿上，那不是比贵州龙场还要危险得多吗？

宁王乱起，王阳明本来以为自己能做点儿什么，结果发现自己只能做一件事儿——逃跑。巡抚是朝廷派到地方的巡视文官，手里没有兵符，一兵一卒都不能调动，除了逃跑还能做什么呢？一口气跑出了几百里，跑到吉安，他发现自己不用跑了。吉安知府伍文定很有胆略和远见，为了防备宁王之乱，他事先训练好了一支几千人的民兵部队。以这几千人为班底，王阳明在很短时间里就招募了八万军队，对战朱宸濠蓄谋已久、战斗力强盛的十万大军。尽管实力较弱，但王阳明“诡诈专兵”，仅用了三十五天就平定了宁王之乱，而且把朱宸濠生擒活捉。王阳明的大军事家形象就此树立起来，同时也完成了“三不朽”中最难的“立功”。

到了这个地步，王阳明已经被朝野上下奉为“消防队队长”，但凡大小叛乱都需要他出马救火。长年戎马倥偬，王阳明的身体也开始急剧衰弱。嘉靖六年（1527），他去世的前一年九月，王阳明来到住所附近的天泉桥，跟两位大弟子王畿、钱德洪说：“我预知自己命不久长，现在还有很多变乱需要我去奔波平定，那么就在这天泉桥头，我把心学的精髓总结几句话教给你们……”这就是著名的“天泉证道”，王阳明传奇人生的第三个阶段。他教给学生的四句话即“天泉四诀”，所谓“无善无恶心之体，有善有恶意之动。知善知恶是良知，为善去恶是格物”，构成了阳明心学的精华。王阳明认为，人性本身是没有善恶的，人间有善恶是因为后天的心意之动。我们需要用良知来区分善恶，格物致知是有效的法门。“天泉证道”之后一年多，嘉靖七年十一月二十九日（1529 年 1 月 9 日），王阳明病逝于江西南安府大庾县（今江西大余县）舟中。临终之前，他指着自己的胸口说：“此心光明，夫复何言。”这是他留给这个世界的最后一句话。

王阳明之死，举国震悼，隆庆帝朱载垕称他“两肩正气，一代伟人；具拨乱反正之才，展救世安民之略”，这是很恰当的。后人对之评价也非常高，梁启超说：“他在近代学术界中，极具伟大，军事上、政治上，多有很大的勋业……阳明是一位豪杰之士，他的学术像打药针一般令人兴奋，所以能做五百年道学结束，吐很大光芒。”余秋雨说：“中国历史上能文能武的人很多，但在两方面都臻于极致的却寥若晨星……好像一切都要等到王阳明的出现，才能让奇迹真正产生。”《明朝那些事儿》的作者当年明月则在书里引用了孔子形容老子的一段话来点赞：“鸟，吾知其能飞；鱼，吾知其能游；兽，吾知其能走……至于龙，吾不知其能，其乘风云而上天……老子，其犹龙耶。”王阳明也像老子一样，是天矫在中国历史上千古难见的一条神龙。

第 20 讲

找个商人就嫁了吧（上）

上一讲我们简单分析了王阳明的“天泉四诀”，但对于阳明心学的主要观点，“天泉四诀”说得还不够清楚，继续分拆明确来讲，可以从以下三点来体会。

百死千难见良知

第一点，心即理。“心即理”是陆九渊提出的重要思想命题。但是陆九渊阐述得没有王阳明那么成熟精细，也没有产生那么大的影响。我们看王阳明的表述——他在浙江绍兴期间，与学生游南镇，有学生指着破岩而出的满树鲜花问道：“老师您经常说，心外无理，心外无物。天下一切物都主宰于心。可这朵花在山间自开自落，难道您的心让它开，它才开的？您的心让它落，它才落的？”王阳明的回答很有味道：“你未看此花时，此花与汝心同归于寂；你来看此花时，则此花颜色一时明白起来，便知此花不在你的心外。”这是非常高妙的哲学表达，王阳明用这样的例子最简洁直接地告诉了我们什么是理，什么是道，什么是终极价值，一切都在你的心中，只要有圣贤之心，人人皆可为圣贤。这样的表述显然比陆九渊更加透彻成熟，自然会产生更大的影响。

但是我们还会提出一个合乎逻辑的质问，难道所有的“心”都是“理”吗？“心”是有区别的，就像王阳明自己表述的那样：“无善无恶心之体，有善有恶意之动。”用什么样的心才能感受到这个“理”呢？为了回答这个问题，王阳明提出第二个观点，“致良知”。他深有感慨地说：“某于良知之说，从百死千难中得来，非是容易见得到此。”就王阳明的传奇人生而言，“百死千难”并不夸张，我们普通人一般是不会有这样的经历的。但是，“良知”二字值得在任何时候、任何人、任何一颗心里被牢牢记取。有良知，才能辨是非；有良知，才能明善恶；有良知，才能有风骨；有良知，才能有底线。我在给博士生上课的时候提出过一个“六有”的目标：做有文化、有思想、有生命的学术；做有情怀、有良知、有定力的学者。前三个“有”是关于学问的，后三个“有”是关于做人的，“有良知”是其中的重中之重。

中国政法大学丛日云教授2013年有一个在毕业典礼上的演讲，我认为可以为今天的“良知”敲响一记警钟：

> 如果中国再来一次义和团或红卫兵运动，如果重庆模

式成为中国模式，你们能不能清醒地说不？

如果你没有这个见识或勇气，能不能至少做个无害的逍遥派？

面对滚滚而来的浊流，如果你不能总是抗争，你是否可以选择偶尔抗争？

如果你不敢积极地抗争，你还可以选择消极地抗争；如果你不能勇敢地表达，你可以选择含蓄地表达；如果你也不敢含蓄地表达，你可以选择沉默。

如果你没有选择沉默而是选择了配合，但你还可以把调门放低一些。在你主动地或被迫地干着坏事时，能不能内心里还残留一点儿不安和负罪感。这一点儿不安或负罪感，乃是人性未泯的标记。即使你不去抗争，但对其他抗争者，要怀着几分敬重，即使没有这份敬重，也不要在背后放冷箭，使绊子，助纣为虐。

我希望，你们在大潮袭来时，选择站在理性一边，文明一边，选择站在人民一边。

人人都有一点儿这样的良知，世界会变得不一样。

当然，那种卑鄙、污浊、邪恶的心是找不到这种终极真理的，要靠一颗善良、透明、纯净的心才能找得到。这个“良知”先天就有，但容易被后天所污染，所以王阳明特别强调，要通过学习、体悟、修行来获得这颗善良、纯净、透明的心。如何能够致良知呢？王阳明又提出第三个观点：知行合一。要把良知和实践有机结合在一起，不分先后。在这之前，有的思想家提出来“知”先“行”后，有的思想家提出“行”先“知”后。王阳明则是在综合前人观念的基础上创造性地提出了“知行合一”，他自己的传奇一生其实就是“知行合一”的非常好的落实和证明。从这几个基本观点来看，王阳明的理念也是合逻辑、成系统的，它所引起的巨大的社会文化思潮的变动绝不是偶然的，这跟他哲学上的高度成熟、他的个人魅力、传奇经历等综合性的因素都有很大关系。

小商贩王艮

王阳明的哲学理念我们只做简单阐述，重点是他的“王学”对于社会文化潮流的深刻影响。

首先需要提出“王学左派”与“王学右派”的概念。阳明学说在其身后形成两大支流:“左派”和“右派”。这里的“左”和“右”是以地域来划分的。“右派”指江右学派，江右就是今天的江西。王阳明长期在江西担任地方官，所以他的几个学生主要在江西讲学。接受王阳明“天泉四诀”的两位——王畿和钱德洪——是王学右派的代表人物。“左派”就是江左学派，即今天的安徽南部到江苏南部一带，以江苏为核心，代表人物是王艮。因为王艮是泰州人，所以王学左派也叫“泰州学派”。王学右派在义理方面比较深入，但王学左派在社会文化潮流的影响方面，要比王学右派远胜。所以，我们的核心问题是“王学左派与晚明人性解放思潮”。

王艮是出身平民阶层商人家庭的一介布衣。“布衣”这个词大家常常会看到，什么叫布衣呢？布衣就是不光没有现任官职，而且也是没有任何功名在身的。只要进入了科举考试序列，哪怕是最低一级的秀才，那就不是布衣了，同普通人就划开界限了。这个界限不光是在社会价值认知的层面上，同时也体现在现实生存层面上。比如秀才可以在一定范围内免除租税，面见官员时可以不用行大礼，在犯罪之后要先由教育部门处理，剥夺功名后才能移送司法机关，等等。王艮是布衣，也就是说他没有官职，也没有任何功名，他是来自商人家庭的一个普通平民。

王艮对于哲学有很高的天赋，同时由于自己的出身，也不可避免地有一点儿自卑感，所以经常拿一些奇“行”怪状来耸动别人，穿戴着古式衣冠，拿着笏板招摇过市。王艮听说王阳明是大哲学家，慕名前来拜师。王阳明见他第一面就尖锐地指出:“老弟，你这副做派，欲显尔！”——不过是想出名而已。王艮被王阳明这种尖锐所折服，于是拜在门下。其实王阳明对于王艮这个学生并不是很看好，总觉得他对自己的思想理解得不像王畿、钱德洪那些弟子那么深入。但恰恰是这个王艮开创了王学左派，成为王学阵营中影响最大的一股思潮，这恐怕是智慧绝顶的王阳明生前没有预料到的。

那么王艮对阳明心学的发展体现在什么地方呢？我们刚才讲到，阳明心学最终完善了“心即理”的哲学命题，有着重大的哲学史和文化史意义，自此出现了将“人欲”“人性”同“天理”融合而不是对立起来的倾向，这就等于给宋元以来程朱理学覆盖了几百年的一块铁板上揭开了一道缝隙。王艮在这个维度上深翻细挖，将这个缝隙越发扩大。他进一步发挥说，不光“心即理”，而且百姓日用人伦、穿衣吃饭都是“理”。那么何为“百姓日用人伦”呢？对财富的追求，对爱情的追求，甚至单纯对性爱的追求，这都是“百姓日用人伦”。王艮提出，这些对于财富、爱情，甚至对于性爱的追求都是具有合理性的。不难看出，这样的说法同程朱理学之间存在相当大的差异，甚至可以说是针锋相对的。

四民之末

这里我们要思考一个问题：为什么这个重要的哲学观点和它所引起的社会文化思潮变动偏偏在王艮身上出现呢？其实我们一直在问类似的问题：为什么偏偏是儒家？为什么偏偏是董仲舒？为什么偏偏是宋朝？我们想说的是历史、文化的选择问题。为什么历史、文化选择王艮这个普通的商人成为这个思潮的代言人？

这要从商人阶层的崛起说起。从社会发展史的角度来说，这同明中期以来资本主义萌芽出现有关。这个说法现在有些陈旧了，很多学者——比如台湾的龚鹏程先生——反对这种说法，认为这谈不上是“资本主义萌芽”，其生产力和生产关系不是资本主义的。这里我们姑且借用这个稍微陈旧的概念，我们想要说明的是，在明代中期以后，确实出现了由市场需求、经济杠杆调控社会运行的情况。这样的情况产生了一种效应：商人阶层的崛起，即商人阶层的社会地位和大家对商人的价值判断产生了根本性的变化。

商人阶层的崛起说来话长。中国上古有“四民”之说，即四种主要的行业“士、农、工、商”。“士农工商”是有着严格的排序的，代表着社会的最高阶层到最低阶层。第一个阶层是“士”，所谓“万般皆下品，唯有读书高”。我一直有一个判断：“中国古代社会”从一定意义上来讲就是“中国古代文人社会”。把文人看明白了，中国古代社会也就看得差不多了。第二个阶层是“农”，中国一直是农本主义国度，农耕文化占据绝对优势，所以尽管“农”没有过上多少好日子，但是这个群体的社会地位一直比较高。第三个阶层是“工”，作为同农业配套的手工业，他们排在农业之后，成为第三个阶层。社会的最底层就是“商”。一个商人有可能富可敌国，但一个家徒四壁的穷秀才照样可以看不起你。人家站在第一阶层，是士，你是第四阶层，是商啊！“重文抑商”“重农抑商”是中国古代的基本政策之一，商人历来遭受严重歧视。比如明初法律规定：商人要穿黑色衣服，从服饰上同其他阶层区分开来；商人不得与社会其他阶层通婚；商人不得参加科举考试等。这些措施后来不一定都严格落实，但已经充分说明了商人地位之低下。

仙女开始嫁商人

明代中期以后，这些束缚开始大幅松动。这种松动既表现在社会现实层面，同时也折射在我们要讲的一些古典名著，特别是小说当中。我们先从社会现实层面举例说明。明代中期，苏州有位富商张冲，特别喜欢各种新奇款式的服装。久而久之，每天他出门都有很多人围观。十天半月之后，苏州城就开始流行张冲穿的新款时装。苏州是当时的经济中心，其地位相当于今天的上海。再以苏州为中心辐射出去，两三个月之后，大江南北都会流行张冲的新款时装。

由此我们可以分析出两点。第一点，时尚潮流的话语权已经从文人阶层开始向商人阶层大幅度倾斜与转移。我们刚刚说过，文人一直处在社会各阶层的顶端，所以时尚潮流一直都是由文人引领的。比如宋代中后期是谁引领时装的潮流呢？我们前面讲过，大文豪苏轼嘛！有一年汴梁东京城天气非常寒冷，苏轼就裁剪了一种新款式的、御寒效果更好的毡帽戴着上朝。用不上三天，没有人组织，没有人号召，文武官员都戴着苏轼同款毡帽上朝，而且名之曰"子瞻帽"——如果谁要是不戴这种新款的毡帽那就 out 了。但是现在，处在社会最底层的商人开始有这方面的话语权了，这意味着商人的形象和地位发生了根本性改变。他们已经获得比较多的社会认可，那么，就必须在文化层面发出自己的声音。

第二点，从社会心理学的层面来看，对张冲新款时装的竞相效仿也说明大众的商人形象认知发生了根本性变化。拿今天来说，年轻人也有喜欢这个明星喜欢那个明星的。当你喜欢一个明星，你要弄和他差不多的发型，跟他穿差不多的衣服。这说明这个明星在你的心目中是值得敬佩的、正面的，甚至是完美的，然后你才愿意去学他的打扮穿着。明代也是如此，大家都去学商人张冲，那就说明商人是正面形象，他们已经从社会最底层脱颖而出，某种程度上可以和第一阶层，也就是士阶层平分秋色了。

这些社会心理层面上的巨大变化折射到文学创作当中，我们也看到了相应的变化。明代中期之前，文学作品中的商人形象是什么样呢？百分之九十甚至百分之百都是负面的。比如白居易的《琵琶行》里面对商人的基本定性："商人重利轻别离，前月浮梁买茶去"，文学作品中几乎没有塑造任何商人的正面形象。不光是精英文人阶层的文学创作，就是通俗小说、民间传说、神话故事中也是如此。大家可以回想一下神话故事、民间传说，仙女或精怪要到人间来找个好男人嫁了，她们首先会选择什么人呢？百分之九十以上会选择书生和秀才。第二位的选择是什么呢？农民。七仙女下凡嫁给董永，董永是农民；织女下凡嫁给牛郎，牛郎也是农民。我们没有看到过一位仙女或者精怪哭着喊着要嫁给商人的吧？但是到了明代中期以后，仙女嫁给商人的事情就出现了。

《二拍》当中有一篇《叠居奇程客得助》，一个姓程的商人路遇一位美女，美女哭着喊着非要嫁给他。结婚之后他慢慢发现自己的妻子有超自然能力，这才盘根问底，知道了事情真相：原来妻子是海龙王的女儿。由于龙女可以预知未来，比如说明天哪个东西涨价，后天哪样货品赚钱，她就可以帮助程客囤积居奇，牟取暴利。这样的情节在明代小说中并不少见，商人开始被刻画成正面形象。大家既承认商人追寻财富的合理性，也把高尚品德、真挚感情、奇异运气赋予商人。

大家可能听过一首流行歌曲，歌名叫《找个好人就嫁了吧》，我这一讲谈这个中国文化史上出现的新情况，改一个字，就叫《找个商人就嫁了吧》。接下来我们讲两篇小说作为证据，一篇出自“三言”的《卖油郎独占花魁》，一篇出自“二拍”的《转运汉遇巧洞庭红》。

第 21 讲

找个商人就嫁了吧（下）

《卖油郎独占花魁》是“三言”中的名篇，被选入著名选集《今古奇观》以后，更是广为人知，各地戏曲曲艺舞台上几乎都有这出戏，而且常常是压轴大戏。从情节来说，这是一个“屌丝逆袭娶女神”故事的古代经典版。这里我用了几个网络词汇，赶一下时髦，其实“屌丝”这个词我不喜欢用，也不建议大家用这个词，偶一为之而已。

多情重义卖油郎

先解释一下“花魁”。“花魁”不是人名，是指“花中魁首”，也就是挂头牌的名妓。这个女孩儿的名字叫莘瑶琴，北宋末年汴梁人氏，因为金兵入侵，二帝蒙尘，兵荒马乱，她随家逃难，路上被邻居拐卖到了妓院里头。莘瑶琴非常美貌，品性贞烈，不肯从事这个龌龊的行当。小说在这儿有一段描写很有意思：妓院的老鸨请了一个专业水平特别高的老太太来开导莘瑶琴，讲妓女从良，居然把从良分成了八种情况：有真从良、假从良、苦从良、乐从良、趁好的从良、没奈何的从良、了（liǎo）从良和不了（liǎo）的从良，从头到尾，像一篇很严谨的学术论文一样，终于把莘瑶琴说动了，同意挂牌接客。

老鸨给她起了一个花名叫王美娘，一时之间，临安城都知道有这么一位绝色美人，跟她春风一度，要付缠头钱纹银十两，这在当时是天价呀！“花魁娘子”这个名字就是这么来的。莘瑶琴流落风尘，操持贱业，社会身份相当低下，但是因为交往的都是达官贵人、王孙公子，生活状态肯定也是锦衣玉食、富丽堂皇。她和一个卖油的小贩儿本来是不应该有什么交集的，结果居然“卖油郎独占花魁”，这到底是怎么回事呢？

提醒大家注意卖油郎的名字——秦重，“秦重”谐音“情重”或者“情种”，这说明在创作这个故事的时候，首先把他这个人重情义的品质放在了第一位。这就是我们上面说的，商人在文学作品中开始成为正面人物，很多优秀品质都被赋予了他们，这在明代中期以前的文学作品中是看不到的。

秦重也是汴梁人，因为躲避战乱，一个人漂泊到南方，被一个姓朱的老头收养为义子。这个朱老头在临安开了一间油坊，秦重跟着在油坊里忙活，结果被油坊里另一个伙计进了谗言，因此被他义父撵了出去。但朱老头也没完全断情绝义，给了秦重三两银子，让他自己出去活命。于是，秦重成了一个走街串巷、挑着挑子卖油的一个小商贩，创了个小品牌叫作“秦卖油”。其实我们称他“商人”是抬举他了，他这样的小商贩搁现在就属于见了城管扔下油挑子掉头就跑的那种。这么一个小商贩，天天苦苦巴巴，生活非常拮据，他是怎么和当红名妓莘瑶琴之间产生交集的呢？

如段誉爱上王语嫣

和他“工作性质”有关。秦重挑着油挑子四处走，有一天路过妓院门口，远远看见一乘小轿，两个丫鬟搀扶下一个如花似玉的美女。秦重远远看了莘瑶琴一面，如中雷击，当场就愣在那儿，想不到世界上居然有这么美的女孩子！这感觉就像什么呢？就像《天龙八部》里边段誉看见王语嫣时那种感觉——惊为天人啊！从这儿开始，秦重就对花魁娘子动上心思了。花魁娘子和王语嫣有一点不同：花魁娘子是有身价的。秦重一打听，想和花魁娘子有一点儿亲密接触的话，得花十两银子。十两银子对秦重来说是天文数字啊，一天下来挣那么一钱八分银子，十两银子得什么时候能凑上啊？但是乐观一点儿，每天攒一分银子，一年就是三两多，三年不就凑上十两银子了吗？从此开始，为了自己的爱情辛勤工作，节衣缩食，一年多下来，秦重一算，居然赚了十六两银子，这就够了给花魁娘子的缠头之资了。秦重买了一身斯文的衣服，好好打扮了一下，带着银子来到妓院。

当然，想见当红的花魁娘子没那么容易，好不容易赶上花魁娘子有“档期”，把他让到花魁娘子的闺房里面，结果莘瑶琴倒是回来了，但因为之前到一个大户人家去陪酒，喝得酩酊大醉，倒在床榻上人事不省。我刚才为什么说秦重对花魁娘子的感情就像段誉对王语嫣的感情呢？大家看《天龙八部》里段誉对王语嫣的感情最真挚动人的部分，就是当王语嫣问段誉：“段公子，你对我这么好，甚至不惜性命救我，你对我有什么要求吗？”段誉回答：“我只要每天看到姑娘脸上有笑容，那就是对我最大的回报了！”这其实很有点儿像秦重对莘瑶琴的感情——敬若天人。能有机会看见女神躺在自己眼前睡觉，那是多么美的享受啊！一点儿亵渎的念头都不敢有。

莘瑶琴睡到半夜，酒力不支，呕吐狼藉。秦重一看，闺房里这么漂亮的被子，女神身上这么漂亮的衣服，呕吐上去多煞风景，赶紧拿自己的衣襟把莘瑶琴呕吐的东西接住，收拾起来，又给莘瑶琴倒了茶水，服侍她安歇。就在这儿美美地、足足地看了莘瑶琴一夜，盼着这一夜永远过不完才好。这种真挚的情感不光莘瑶琴感动，我们听了也是很感动的。

童话般的大结局

莘瑶琴第二天早晨醒了，迷迷糊糊，不知昨晚发生了什么，怎么房间里有个人呢？秦重老老实实把情况说了：“我就是经常来这里的那个卖油郎秦重，姑娘你昨天喝醉了，呕吐狼藉……”如何如何……莘瑶琴想起来了，心里非常感动，也非常不是滋味儿。这个小伙子真是至诚君子，可他这个卖油郎卖的是“食油”，不是石油啊！一天下来攒一点儿零钱，十两银子得攒多久啊！本来是希望昨儿晚上跟我亲热一点儿，结果你看人家这俩钱儿花的！一时间，两个人相对无言。

秦重一看天色大亮了，跟莘瑶琴说：“姑娘！我要走了。”莘瑶琴忍不住问了一句：“那你什么时候还来呀？”秦重心里一酸，最快也得明年了！心里想：这十两银子我攒了一年多，要再攒够那最快还得一年多呀！莘瑶琴也明白了，把秦重叫回来，从自己私人的小箱子里拿出了二十两银子：“你辛辛苦苦买了件好衣服，我吃醉了酒，呕吐狼藉，这点儿钱就算赔你的衣服吧！”莘瑶琴是怕秦重不收，故意说赔他的衣服钱。秦重哪里想到会这样啊！自己攒了一年的钱，就是为了来看看心目中的女神，就算自己风餐露宿，雨雪奔波，那也都值了，哪儿承想自己还赚了十两银子！千推万推，一直到莘瑶琴假装大怒，这才吓得他赶紧把钱收了起来。

这个细节说明莘瑶琴对秦重的人品心术已经有了非常好的印象，但是还谈不上爱情，更不会想到在他身上寄托自己的归宿。秦重毕竟是个小商贩呀，跟自己交接的土豪、白领、“官二代”“富二代”不知有多少，还是得从他们里头找从良的对象！作者把莘瑶琴这段心理活动描写得相当细腻清晰，接下来又在交际场厮混了一段时间，莘瑶琴慢慢发现了，“官二代”“富二代”的山盟海誓不可靠，白领、文艺青年的甜言蜜语也不可靠，土豪、财阀的花言巧语就更不可靠了。特别是有一次，一位姓吴的知府公子非要见这位花魁娘子，莘瑶琴早就听说这位公子粗俗霸道，想方设法躲避，结果被硬生生绑架到西湖游船上。莘瑶琴抵死不从，吴公子勃然大怒，让人把莘瑶琴的鞋脱下来，让她光着一双小脚自己走回去。无巧不巧，秦重挑着香油从那儿路过，看见女神被人欺负成这样子，非常心疼，便雇了顶暖轿将她送了回去。

到了这个地步，莘瑶琴明白了：什么达官贵人、王孙公子、文人秀才，论有情有义，都不如眼前这个卖油的小商贩。她终于下了决心要嫁给秦重。可怎么嫁呢？作为当红名妓，她的赎身银子会是一大笔钱。但是我们看“三言”名篇《杜十娘怒沉百宝箱》，杜十娘爱上李甲，逼着李甲借钱给自己赎身，其实那是为了考验李甲对自己的爱情，她自己百宝箱里的每件东西都比赎身钱不知贵重多少倍。杜十娘、莘瑶琴这个级别的名妓，她们的私房钱都是相当可观的。在《卖油郎独占花魁》里，莘瑶琴没有必要考验秦重了，她把体己的箱子打开，拿出一大笔钱给自己赎身。从此以后，她换下绫罗绸缎、华美衣裳，穿上荆钗布裙，嫁给了这个小小的卖油郎，然后，他们像童话里面说的那样，“幸福地生活了一辈子”。

《卖油郎独占花魁》的故事不算复杂，但历史文化意涵非常丰富。它可以说明商人阶层崛起以后，社会价值观念相应发生了巨大的变动，把商人当成正面形象来书写已经开始变为常态。我们把之前从来不肯赋予商人的美好品德——真挚厚道、重情义、懂感情等——现在都赋予了商人，秦重的形象和白居易诗中“商人重利轻别离”那种对商人的定位完全不同。商人的社会地位大幅提高了，就必然要找到自己的“文化代言人”，在文化思潮层面发出自己的声音，这个代言人就是王艮。

这个时期商人还有什么奇遇呢？“百姓日用人伦”不只是爱情，单纯对金钱财富的追逐，大家也表示格外宽容和欣赏，而不是纯文人视角那么清高。下一讲我们来说一个财富故事，来自“二拍”的《转运汉遇巧洞庭红》。

第 22 讲

“倒霉蛋儿”传奇

《转运汉遇巧洞庭红》[1]，我们就从“转运汉”三个字说起。这故事的主角姓文，名实，字若虚，我们就简称他文先生吧。他现在的外号叫“转运汉”，但之前他叫“倒运汉”。为什么呢?

买点儿橘子充商人

这位文先生原本也是读书人，读书不成，转而从商，做些投机生意。结果几年下来，做了不少行业，赶上的全是些倒霉事儿。比如说开个肉铺卖点儿猪肉，猪肉开始大幅度跌价，羊肉涨价了，那赶紧做羊肉生意吧，结果猪肉涨价，羊肉又跌价了。再比如听说什么地方粮食价格高，赶紧弄一些粮食赶去卖，

① 书中涉及的故事均为课堂口述，与原著略有出入。

结果遇到天降暴雨，把道路给冲断了，等到半个月以后赶到市场，价格大跌，赔得血本无归。又听说扇子好卖，弄了好几车扇子，又是赶上大雨，扇子都潮了，只好扔掉。这位老兄做了若干种生意，一分钱没赚不说，还把本钱都赔光了。想创一个这样的记录也不容易呀，大家就给他起了个外号，叫“倒运汉”，就是倒霉蛋儿的意思。

文若虚没有了本钱，做不成生意，只好五湖四海飘来荡去，这一天来到福建泉州。把故事的发生地设在泉州，这是有真实社会背景的。明中期以后，有几大对外贸易出海口，泉州是当时规模最大的一个。文若虚在泉州街头闲逛，遇到了自己当年做生意时结识的一个商人朋友。文先生做生意运气不好，但是人品好，心地厚道，所以圈子里的人尽管知道他倒霉，但也都愿意跟他交往。所谓“他乡遇故知”，两个人嘘寒问暖。朋友问文若虚：“一别数年，老兄近况如何呀？”“这不是嘛，上次见面时候自己本钱还有一半，这几年经过艰苦努力，已经全都赔光了。你怎么样啊老兄？”这位商人朋友说：“哎呀，我的情况有点儿变化。之前我一直做国内贸易，现在转做海外贸易了。我组织了一个商团，几十个商人，每人出一笔钱，租了一艘大海船，将货物装船之后，在海上航行十天半个月的，就可以到达东南亚的某个岛国。从中国贩卖货物到那边，能有五倍左右的利润。老兄你既然赔光了本钱，无所事事，不如就坐我这艘大海船出趟国，旅旅游，散散心算了，一应费用我来支应。”

人家一番好意，想请文若虚免费坐船，厚道的文若虚一开始还拒绝了。他说："你看，你们各位都出了钱租船，我没有本钱，不做生意，我心里过意不去，脸上也不好看啊！”那位商人朋友想想也对，问文若虚："你身上还有多少钱哪？”"还有一两银子吧。”"那你用这一两银子到街面上去买点儿东西，买点儿便宜的、体积大的东西，比如爆米花什么的。虽然不值钱，但看着很充数，说明你也是出去做生意的，这样不就好看了吗？”

文若虚想想也对，道了谢，上街买东西去了。在一家水果店看到一种青色的橘子："这橘子叫什么名字呀？”老板说："这种橘子叫洞庭红。”文若虚听了不大高兴："老板你做生意怎么能骗人呢？这橘子叫洞庭红，怎么都是青色的，一点儿红色都没有呢？”老板说："这个客官你就外行了，我们不能等橘子全红了才卖，那样几天卖不掉就都烂了。橘子现在是青色，再放十天半个月橘子就全红了。”文若虚一听有理："那一两银子能买多少呢？”老板一算："那能买不少，几十斤吧。”文若虚买了一筐橘子，带上了船。

文若虚为什么要花钱买这个橘子呢？我们刚刚讲过，这位文先生人品厚道，他觉得自己不花钱"蹭"人家海船坐，自己哪能真的买一两银子的货物出去换几两银子呢？海上航行淡水紧缺，买这一筐橘子大家路上口渴的时候吃了就算了，就当是还人家一个人情吧！文若虚想法不错，可是几十个商人，几百种货物，大海船上下好几层，搬来摆去，他这橘子就不知道放哪儿去了，一路上谁也没想起来吃，连他自己都把橘子的事给忘了。

十天半个月之后，海船到了东南亚岛国，靠岸卸货。卸到一半，就闻到一股扑鼻异香。谁带的货物这么香啊？大家翻来翻去，在一间船舱的角落里边发现了这筐橘子。打开一看，果然像水果店老板说的一样，橘子完全成熟了，红彤彤的像彩霞一样，而且香气袭人。大伙儿说："文先生，你的心意我们领了，这橘子现吃也来不及了，那就搬到岸上卖了吧，卖多少算多少。"文若虚一想觉得也对，把橘子搬上岸往地上一倒，红彤彤的一大片，离着大老远都能看见，真不愧"洞庭红"的好名字。

一点儿也不黑心

这个岛国的居民没见过这种又红又香的橘子，都围上来问："这个多少钱啊？"文若虚是厚道人，做生意也不黑心，如实告诉人家："一两银子——一个。"这还不黑心呢！文若虚懂得做生意的规矩，物以稀为贵呀，这叫奇货可居。这个岛国的居民也比较富裕，看见海外来的新奇货物，也有买三个的，也有买五个的，还有人吃了觉得不错回来又买。没有多长时间橘子就卖出去了三分之二了，算一算银子也赚了二三百两了。这是文若虚做生意以来第一次赚钱，看到这么多的钱乐得嘴都合不上了。同船的商人都说："还得是人家读书人，就是眼光独到，知道什么东西好卖赚钱。"

文若虚正卖到兴头上，突然远处跑来一骑快马，马上一个官府打扮的人高声喊叫："国王有旨，不准再卖啦！"文若虚一听，心里"咯噔"翻了个个儿：这回又赶上什么倒霉事儿啦？搞不好赚点儿钱又要出问题。马上人走近下马，表明身份，原来是王宫里采买东西的宫人。这位宫人刚才已经买了几十个橘子带回到王宫，国王、王妃吃过都觉得味道不错，于是派他来把剩下的"洞庭红"都买回来，所以刚才才说不让文若虚再卖了，可以多给钱，把剩下的洞庭红"包圆儿"。可是谈到多出钱又有了说道啦，这个岛国也用白银作为货币，但是币值的规定同中国不同。他们银子的价值不完全看重量，还要看银子上刻的花纹。刚刚文若虚的橘子一两一个，是刻水草纹的。这种银子的币值是最低的，币值最高的是刻有龙凤纹的银子，一两大概相当于五两水草纹的银子。宫人说了：你刚才一个橘子一两都是水草纹的银子，我们王宫采买，多给钱，每个橘子给一两龙凤纹的银子。

我们刚刚说过，文若虚虽为人厚道，但智商不差，能抓住商机——对于咱们人来说，龙凤纹和水草纹的银子没有区别呀！文若虚说："您也不用给我龙凤纹的银子，每个橘子给我三两水草纹的银子就行。"宫人一听很高兴，自己省钱了，对方还多赚了，这不就是"双赢"么？就这样，文若虚把剩下百八十个橘子都卖给王宫了，又有几百两银子进账。最后这一筐"洞庭红"卖了多少钱呢？整整一千两银子！文若虚一本万利，赚了这么大一笔钱，那一圈商人朋友都围上来："文兄啊，你看你做生意赔了这么多年，商场上都叫你'倒运汉'，今儿终于赚大钱了，外号可以改了，叫‘转运汉’吧！”题目中的“转运汉”就是这么来的。另外，大家还给文若虚出主意：“既然您都有这么大本钱了，为什么不在这个岛国购进点儿货物运回中国贩卖呢？要知道，从中国带到岛国的货物可以有五倍的利润，反之，从岛国把货物带回中国也有五倍的利润呀！如果您采办一千两银子的货物，回到中国之后那不就值五千两了么？”

这建议不错，但是文若虚另有想法。他觉得，自己这么多年来头一次赚钱，外号也从“倒运汉”改成了“转运汉”了。人哪能那么贪心，赚了一千两又要想赚五千两呢？本着知足常乐的想法，文若虚没有听从商人朋友的建议，带着一千两银子踏上了回国的航程。

要五千，给五万

可想而知，这回他的心情跟来的时候大不一样了，也有闲情逸致了，路上每逢海船靠岸，他就到海岛上闲逛游玩。一天，在一个荒岛上文若虚看到了一个奇特的东西——一个巨大的海龟壳，据说有半间房子那么大，但是薄薄一层。文若虚一试还能扛走。他站那儿想：自己也算是出了趟国，也没买个明信片、纪念品什么的。如果回到家，亲朋好友问自己有什么证据证明自己出过国，自己也没有啊！这个海龟壳这么大，中国没有，正好可以做个见证，于是他就把这个巨大的海龟壳搬上了海船。

海船回到了泉州港，有人在港口迎接他们。什么人呢？一位波斯商人。波斯商人的形象在中国古代小说、民间故事里常常出现，这些波斯商人都不单是商人，他们大都经过专门训练，承担着另外的任务——寻宝。郭德纲、王玥波分上下本说这个单口相声，题目就是《波斯寻宝》。这次迎接这只商船的就是一位波斯商人。他招呼众人下船，设宴款待，接风洗尘。这么多人坐一张长条桌子，座次怎么安排呢？人家商人圈子有自己的规矩——按照携带货物的价值大小来安排，比如一位商人携带了一万两的货物，最多，那么他就坐首席；另一位九千九百两，坐在次席，以此类推。由于没有携带任何货物，文若虚给排到了宴席最末一位，离人家主位老远，人家说话声音小点儿自己都听不见。文若虚觉得自尊心受到了打击，有点儿后悔，早知道应该听大伙儿的建议，置办上千八百两的货物也不至于坐到这个位置上啊！

宴会结束，波斯商人登上海船，点看货物，选择购买。他东看西看，忽然一回头，就看到了大海龟壳，赶忙问："这件宝货是哪位先生带的啊？"大伙儿说："喏，就是刚刚坐桌子最那边那位文先生的！"波斯商人一听这话，上前给文若虚深施一礼："哎呀，对不住啊文先生，在下有眼不识泰山！现在别的货都不看啦，我们上岸，我重开一个比刚刚高档几倍的宴席，再次给大家接风洗尘，请您坐首席！"文先生坐上首席了，再笨的人也知道自己肯定带了什么宝物了。但是到底是什么宝物呢？不知道；一会儿人家问起来想买，自己怎么开价呢？也不知道。

果然，酒过三巡，菜过五味，波斯商人再三道歉，最后说了：“文先生，我想买你的这个宝贝啊，您开个价钱吧！”文若虚没有办法，只能乍着胆子伸出了一只手说：“五千两。”为什么是五千两呢？第一,五千两是文先生能梦想到的最大财富了；第二，那些商人也给他了一个心理暗示，从那个岛国采购一千两的货物回来后就可以卖五千两。一听文若虚举起一只手说五千两，波斯商人火儿了，把衣服一甩：“文先生，我这么真诚地向您道歉，这么真诚地想买您的这件宝物，你开这么低的价钱，不就是成心不想卖给我吗？”敢情是人家嫌价钱开得低了！文先生只能说实话了，自己确实不知道是什么宝贝，既然你嫌出价低了，那好吧，你给开个价钱吧！波斯商人说：“我刚刚算了一下在泉州的全部财产，自己在银铺中大概存着三万两白银，存银子的那几间银铺也是我开的，还有五六家当铺，七八家高级酒店，二十来处别墅，这些不动产还能折合两万两白银。我这五万两现金加不动产都给您了，中国的生意我也不做了，明天扛着海龟壳就回国啦！”

文若虚当然是大喜过望，要五千两，人家出五万两，这买卖上哪儿找去？马上签订合同，交割货物！在这之前，这些商人就围着问波斯人这海龟壳到底是什么宝物，人家波斯人不说，因为当时东西还不是自己的，商业机密不能透露，以免节外生枝。现在合同签订，货物交割，终于可以透露谜底啦。波斯人说：“这个宝物你们不认识，我们是从波斯接受过专业训练的！你们看着这是海龟壳，其实这是鼍龙的壳。所谓‘龙生九子，种种不同’，其中一种就叫鼍龙。这种龙长得很像海龟，长到一万年就会飞腾上天，留下这么一层蜕，这个薄壳中间按天地二十四气，有二十四颗夜明珠。这夜明珠拿回波斯，一颗就值五万两银子，所以您这是买一赠二十三！”这夜明珠是稀世珍宝，为什么这么说呢？鼍龙一万年才会飞天，留下这么一个壳，里面有二十四颗夜明珠。如果过一段时间不被人发现，可能就会损毁无踪。比如说一个人机缘巧合遇到了鼍龙，结果一打听，人家才五岁，这也等不起呀！波斯人带着夜明珠回国了，文若虚成了泉州首富，所以定居泉州，像童话里说的那样——“幸福地生活了一辈子”。

这就是“转运汉遇巧洞庭红”，故事并没有突破民间故事中传统的寻宝模式。虽然模式并不新鲜，但是故事中肯定了商人寻求财富、获得财富的合理性，在肯定故事主人公厚道朴素品格的基础上把好运气赋予了这个商人。以上两个例子都能说明：商人阶层的社会形象在这个时期发生了根本性的变化。这种变化不仅仅体现在社会现实层面，同时也在折射了社会现实的文学作品里面得到了非常充分的反映。这样的情况就形成了晚明个性解放思潮，形成了中国文化史上非常灿烂的一幕文化景观。

第 23 讲

王学左派俩狂人

作为一代文化景观，晚明个性解放思潮并不是王艮一个人、一句话就能够形成的，它既需要一个时间长度，也需要一批人来推波助澜。所以，本讲我们介绍两位王学左派的重要思想家，那就是有“狂人”之称的何心隐与李贽。

大预言家

在讲何心隐和李贽之前，先要介绍一本书，李国文的《中国文人的非正常死亡》。这是一本很有意思的书，李国文先生从屈原写起，一直写到“晚清四大谴责小说”之一《二十年目睹之怪现状》的作者吴趼人，总共写了几十位“非正常死亡”的著名文人。所谓“非正常死亡”，那就是自杀或者被杀，总之都不是寿终正寝。其中有两篇，分别是《何心隐之死》与《李贽之死》，看来“狂人”都是不容易得善终的，但他们到底是什么样的人呢？他们在王学左派当中又处在什么样的位置，有什么样的思想史贡献呢？我们来做一点儿简单的描述，至于更多细节和更激情的评论，大家可以去参看李国文先生的大著。

首先说何心隐（1517—1579）。第一个值得说的是，他本来既不姓何，也不叫心隐，他的名和姓都是改过的。我们之前讲过几次这种改名换姓的情况，柳永原名柳三变，金圣叹原名张采，他们各有改名换姓的原因。何心隐是什么原因变成现在的名字呢？

何心隐本来姓梁，名汝元，他改名换姓的原因和柳永、金圣叹都不一样。他是一个奇人，对未来有一种惊人的预见力。比如他曾经说过这样一句话："江陵必相，相必首毒讲学，毒讲学必首杀我"。什么意思呢？江陵，就是大政治家张居正，张居正是江陵人，这里是以籍贯称之。他说，张居正以后一定会做宰相，一旦他手握大权，必然要首先整治民间讲学的风气，而整治民间讲学的风气，必然第一个要杀我。因为有这样一个预见，他把自己的名和姓都改掉了，目的是和自己江西吉安永丰县的梁氏宗族完全脱离关系，避免自己将来遭到迫害牵累整个家族。这个预见是非常准确的，后面的事情完全像他预言那样发生了；而他自己被杀，确实没有牵累到整个家族。这有点儿像《水浒传》的宋江，宋江任郓城县押司的时候，尽管对父亲很孝顺，跟家里人关系都很好，但还是到官府做了公证，和家族完全脱离关系，目的就是自己将来一旦出事儿了，避免连累到家庭成员。何心隐这个做法跟宋江是非常相像的。

坐言起行

那么，问题出来了，为什么作为优秀政治家、一代伟人的张居正要杀掉何心隐呢？我们简单总结出下面几个原因：第一，何心隐说“江陵必首毒讲学”，可见何心隐“讲学”的影响力是相当大的。他在民间大肆宣讲“王学左派”的思想，而且讲得比自己的祖师爷王阳明、“次祖师爷”王艮还要激进得多，那必然会在民间引发剧烈的思想动荡，在一定程度上破坏了现行的思想秩序和文化秩序。第二，何心隐是阳明心学体系中“知行合一”做得最纯粹干净的一个。他有自己的社会理想，同时又把这些社会理想身体力行，在自己的梁氏家族当中搞了一种带有“共产主义色彩”的实践行动。比如他把梁氏宗族整合成一个单位，进行一定程度的互助分配。一个宗族里面有比较富裕的，也有比较贫困的，何心隐要求富裕人家把粮食拿出来周济穷人，做到粮食的互助平均分配。又创建梁氏宗学，家族内部的适龄儿童都到宗学里来免费上学，经费由家族成员共同承担；更不能为统治秩序所不能容忍的地方在于，他以宗族作为纳税单位，从一定程度上削弱、甚至是对抗人头税的盘剥压榨。这又是一个引起巨大争议的做法。

事实上，何心隐因为带领宗族抗交人头税，导致出现纠纷，出了人命案，早在他中年的时候就已经遭到官府的通缉，在外逃亡了将近二十年，晚年被湖广巡抚王之垣逮捕。还没有怎么审讯，王之垣就下令将其“立毙杖下”。何心隐明确指出：“公岂敢杀我，又安能杀我？杀我者江陵也！”对事情的本质他是看得很清楚的。

第三，何心隐还做了一件惊天动地的大事儿。嘉靖朝有一位中国历史上最大的奸臣严嵩，深受嘉靖皇帝信任，恩宠有加，地位不可动摇。但是何心隐就想了一个办法，使嘉靖疏远了严嵩。嘉靖皇帝信奉道教，常在皇宫里召集道士，乌烟瘴气地作法炼丹。何心隐找到了一个深受嘉靖皇帝信任的道士蓝道行，密谋以后，安排了下面这样一幕很有戏剧性的场景：蓝道行作起法术，神灵附体，告诉嘉靖皇帝，马上就有一个奸臣要来求见。嘉靖问这个奸臣是谁，神灵不回答，说“天机不可泄露”，可话音未落，严嵩报名，要求觐见，那就和神灵的预言对上口径了。所以，嘉靖皇帝开始怀疑、疏远严嵩：此事从一定程度上最终导致了严嵩权力集团的溃败。何心隐导演的这一幕戏，张居正应该是清楚的，对何心隐的手段自然怀有戒心。在一定程度上，这也是他间接杀掉何心隐的最重要的原因。

从这几个角度讲，何心隐既是一个“狂人”，也是一个奇人。我们常常讲，中国古代的读书人一点儿也不欠缺坐而论道的能力，但是欠缺坐言起行的能力。何心隐不管是介入朝廷的权力斗争，还是推行原始共产主义色彩的社会实践，都跟一般的文人大不相同，所以比他晚一点儿的另一位大思想家李贽就非常称赞何心隐，说“这个老先生有推倒一世之勇气，我自愧不如”，这就完全看得出来何心隐在思想史上的地位。

谁钉上了最后的棺材钉

关于何心隐之死，我还有几句话要补说。何心隐到底是不是被张居正授意杀掉的？张居正在这个事件里面扮演什么角色？史料中争议不少。关于这一点，李国文先生在《何心隐之死》中有一段非常好的议论：

> 在旧中国，知识分子的最佳状态，就是不思不想，不痛不痒，万寿无疆，皇恩浩荡。千万不要生出离经叛道，与当局主张不同的政见，更不能造反作乱，做出什么与统治者政策迥异的行径。梁汝元被追杀，被砍头，被湮没，就因为他想改造社会，就因为他想体现个人价值。那还了得，不但为朝廷不容，也为那些死面疙瘩不容，于是乎上下一致，将其脑袋瓜子摘了下来，头脑没了，思想也就没了，皇帝老子睡得着觉，死面疙瘩也欣欣然觉得天下太平了……因此，梁汝元虽是一粒微细的沙子，可是在统治者和死面疙瘩的眼睛里，是绝不能存在的，他被干掉，那是早晚的事。
>
> …………
>
> 如果……能够有机会了解……有一位名叫易卜生的剧作家，创造出“结实的多数派”这样一个词汇，也许就不这样殚思竭虑地寻找杀人凶手了。还用得着大伤其脑筋

吗？不论其为谁杀，如何杀，有一条可以肯定，不是万历杀，也不是张居正杀，而是那些大大小小死面疙瘩所组成的“义勇军”，将其送上法场的。何心隐之死，就是死在了这些“结实的多数派”的手中。

…………

无数的历史事实证明，群众和群氓，在某些特定场合，这一字之差的界限，有时并不存在。呼啸的多数人，声音可以惊天动地，但并不必然拥有真理。……群众运动，一旦成为无法控制的变数，那便是一场可怕的劫难……

…………

因此，到底是谁给何心隐的棺材，楔进最后一个钉子，既无从查起，也无关紧要；只是易卜生所创造的这个词汇，却给人们留下了永远的思考。

这一段议论实际上从另外一个层面揭示出何心隐冲决封建社会秩序的巨大勇气和影响，而且借古讽今，值得深思。

剃刀一划而过

接着何心隐，我们再说比他名气、影响更大的李贽，我们从他的大结局说起。李国文在《李卓吾之死》这篇文章的开头是这样写的：

李贽终于趁着剃头师傅转身时，拿起那把剃刀，顺手从自己颈项间一抹而过。顷刻间，血喷如射，四处飞溅，那位待诏以及在场的狱卒，对这意想不到的突然事故，简直来不及反应，都吓呆了，干站在那里。

他，神色不变，还是那副淡淡的，甚至有一点儿讥诮意味的笑容。

这自然是隔了数百年后的臆测，但也是这位老人势所必然的表情……

…………

这是发生在万历三十年（1602）春天北京的事情。这年，李卓吾已经七十五岁，如此高龄的自刎者，若放在当代，可以申请吉尼斯世界纪录。老夫子在死亡线上折腾了两天以后，终于因为喉管被割的缘故，在无法言语的难堪沉默中，与世长辞。呜呼！大师远行，凡尘两隔，再也听不到他那闽南口音的刺耳之声了。农历三月的北京，那应该是一个风沙飞扬的天气，应该是一个天昏地暗的日子。我想，在这个众人都不敢说“不”的国度里，这是送别大师的最好场景。

这里还可以补充两个细节。第一，剃头师傅问李贽：“和尚痛否？”——李贽长时间住在佛寺里，剃发，是一种半出家的状态，所以别人也称他“和尚”。这时候李贽已经不能说话，用手蘸着血写了两个字："不痛。"剃头师傅又问："和尚何自割？"李贽又写："七十老翁何所求。"第二个细节格外让人感到尴尬：李贽是著名的洁癖患者，但他的最后两天是在难堪的肮脏污秽中度过的。《红楼梦》咏妙玉诗云"太高人愈妒，过洁世同嫌"，人生常常都是这样嘲弄、恶毒的。

李贽为什么要以七十五岁高龄创造吉尼斯自杀记录？接着看李国文先生的文章：

> 李贽，福建晋江人，原姓林，有色目人血统，到他祖父一代已完全汉化。嘉靖三十一年（1552）乡试及第，也就是俗称的中了举。嘉靖三十五年，离开老家，携家眷到河南辉县任教谕一职，约相当于县教育局的督学。嘉靖三十九年迁南京国子监教官，大概是个什么教研室主任之流，也是个闲差……
>
> 所以，李贽自及第以后，不算怎么走运，先是丁父忧，后是丁祖父忧，忙于出缺奔丧，即使得到一官半职，也是在清水衙门坐冷板凳，仕途很不顺畅。直到1576年，才调任云南姚安（即前不久发生地震的地区）当知府，这才有一点儿俸禄外的灰色收入，使口袋稍有充盈之感。此公熬煎了二十四年，像一首流行歌曲唱的那样，"等得太久太久"，实在是相当的不耐烦。换个别人，也许认命，但他，很不愿意如此按部就班，从体制内循序渐进上去。他肯定会骂娘的，"熬到出头之日，还不得到驴年马

月？”所以，他的“逆潮流”的思想和说“不”的行动，一是他的天性狂狷所致，二也是一生遭际所赐。

最重要的思想旗帜

这种现实原因结合他的大胆叛逆思想，形成了一套离经叛道、惊世骇俗的理论，其中有这样几个主要观点：

第一，“不以孔子之是非为是非”。李贽说，《论语》也好，其他的儒家经典也好，都是后人演绎，甚至胡扯出来的，那些所谓的神圣思想都很不可靠，孔子以为对的不一定就是对的，孔子以为错的也不一定就是错的。在程朱理学占据思想高地的情况下，这种议论当然是惊世骇俗的，很难为世人所接受。但李贽讲得既有一定道理，有些话又讲得非常风趣。比如李贽有一篇有意思的小文章《赞刘谐》。他说，我的朋友刘谐喜欢开玩笑，跟别人谈到孔子的时候，常拍着胸脯说“我仲尼兄如何如何”。有的老学究就很不高兴：“老兄啊！天不生仲尼，万古如长夜，你老兄有什么资格跟孔夫子称兄道弟呢？”刘谐说：“天不生仲尼，万古如长夜，难道尧、舜、禹这些圣人都一直活在黑暗里头吗？”老学究被反驳得哑口无言。李贽对刘谐的这种说法大加赞赏，其实刘谐未必实有其人，这或许是李贽自己的看法，借刘谐之口讲出来而已，这叫作文人的“故弄狡狯”。

第二，李贽撰写了一部著名的纪传体史论《藏书》，一共论述了从战国到元朝的历史人物八百人左右。他不以孔子之是非为是非，不以儒家传统之是非为是非，而是任凭自己的理念，对很多历史人物做出了惊人判断。比如儒家传统以为秦始皇是暴君，他却推崇秦始皇是千古一帝；儒家传统说武则天牝鸡司晨、妇人乱政，他却称赞武则天是政由己出、明察善断的圣后。《藏书》的出版和传播在当时也是激起了很强烈的思想震荡的。

第三，李贽写了一篇文章《童心说》。什么叫“童心”？“绝假纯真，最初一念之本心也”，就是完全摈弃那些虚伪的东西，摒弃后天环境给人带来的思想束缚，保存天性中最纯净的本来面目。这其实就是王阳明讲的“无善无恶心之体”。童心到底有什么样的好处呢？李贽说：“天下之至文，未有不出于童心者矣。”只要你有了童心，“诗何必古《选》，文何必先秦”，你随时随地写点儿什么，那都是好文章。不管是六朝骈文，还是唐朝的近体诗，不管是《西厢记》，还是《水浒传》，那都是天地间最好的文章。李贽的《童心说》常常是被我们当成文学理论来对待的，实际上它的意义远远超出了对文学的论述，更重要的是它后面埋藏了对思想史的这样一种解读，即“不以孔子之是非为是非”，动摇了看似坚实的“死面疙瘩”一般的思想秩序。

李贽从中年以后四处讲学，其中在湖北麻城讲学时间最长，来听讲者常达数千人，其中还有相当多的女性。我们知道，古代女性是很少有这种受教育的机会的，也很少会对这种高等教育产生兴趣，这就可见李贽的演讲产生了多大影响。当然，这种影响给李贽带来了巨大的负面效应，导致湖北地方官曾经七次驱逐李贽出境，更在京城将其以“敢倡乱道，惑世诬民”的罪名遭到逮捕，被关进诏狱，最终演出了高龄自杀的大悲剧。

今天看来，使李贽走向死亡的“敢倡乱道，惑世诬民”的罪名恰恰折射出其思想的巨大影响，尽管他坐言起行的勇气、知行合一的高度比不上何心隐，但他引起的思想震荡要远远胜出。我们将在后面讲到的晚明个性解放思潮的几位代表，汤显祖、袁宏道、冯梦龙，等等，他们的思想都直接、间接得到李贽的真传。从这个意义上讲，李贽堪称是王学左派后期最重要的思想旗帜。

“五不能”与“三不愿”

关于李贽我们还有一个小结尾值得说。李贽的学生、“公安三袁”之一的袁中道有一篇《李温陵传》。在文章末尾，他说：“有人问我，你愿意学李贽老师吗？能学李贽老师吗？”他回答得很有意思：“我当然非常喜欢李老师，但他身上有五个‘不能学’、三个‘不愿学’。”什么叫“不能学”呢？第一，李老师不管读书还是做官，都清节凛凛，操守高洁，而我们都是普通人，随波逐流；第二，李老师“不入妓女之室，不登冶童之床”，生活作风严谨，而我们这些俗人不能断绝情欲；第三，李老师学道能见其大，而我们都株守文字，不见森林；第四，李老师平生只爱读书，而我们压力山大，为生存所困；第五，李老师直气劲节，不为人屈，而我们性格怯懦，随来辄受。

这是五个“不能学”，还有三个“不愿学”：第一，李老师快意恩仇，爱则捧其上天，恨则贬其入地，不肯稍假通融；第二，李老师既已经辞官隐居，就应该披发入山，做个隐士，结果徘徊红尘，祸逐名起，不能决断，选择错误；第三，李老师不拘小节，沉溺口腹之欲，这是又一个“不愿学”。

袁中道作为李贽的亲信学生，他对李贽做出的判断是非常有意思的。五个“不能学”固然是表彰李贽，其实三个“不愿学”也是正话反说，似贬实褒。我们需要注意，晚明文人写文章非常有意思，常常以这种贬低的方式来夸奖别人，别有趣味和怀抱。

王学左派俩“狂人”何心隐和李贽接过了阳明心学的接力棒，长袖善舞，推波助澜，终于在晚明兴起了中国文化史上炫目的个性解放思潮，其中的奇人异事层出不穷。欲知这些奇人异事究竟如何，我们“留待下回，细细分解”。

第 24 讲

草包皇帝

从这一讲开始，我们正式进入晚明个性解放思潮。晚明个性解放思潮的出现除了我们前面讲过的社会、文化、思想层面的准备，还有一个因素必须交代，那就是晚明的政治生态。晚明，通常指万历年间，也就是明神宗朱翊钧在位的半个世纪左右的时间。须把这个时期的政治形态、文化政策说清楚，我们才能看到，个性解放思潮兴起在这个时期绝非偶然。

八年半上一天班

我们从明代的皇帝集群说起。台湾著名作家柏杨在他的名著《中国人史纲》中有一个非常好玩儿的判断，他说：大明朝十几位皇帝，百分之八十以上可以归入两类——恶棍型皇帝和草包型皇帝。我们前面讲过的朱元璋、他的儿子明成祖朱棣是恶棍型皇帝，他们爷俩儿之后的那些皇帝，除了仁宗、宣宗、孝宗历史评价较高，还有光宗，他只做了一个月的皇帝，年号都没来得及改，这个皇帝也除开不算，剩下来的基本上都是草包型皇帝了。草包型皇帝中，集大成者就是万历皇帝——明神宗朱翊钧。

其实万历朝前十年是国家发展、态势向好的一个阶段，史称“万历中兴”。但要注意一点，此时大明帝国的实际统治者并不是万历皇帝，而是大学士张居正。这并不完全是后人的追认，文献记载，有人谒见张居正，称他为“张相”，张居正断然否认，他说：“我非相，摄也。”“摄”者，摄政也，代理皇帝也，实际上的皇帝也。像张居正这一个字的更正，如果落在一个强势皇帝手里是足以抄灭九族的，但是当时万历年纪还小，事事都要依靠自己这位重臣、老师，就算他知道了，也不能拿张居正怎么样。

万历十年（1582），张居正暴病去世，万历亲政，第一件事就是清算张居正，下令抄张居正的家。有句话叫“墙倒众人推”，现在风向变了，皇帝不待见张居正了，地方官为了拍马屁，提前派重兵把张居正府第围了个水泄不通，人不准出，粮不准入。当钦差从北京磨磨蹭蹭走到江陵的时候，张居正家里已经饿死了十几口人，他的大儿子也被逼自杀，这个煊赫一时的大政治家身后是相当凄惨的。孔尚任在《桃花扇》里有几句名言：“眼看他起高楼，眼看他宴宾客，眼看他楼塌了。”曹雪芹在《红楼梦》里有著名的《好了歌注》：“陋室空堂，当年笏满床；衰草枯杨，曾为歌舞场。蛛丝儿结满雕梁，绿纱今又糊在蓬窗上。说甚么脂正浓、粉正香，如何两鬓又成霜？昨日黄土陇头送白骨，今宵红灯帐底卧鸳鸯。金满箱，银满箱，展眼乞丐人皆谤。正叹他人命不长，那知自己归来丧！训有方，保不定日后作强梁；择膏粱，谁承望流落在烟花巷！因嫌纱帽小，致使锁枷扛。昨怜破袄寒，今嫌紫蟒长。乱烘烘你方唱罢我登场，反认他乡是故乡。甚荒唐，到头来都是为他人作嫁衣裳！”古往今来都是如此，真是值得人仔细想想！

年轻气盛的万历皇帝清算了张居正以后，本来勤于政务，是想当个好皇帝的。但是接下来几年和文官集团的较量中，他发现自己总是处于下风。为什么呢？第一，对方人多，皇帝只有一个人一张嘴，文官集团人多嘴杂；第二，自己文化水平太差。人家那些文官都是两榜进士，多少年苦读圣贤书，一谈起什么事就引经据典，一大篇儿一大篇儿的理论，万历的文化修养根本就跟不上。他一个水平比较差的选手在绳子的一端，几百上千个高水平选手在另一端，这个拔河比赛怎么可能赢呢？几年下来，万历身心俱疲、万念俱灰，干脆从万历十五年前后以身体不好为由开始怠工、罢工。黄仁宇先生有一本著名的《万历十五年》，开篇就说万历十五年其实什么大事儿都没发生，但同时，它又是大明王朝走向灭亡的开始。这句话就是指万历皇帝本人状态而言的。

从万历十五年（1587）到万历四十八年（1620），三十三四年的时间里，朱翊钧一共只上过四次朝，平均八年半上一天班儿。这应该是相当出格的纪录了。越到后期，他怠工、罢工越严重，所以后代史学家给万历皇帝起了一个外号，叫作“六不皇帝”。“六不”，就是有六件该做的事情他不作——“不郊、不庙、不朝、不见、不批、不讲”。“不郊、不庙”，就是说不祭告天地、不祭拜祖先；“不朝、不见”，就是不上朝、不见大臣。不上朝还可以在寝宫里、书房里见大臣呀，他也不见；“不批、不讲”，就是不批阅文件、不学习。朱元璋给后代子孙定下一个规范的学习制度，叫作讲筵制度，找那些学问优长的大臣讲文化经典、治国之道，万历皇帝把这个讲筵制度也荒废掉了。

一百四十多封辞职信

这样的“六不皇帝”会酿成什么样的景象呢？万历四十二年（1614），这一年距离朱翊钧去世还有六年，距大明朝灭亡还有三十六年。柏杨在《中国人史纲》中告诉我们，万历四十二年，全国各州县的地方官已经缺额高达一半以上；中央六部有五部没有尚书，另外一个重要部门御史台（现在的监察部）长官已经空缺十年以上；有的官员犯罪后被关进诏狱以后，有长达二十年没有受到任何审判的，我们现在的法律术语叫超期羁押，长达二十年之久。这已经够奇特的了，但是还有比这更奇特的，奇特到超出人类想象力边界的程度。我的意思是说，你写小说、编剧本，你都虚构不出来这么精彩的情节，但它在历史上真实出现了。

万历后期有一位内阁首辅大学士，最高行政长官，叫作李廷机。李大学士因为年纪大了，维持这么一个烂摊子，心力交瘁，于是想要退休，用古代职官制度的术语讲叫“致仕”。要在别的时代，请求退休是很容易的，上奏章可以，跟皇帝当面请示也可以，唯独到万历朝不容易，他八年半才上一次班儿，整天躲在后宫里面，你哪有机会见到皇帝啊？只好写辞职信，由太监送到皇帝那儿请他批准。我们也不知道奏章送进去以后皇帝看了还是没看，反正是石沉大海，没有任何反应。李廷机等了几天，没看到任何指示，只好再写一封，等了一周没有任何消息，又写一封。李廷机一共写了多少封辞职信呢？一百四十多封！就算他平均三天写一封，光写辞职信也得一年多呀！但是，所有辞职信都是泥牛入海、悄无声息。到后来李廷机实在受不了了，干脆不等皇帝批准，自己卷起铺盖卷儿回家了，更绝的是——皇帝还不管。国家最高行政长官自己退休回家，皇帝连问都不问，可见这时候的政治生态已经污糟到了何等地步！所以清朝康熙年间修《明史》，史学家有过一个判断：尽管崇祯是大明朝最后一任皇帝，但崇祯不是亡国之君，“大明朝实亡于万历”。柏杨在《中国人史纲》中也有一个这样的比喻：朱元璋辛辛苦苦搭建了高耸入云的明帝国大厦，但是朱翊钧好像一个勤奋的司机，每天开着巨型铲车，一铲一铲挖大厦的地基，大厦早晚要塌下来。

但问题还有另外一面：就政治生态来说，万历的做法当然是不好的，但就文化发展而言，也不完全是坏事。我们用一个词来概括万历时期的特点——“无政府状态”。地方官高度缺额，中央六部有五部没有长官，最高行政长官、首辅大学士辞职回家，皇帝连问都不问，这还不是无政府吗？但是，它必然同时产生一个效应：皇帝连这些军国重事都没有心思管，他能有闲情逸致去管文学文化发展的小事儿吗？能像朱元璋一样那么勤奋、变态地挑人家奏章诗文里的毛病吗？那么，文学文化发展就与国家意识形态相对疏离，受到的压力较小，基本上靠市场需求、价格杠杆来撬动运行，从而呈现出一种相当自由、多元的状态。于是，晚明就成了中国历史上最奇特的时段之一：政治上乌烟瘴气，一团糟烂；思想文化则天真烂漫，率性蓬勃。这个政治生态原因是推动晚明个性解放思潮的重要因素，绝对不可忽视。

情不知所起，一往而深

既然晚明时期个性解放构成了“思想潮流”，它就必然要覆盖到社会文化的各阶级、各层面，形成汹涌澎湃、席卷包举的态势，我们也就需要分层描述，立体观察。首先看以“晚明文学三驾马车”为代表的精英文人阶层，这“三驾马车”都鼎鼎大名：第一位是大戏剧家汤显祖，第二位是公安派主将袁宏道，还有一位是通俗文学大师冯梦龙。他们在个性解放思潮里面都是自领一军、冲锋陷阵的急先锋。

汤显祖堪称中国历史上最伟大的戏剧家之一，他的戏剧创作成就集中体现在“临川四梦”上面。但“临川四梦，唯在牡丹”，最杰出的还是千古绝唱《牡丹亭》。《牡丹亭》的剧情很复杂，但主旨概括起来很简单，一个字——“情”。我们看汤显祖的《牡丹亭题词》：

> 天下女子有情，宁有如杜丽娘者乎！梦其人即病，病即弥连，至于手画形容传于世而后死。死三年矣，复能溟莫中求得其所梦者而生。如丽娘者，乃可谓之有情人耳。情不知所起，一往而深，生者可以死，死可以生。生而不可与死，死而不可复生者，皆非情之至也……嗟夫！人世之事，非人世所可尽。自非通人，恒以理相格耳。第云理之所必无，安知情之所必有邪！

他说，我也不知道“情”因何而起，从何而生，但是生者可以为之死，死者可以为之生。大凡生而不可以死，死而不可以生者，都不能称之为情。《牡丹亭》开篇就是《游园惊梦》，杜丽娘在梦中遇见了书生柳梦梅，一梦即相思，相思即病，病即弥留，弥留即死，死后到阴曹地府，才发现柳梦梅真有其人，于是起死回生，找到柳梦梅，终于结成美满姻缘。汤显祖说，论理，这事儿不会有，但论情，这事儿一定会有。世间事岂能都以“理”来衡量呢？《牡丹亭》被称为古典浪漫主义诗剧，正是因为“大旨言情”。汤显祖就是个性解放思潮当中的一员骁将，手举一杆大旗，大旗上绣着一个火红的“情”字，在晚明历史时空当中纵横驰骋。

第 25 讲

朝不谋夕，恬不知耻

晚明文学第二驾马车是袁宏道。明代有一个著名的文学流派叫“公安派”，系因湖北公安县的袁氏三兄弟袁宗道（伯修）、袁宏道（中郎）、袁中道（小修）而得名。袁氏三兄弟都是李贽的学生，其中才华最杰出的是中郎袁宏道，是为公安派第一主将。

袁宏道提出一个著名的文学主张，也是思想主张，叫作“性灵说”，主旨是八个字，“独抒性灵，不拘格套”。性灵是什么？本质上说，性灵就是王阳明的“心”，就是李贽的“童心”。“格套”是什么？不光是指文学创作的规矩，更是指他们要破除的程朱理学的影响。最能体现他这种主张的是他的一封非常有意思的信:《龚惟长先生》，其中表现出来的前卫、先锋的人生观念，就是把它拿到 21 世纪网络时代来，我们都会觉得目瞪口呆。

人生五大乐趣

我们先来看看袁宏道的这封信：

然真乐有五，不可不知：

目极世间之色，耳极世间之声，身极世间之鲜，口极世间之谭，一快活也；

堂前列鼎，堂后度曲，宾客满席，男女交舄，烛气熏天，珠翠委地，金钱不足，继以田土，二快活也；

匣中藏万卷书，书皆珍异。宅畔置一馆，馆中约真正同心人十余人，人中立一识见极高，如司马迁、罗贯中、关汉卿者为主，分曹部署，各成一书，远文唐宋酸儒之陋，近完一代未竟之篇，三快活也；

千金买一舟，舟中置鼓吹一部，妓妾数人，游闲数人，泛家浮宅，不知老之将至，四快活也；

然人生受用至此，不及十年，家资田地荡尽矣，然后一身狼狈，朝不谋夕，托钵歌妓之院，分餐孤老之盘，往来乡亲，恬不知耻，五快活也。

士有此一者，生可无愧，死可不朽矣。

若只幽闭无事，挨排度日。此最世间不紧要人，不可为训。古来圣贤，公孙朝穆、谢安、孙玚辈，皆信得此一着，此所以他生受用。不然，与东郊某子甲蒿目而我者，何异哉？

袁宏道开宗明义提出一个观点：人世间有五种至高的乐趣应该知道。第一种是眼睛看过世间最美好的风景，耳朵听过世间最美好的声响，嘴巴尝过世间最鲜美的味道，还说过别人不敢说、不能说的言语。

第二大乐趣叫作“堂前列鼎，堂后度曲”。门口支着一口大锅，一天二十四小时做饭；屋后搭建一座戏台，一天二十四小时唱戏。我就可以随时接待四面八方看望我的朋友，不管什么时候来，都保证他们有饭吃，有戏看。我们打破男女界限，杂坐一处，灯影摇漾，芗泽微闻，完全是现代的大型 party 的感觉。袁宏道这个理想早在汉朝末年已经有一个人说过，就是“融四岁，能让梨”的那个孔融。孔融曾说“座上客常满，樽中酒不空”，袁宏道其实说的也是这样的意思。

第三大快乐，袁宏道说：四面八方投奔我的朋友形形色色，我当然也不是一视同仁、一概而论的，我要从其中找出若干特有才华见地的人，在我房子的周围建一个别墅群，每个人发给他们一栋别墅，以他们作为领头羊，成立若干个写作班子。谁有资格成为领头羊呢？他说：司马迁、罗贯中、关汉卿可以。他在名单里面列进司马迁，我们好理解，但是列进关汉卿、罗贯中这种小说戏曲作家，这在当时的文坛其实是很不被接受的，但是袁宏道很欣赏。他说，要召集这样的大文人聚集到一起，“分曹部署，各成一书”，最终达到“远文唐宋酸儒之陋，近完一代未竟之篇”的目的。什么是“唐宋酸儒之陋”？袁宏道矛头指向的就是从唐朝具备雏形，在宋代大行其道，而且至今还是思想界主流的程朱理学。他把这个东西以“酸儒”二字概括之，这样的说法是相当犀利的。这部大书写成，藏之名山，传之后世，这就是人生的第三大乐趣。

第四大乐趣，变卖所有的田产，买一艘豪华游艇，放上自己必需的生活资料，喜欢书就放上一万卷书，喜欢茶叶放上几吨茶叶，喜欢美女就请一些名妓上船，喜欢和尚再带上几个和尚，他也不管和尚和妓女放在一起合不合适，然后就可以“浮家泛宅，不知老之将至”，以游艇为家，五湖四海地漂流一辈子。注意，这里又一次出现“乘桴浮于海”的意象，背后依然隐含着“道不行”三个字，其实也是有着孔夫子式的感慨和苍凉的。

要饭最快乐

到这儿，“人间真乐有五”已经说了前四个了，看起来已经很惊世骇俗了，但是更加惊人的是最后一种乐趣。前四个“真乐”某种程度上是第五个的铺垫，这有点儿像我们平时听相声，相声有“三翻四抖”的说法。前面的都是“翻”，都是铺垫，到最后才把包袱“抖”出来，这是喜剧表演的规律。袁宏道这封信也是这个规律，真正出彩的“包袱”在最后出现。他说“人生受用至此”，家里有一座金山也会花光，晚年会落到这种地步——“一身狼狈，朝不谋夕”——早晨想不了晚上的事，这顿饭吃完了不知道下一顿饭在哪儿，那么只好到过去我相好的妓女或者老朋友那里去要饭，“往来乡亲，恬不知耻，五快活也”。这里最核心的两个词，一个是“朝不谋夕”，一个是“恬不知耻”。什么叫“恬不知耻”？心安理得，不以为耻，反以为荣。这是人生第五大快乐！

作为21世纪全面跨入信息社会的现代人，如果在网络平台上看到刚刚原创出来的这篇文章，我们会怎么想呢？会不会觉得这种人生观是极其前卫和先锋的呢？但这是四五百年前明朝人的人生观！更有意思的是，这种惊世骇俗的人生理想提出之后，我们没有看到公众舆论的谴责、批判和围攻，反而看到的是鲜花、掌声和喝彩。这就说明袁宏道在“人性解放”或者说“性灵”的旗帜下表达的人生观是在文化界和思想界得到相当广泛的认同的。

有假诗文，无假山歌

第三驾马车，通俗文学大师冯梦龙。冯梦龙整理创作的“三言”是中国古典短篇小说中的翘楚，同时，他还有其他的建树。比如文言笔记小说《情史》，也叫《情史类略》。顾名思义，这部书的主题是“情”，和汤显祖的“大旨言情”异曲同工，只不过方式不一样而已。更值得注意的是，冯梦龙编辑了两部民歌集：一部叫《挂枝儿》，这是明代后期大江南北普遍流行的一个小调；另一部叫《山歌》，是吴语民歌集。在《序山歌》里冯梦龙说：

> 《桑间》《濮上》，《国风》刺之，尼父录焉，以是为情真而不可废也。山歌虽俚甚矣，独非郑、卫之遗欤？且今虽季世，而但有假诗文，无假山歌。则以山歌不与诗文争名，故不屑假。苟其不屑假，而吾藉以存真，不亦可乎？……若夫借男女之真情，发名教之伪药，其功于《挂枝儿》等……

“借男女之真情，发名教之伪药”，这两句话是核心。民歌集里记录了真纯的男女之情，尽管这种情感不都“合理”，比如有第三者插足的，有未婚同居的，还有过于色情的，但不要紧，这些本真的男女之情可以击破礼教的虚伪，成为治疗社会病的一剂猛药。冯梦龙的这两句话是相当有战斗力的。

我们看晚明文学的三驾马车，他们第一个共同点是都受过李贽直接或间接的影响；第二，作为各个文学创组领域的代表，他们的思想观念大体相通，“情”也好，“人间真乐”也好，“性灵”也好，都指向个性解放、人性解放。但是，光有“大文人”的倡导是不能构成一代思潮的，再严谨一点儿，我们还需要来看看“小文人”的表现。如果顶端的“大文人”和普通的“小文人”都有共同趋向，那就可以进一步证明“思潮”的存在。

武则天嫁曹操

我们举程羽文为例。程羽文名不见经传，专门研究明代文学史都不一定能研究到这个人，但是他有一篇很有意思的文章叫《鸳鸯牒》。“牒”是公文的意思，他以这种公文的形式写一个什么主题呢？程羽文说，自己痛感古代才女红颜薄命，所托非人，所以要在自己的文章里打破时空界限，给这些才女安排理想归宿，以公文形式发布“鸳鸯牒”。他写的第一个才女是班昭——《汉书》的作者之一。班昭适合嫁给谁呢？适合嫁给东汉末年的大儒郑玄、马融，实际上郑玄、马融比班昭要小大概八十到一百岁。程羽文不管这个，就是要打破时空界限，任意穿越，只要他认为合适的就行。

还有南宋的“断肠词人”朱淑真。宋代女词人屈指可数，李清照下面就是朱淑真。朱淑真最著名的作品是《生查子》，“月上柳梢头，人约黄昏后”是千古名句。当然这里有著作权的争议，有人说是欧阳修写的，也有人认为是朱淑真写的。朱淑真是小家碧玉出身，门当户对，嫁给了一个屠户。这个屠户丈夫根本不理解自己的妻子，天天家务活不干，饭也不做，天天在那儿鼓捣什么诗啊词啊，屠户很不满意，不仅满腹怨言，还经常使用一点儿家庭暴力什么的。结果朱淑真郁郁寡欢，英年早逝。朱淑真去世后留下不少诗词，他的屠户丈夫完全不懂，一把火都给烧掉了，所以我们现在能看到的朱淑真的作品非常少。这确实是红颜薄命！

对朱淑真这样的才女，程羽文寄予深切的同情，所以他给朱淑真找的理想伴侣就最多。他说宋朝那么多文人都适合和朱淑真生活在一起，比如说苏轼、黄庭坚、秦观、晁补之、张耒，等等，大概找了七八个“下家儿”。这老几位都比朱淑真大一两百岁，那也不要紧，扬眉吐气、生活幸福就行。

点来点去，点到最后一个，麻烦了，这个人不大好找合适的伴侣。谁呢？——武则天。武则天嫁给谁合适呢？想来想去，还真让程羽文给找着了——曹操。一方面曹操是魏国的奠基者，跟武则天门当户对，同时曹操“如幽燕老将，气韵沉雄”，完全镇得住武则天，不让她抛头露面做女皇帝。程羽文认为这是武则天最理想的归宿。

这样的文章，异想天开，荒诞不经，你把它转换成现代文，拿到今天的微信公众号上来发一下，都是非常先锋的，但是四五百年前的晚明就有人写过了。而且文章出来以后，大家还会报以真诚的喝彩和掌声。它完全可以反映出当时人性解放思潮的宽度和深度。

还有一个人也很有意思，叫卫泳。他有一篇作品叫《悦容编》，主题是谈隐居。如果你希望隐居，你会有多少个选择呢？我们知道“大隐隐于朝，中隐隐于市，小隐隐于野”的说法，当然还可以像刘伶、阮籍那样隐于酒，但是卫泳说：温柔乡特别适合隐居。如果你能娶到美女，或者四处寻花问柳……那比什么隐居方式都强。

《悦容编》很容易被理解成为好色之徒的文雅宣言，但是，他写得振振有词，而且也不无道理，于是也得到不少人的欣赏赞许。《鸳鸯牒》《悦容编》这样的作品有多大的思想价值、文学价值呢？恐怕都谈不上，但它所表现出来的个性解放的密度、广度、宽度、深度都是非常典型的。

一个思想潮流的形成，既不是某些精英文人可以代表，也不是整个文人阶层可以代表，我们还需要来看一般大众对人性解放的问题到底是怎样一种观念。在下面我们要讲到一篇重要作品，又是出自“三言”的名篇，《蒋兴哥重会珍珠衫》，这是很能代表个性解放思潮在大众层面体现的一个精彩故事。

第 26 讲

大明爱情故事（上）

《蒋兴哥重会珍珠衫》是“三言”中成就很高、影响很大的一篇，故事比较长，我们只能讲一个删节版。这是一个非常传奇的爱情故事，用郭德纲的话说，讲的是小两口过日子的故事。说是小两口，其实是小三口；说是小三口，这里头还有第四个人；说是第四个人，其实还有第五个人在里面掺和，数学不好，你都听不了这个故事。我们就从男一号蒋兴哥说起。

“一想之美”王三巧

这个故事发生在明朝成化年间。兴哥是这个人的小字，他的大名叫蒋德，但是他出去在生意场上用的名儿不是蒋德，而是罗德。为什么要改姓呢？蒋兴哥是湖北襄阳府枣阳县人氏，家里两代经营珠宝行业，但是他母亲家里已经四代经营珠宝，是业界的龙头老大，声望很高。所以他父亲带着他出去见商人朋友，别人问这个孩子叫什么名字，他的父亲就报他姥爷家的姓，说他姓罗。一说姓罗，同行的商人都对他高看一眼，所以蒋兴哥出外行走做生意的时候叫罗德，这一点非常重要，这是后来小说情节发展的一个关键性的“扣子”。我们先放在这儿，一会儿这个“扣子”就有用了。

蒋兴哥小时候就齿白唇红，惹人喜爱，长大以后成了帅哥。到了男大当婚的年纪，迎娶了一位京官的女儿。这位京官姓王，这个女儿排行老三，又是七月初七乞巧节出生的，所以名字叫王三巧。王三巧首先是长得非常漂亮，漂亮到什么程度呢？据说有“一想之美”。什么叫“一想之美”？每个人的审美是不一样的，美学中有个命题叫“美是主观的”。有人觉得林青霞、林志玲美，有人就觉得芙蓉姐姐、罗玉凤美，还有人觉得卖冰棍儿的老大妈最美，这都是可能的。“一想之美”就是你想她有多漂亮，她就有多漂亮。王三巧不光漂亮，手脚还麻利，干家务特别勤快。勤快到什么程度呢？我们举个例子，蒋兴哥半夜起来上趟厕所，回来一看被都给叠上了。

小夫妻恩恩爱爱生活了两年，后来蒋兴哥的父亲去世，家里坐吃山空。蒋兴哥跟王三巧商量：“咱这几年也不出去做生意，光出不进，这样下去有个金山也得花光了。行商行商，商人就得出去行走，我出去跑一趟买卖吧。”王三巧知道蒋兴哥说得对，但毕竟是小夫妻，她舍不得蒋兴哥走，眼泪汪汪地问蒋兴哥：“你走这一趟什么时候回来呀？”蒋兴哥说：“现在是秋天，我估计跑这一趟两广，得半年到大半年。咱家门口有一棵香椿树，到明年春天，香椿树发芽的时候，估计我就回来了。”小两口计议停当，蒋兴哥收拾东西上路，和王三巧洒泪分别。

可是，大半年过去，一直盼到第二年春天，眼看着香椿树发芽了，蒋兴哥没回来，也没有任何信息。夏天秋天都过了，将近一年了，还是如此。王三巧在家里非常担心，怎么办呢？只好每天到自己家的小二楼上去站一会儿，散散心，同时也看看有没有自己丈夫的消息。

蒋家小楼下边这条街道是枣阳县最繁华的一条街，叫大市街。这天，王三巧刚站到楼上，就看见大市街东口走过来一个小伙子，离远看，这小伙子的年纪、长相、身材、打扮都和自己的丈夫蒋兴哥非常像。走到近前看清楚了，不是自己的丈夫蒋兴哥——比蒋兴哥长得还帅。王三巧一时忘情，直勾勾盯着这个人看，这个小伙子也觉得有些不对，一抬头，看到对面楼上有一位“一想之美”的美女盯着自己。俩人四目相对，漫画效果的话，那就是“噼里啪啦”直闪电火花呀！王三巧先回过神来，知道自己失礼，脸一红，下了楼回去了。

到哪儿去找王妈妈

王三巧回去没多想，楼下这位回去可受不了了。这小伙子名叫陈商，街面上都称他陈大郎，徽州人，来到枣阳县做粮米生意也有几年了。这天白天见到了美女王三巧之后，晚上陈商辗转反侧，寤寐思服，想起了很多“伟大”的爱情故事——比如有个西门大官人，还有个金莲小姐姐，他们发生了什么什么事儿。怎么才能和这位美女有亲密接触呢？“伟大”的爱情故事里边讲了，自己不能去直接敲人家门去，需要有一个中间牵线搭桥的人。故事里有一个王妈妈，到哪里去找一个我的王妈妈呢？想来想去，还真想到一个人，有个走街串巷卖珠花的老太太，姓薛，跟各家的大姑娘小媳妇都熟悉，而且口才也好，说书的讲叫“气死画眉，不让百灵，没有准主意能给你支到新疆去，回来了还得给她带葡萄干”，口才好到这个份儿上。这件事她能帮忙。

第二天一大早，陈商找到薛老太太家，“啪啪啪”敲门：“王妈妈！开门来！”老太太说：“你再找一家吧，我们家姓薛”。——陈商喊错了，他想了一晚上“伟大”的爱情故事，到这儿张嘴就喊上“王妈妈”了。薛老太太开门一看，也认识：“陈大官人，一大早找我，有何贵干哪？”

陈商从怀里掏出两锭白银放到薛老太面前：“老太太，有件事想请你‘助人为乐’，你要救我一命啊！”把事情前因后果这么一说，老太太心里有数了，把银子又推回到陈商面前：“大官人，这件事情我帮不上忙啊！枣阳县上上下下，你要说别的大姑娘小媳妇儿我也许都能做到。但是这个美女叫王三巧，出身官宦人家，家教特好，同丈夫蒋兴哥又十分恩爱。蒋兴哥出去做生意一年，人家王三巧大门不出，二门不迈，谨守妇道，大官人你这忙我帮不上啊！”陈商一听，把两锭银子推回去，又掏出两锭金子，恳求不已。有道是“清酒红人面，财帛动人心”，薛老太太动心了，答应帮陈商这个忙。

薛老太太这个人还真是找准了，经过比较长时间的铺垫、酝酿、诱骗——过程很复杂，在这儿我不细说了，大家可以找原著来看——两个月之后，陈商同王三巧春风一度，从此后就以露水夫妻的身份在这儿过上日子了，如胶似漆，非常恩爱。

又过了几个月，陈商一算，自己这趟来枣阳也大半年啦。每天花钱像流水一般，这样下去，入不敷出、坐吃山空也不行啊！我得出门做趟生意去。听到这话王三巧心里边很难过，自己的丈夫蒋兴哥出门做生意，快两年了也没回来。好容易现在有了陈商，他也要出去做生意，我这儿赶上包子铺了——“一屉顶一屉”。舍不得陈商走，怎么办呢？送你个爱情信物吧！什么爱情信物？就是题目中的“珍珠衫”。蒋兴哥家里是经营珠宝生意的，特别是他姥爷，每看到好的珍珠就留下一颗，攒了几百颗，请高手工匠制成了一件珍珠汗衫，这是蒋家的传家之宝。蒋兴哥临走之前把珍珠衫交给王三巧，现在王三巧舍不得陈商，就把这件珍珠汗衫作为爱情信物交给了陈商。

邂逅罗德泄天机

陈商与王三巧洒泪分别，做生意到了苏州府，住进一家豪华酒店，类似于我们现在的香格里拉、凯宾斯基一类。住在这样的酒店，一方面是自己身份的象征，同时也可以沟通一些商业信息。陈商这一天到餐厅吃饭，人很多，找不到自己单独的一张桌子，看到一张桌子有个空位，对面坐着一个小伙子，年纪相貌、穿着打扮都和自己差不多，往这儿一坐，一打听“仁兄贵姓高名”，对方说：“我叫罗——德——”

这就是一开头我们说的“扣子”。如果说蒋兴哥，陈商知道；说罗德，他不知道。陈商一听对方叫罗德，也没当回事，两人在这儿喝酒聊天，感觉还不错。聊了一会，天气太热，陈商就把外边长衫脱下来，搭在椅子背上，露出了贴身穿的珍珠汗衫。罗德那边端着茶喝到一半，一抬头看到陈商身上穿着的珍珠汗衫，半杯茶“噗”一口全吐出来了。蒋兴哥认识：这是自己家的东西啊！蒋兴哥很淡定很沉着，一句一句套陈商的话：“哎呀，老兄你这件衣服太漂亮了”“你这衣服叫什么名字啊？”“叫珍珠汗衫”。蒋兴哥心说对，我们家那件也叫珍珠汗衫。“那你这珍珠汗衫哪里来的呢？”陈商一听这话，眼圈儿红了，掉了几滴眼泪：“罗兄，你这话不问还好，一问，惹起小弟的一点儿烦恼啊！这衣服是我情人所赠！”接着就把自己在襄阳府枣阳县如何如何认识王三巧，王三巧如何把这珍珠汗衫送给他从头到尾原原本本都跟蒋兴哥说了。陈商这边说得高兴，再看对面罗德的脸都白啦！

但是，蒋兴哥的反应——这个我一会儿还要讲——跟其他小说角色的反应都不一样。蒋兴哥没有大发雷霆，但是也实在听不下去了，“哎呀，老兄我不胜酒力，这就回去休息了”，匆匆忙忙告别陈商，回去告诉手下人，赶紧收拾东西，买卖不做了，雇船赶紧回家。手下人很意外：“大官人，咱不是说好了再待十天半个月，做完买卖再回家吗？怎么现在就要走啦？咱家那边天气比较冷，大官人，我上街给您买顶帽子戴吧？”蒋兴哥怒气冲冲：“不用买啦，我自己有！”当然这是气话，也是玩笑话，蒋兴哥自己有顶大绿帽子啊！

第二天雇好了船，刚要起锚，从岸上疾如风、快似电跑来一个人——陈商，一边跑一边喊：“等等我——等等我——”到了近前，陈商说：“哎呀罗兄，昨天你走得太快了！你走了之后我才听人说，原来你就是襄阳府枣阳县的人啊？”蒋兴哥说：“对啊！”陈商问：“你现在是回家吗？那你给我捎封信呗？我给王三巧的情书写了很长时间了，也没有人去枣阳县，拜托老兄把信捎给王三巧。”蒋兴哥心里头咬着牙，脸上还是神色如常：“好啊，带这个信倒是行，但是我不能回去直接给王三巧啊！这个信我托谁转交啊？”陈商说：“大市街东口有一个薛老太太，这事儿都是薛老太太帮我办的”。这一句话把薛老太太给卖了。

蒋兴哥在船上拆开情书一看，倒也没有什么特别有价值的信息，就是写得很亲热很肉麻的一封信而已。什么我经常梦见你啊，我怎么怎么想你啊，见面我们一起去看戏啊！蒋兴哥越看越生气，三把两把把信撕了个粉碎。

现在蒋兴哥要回到枣阳县，他怎么面对王三巧呢？接下来他会做什么？这种情感关系又会变得多么错综复杂呢？我们又用得上一句评书常用的套子话——“欲知后事如何，且听下回分解”。

第 27 讲

大明爱情故事（下）

接着给大家“说单口相声”——《蒋兴哥重会珍珠衫》。

十六箱首饰衣服

蒋兴哥一路上心潮起伏：王三巧红杏出墙，这个媳妇儿肯定是不能要了，但是这事儿不能全怪王三巧，自己也有一部分责任。本来自己跟王三巧说好了，出去做生意，半年之后就回家。结果出去以后不久就得了一场大病，一年上下才把病养好，自己又想，出来一趟不容易，还想把这生意做完。这样耽搁来耽搁去，现在都快两年了还没回家，也没有人给送个信儿。王三巧在家里无人依靠，红杏出墙，自己也有一份责任。带着这种复杂的心情，蒋兴哥回了家，见到王三巧，本来小夫妻分别这么久了，见面应该很亲热才对，但是现在双方各有心事，各怀鬼胎，见面之后反而非常客气。蒋兴哥说：“刚才我在回咱们家之前路过你娘家，你父亲身染重病，让我给你捎个信儿，赶紧回去看看，我这还有一封信，你带回去给我的岳父大人。”

王三巧听说自己父亲生病，当然着急，带着一个小丫鬟，随身收拾了点儿东西，赶紧回娘家了。到家一看，自己老父亲身体很好啊——正在院子里练举重呢！蒋兴哥为什么骗我呢？想起来那封信了，拆开一看题头，王三巧“哇”的一声就哭了，信上写着两个大字“休书”。

我们知道，中国古代的婚姻关系中男女不平等，男方是可以单方解除跟女方的婚姻的，直接把她休回到娘家去。一般的休书格式，上面是要写上女方的一些毛病，比如不生孩子，古代说法叫“不孝有三，无后为大”；还有身染恶疾，这一条很不公平，得了重病绝症，就可以把媳妇儿休回去；还有不孝顺父母、和兄弟姐妹相处不好、不干家务活，等等，合起来叫作“七出之条”，休书上通常都把理由写得明明白白，免得以后争执。但蒋兴哥这封休书写得相当含糊，只是笼统说王三巧犯了七出之条，没有具体内容。总之王三巧这个媳妇儿我不要了，从今之后嫁娶两便，双方勿再争议。

王三巧的老父亲看了这个休书也是大惊失色：自己的女儿教养了这么多年，品貌俱佳，怎么蒋兴哥出去做生意，两年回来就把女儿给休回来了呢？赶紧追问缘故，王三巧光哭不说话。老爷子气呼呼地拿着休书找蒋兴哥说理去了：“我女儿到底怎么了？为什么把我女儿撵回来啦？”蒋兴哥说：“老爷子，这事我不方便跟您说，要不休书上我不就写明白了吗？您要非不依不饶，那就回去问问您家闺女：我那件传家之宝珍珠衫还在不在？她要拿得出来，我就八抬大轿把她接回来；她要是拿不出来，老爷子，您也就不用再来啦！”王三巧一听人家要珍珠衫，更知道怎么回事了，大哭一场，想要悬梁自尽，被母亲救下来，也就打消了死志，在娘家待了几个月。

几个月后，又出现了新的变数。我们刚才的故事里已经出现三个人了，现在第四个人出场。这个人是位新科两榜进士，叫吴杰，奉命任广东潮阳县知县，走到襄阳附近，原配夫人暴病去世。所以就想在枣阳县再娶一位夫人。这个消息传出去，迅速轰动了枣阳县的媒婆界。大家纷纷开动资源，到吴杰这儿提亲。其中有个媒婆告诉吴杰：我这儿有一个人非常合适，叫王三巧，长得有“一想之美”，各方面条件都好，就是有一节，她结过婚，如果大人你要是不嫌弃，我觉得你们挺般配的。吴杰说：我倒不在乎已婚未婚，只要能情投意合，将来能跟我一起好好过日子就可以。来回一打听一相看，吴杰非常满意。马上下聘礼迎娶王三巧，准备带上官船出发。

枣阳县弹丸之地，这消息早就传开了，蒋兴哥也听说了，想来想去心里不是滋味，王三巧在自己家里边还留下了十六箱子的首饰衣服呢！蒋兴哥告诉手下人，把这十六箱首饰衣服送到那艘官船上去，对方要问，什么也别说，就说王三巧家里送的陪嫁就行了。王三巧上船这一天，第一眼就看到了这十六箱首饰衣服，泪如雨下。这件事说一千道一万，都怪自己红杏出墙，结果人家蒋兴哥对自己仁至义尽，不仅不在休书里张扬自己的丑事，而且还余情未了，把十六箱首饰衣服又给自己送过来了。自己这辈子也没有办法报答蒋兴哥了，下辈子结草衔环，也要回报这份恩情！哭了一场，跟吴杰到广东上任去了。

头一回说话算数

所谓“花开两朵，各表一枝”，这条线我们先放在这儿，说说另一条线——陈商。陈商在苏州托罗德捎了一封情书，做完生意，回到了老家徽州府。陈商在老家也有原配妻子，姓平，平氏品貌、为人各方面都不比王三巧差，但是因为陈商这段时间跟王三巧打得火热，回到家里边越看平氏越不顺眼，在家里挑三拣四，什么事情都没有个好脸儿。平氏也纳闷：自己丈夫原来不是这样的啊，怎么这次回来变化这么大呢？每天晚上搂着那件珍珠衫睡觉，还说梦话，什么“巧儿啊，巧儿”的，怎么问也不说。看来问题的关键就在这件珍珠衫上。有一天趁陈商睡着了，平氏把珍珠衫从他手底下拽走，藏了起来。第二天早上，陈商醒了，第一件事就是找珍珠衫，平氏说没看见啊。陈商一生气，“当”一脚把桌子踢翻了：“我这趟回来看你就不顺眼，现在你还把珍珠衫给我偷走了，看来这个家我不能待了，我这就装上粮食，上枣阳县做生意去了，这次死到外头我都不回来了！”

陈商撂下几句狠话，拉上粮食上枣阳了。快到枣阳，在河面上遇到了一伙强盗，不仅抢钱抢粮，还要杀人灭口。陈商眼明手快，跳到河里游了很远，才算逃得一条性命，身无分文，非常狼狈，进了枣阳，找到自己常住的吕家老店，把事情跟掌柜的一说，自己遇上强盗了如何如何，现在身无分文，我在枣阳这里还有两个朋友也许能帮我的忙，请掌柜的给大市街东口的薛老太太送个信儿，她应该能帮我。掌柜的很为难，说："咱们枣阳县别人都好找，薛老太太不太好找了，不知道因为什么事情得罪了一个大商人蒋兴哥，蒋兴哥带人把她们家给铲平了，她家原来住那个地方现在是个小广场。薛老太太藏起来了，除了直系亲属谁也联系不上她。"陈商说："那还有一个人，叫王三巧，这个危急时刻她也能帮我。"掌柜说："啊呀，这王三巧我就更找不着了，前段时间跟蒋兴哥离婚了，嫁了一个新科进士叫吴杰，到广东去做县令夫人，已经走了好几个月了。"陈商本来被强盗抢劫，死里逃生，已经急火攻心，一听说薛老太太找不到了，特别是王三巧嫁人了，陈商一张嘴，"噗"一口鲜血喷出来，病倒在客店当中，说书套子话讲——那真是一月不如一月，一天不如一天，一会儿不如一会儿，一阵儿不如一阵儿。

眼看着陈商要死在客店里，掌柜的也着急，这人死在这儿算怎么回事啊？再说房饭钱还没给呢！赶紧派人给陈商家里边送信。听说陈商病重，平氏匆匆忙忙收拾了一些金银细软，带着管家夫妇日夜兼程赶到枣阳。一大早找到了吕家老店门口，到这儿一敲门，"这是吕家老店吗？"掌柜的说："对呀！""有个陈商陈大官人是住这儿吗？""是住这儿。""他住哪号房间啊？我过去看看他。"掌柜的说："哪号房间也没住，在院里停着呢，已经死了三天了。”平氏千辛万苦赶过来，没有见到丈夫最后一面，趴到丈夫尸体上放声大哭：“丈夫啊！跟你过了这么多年日子，你说话向来不算数，这次怎么说话这么算数啊？”为什么算数啊？这次临走之前不是说了：“我死到外头都不回来啦！”这么多年就这一句话算数了。

遭遇人命官司

总之平氏哭了一场，把陈商草草埋葬。但这个过程中又出了新问题，那对管家夫妇眼看着男主人客死异乡，剩下平氏一个弱女子无依无靠，便起了坏心，把那些金银细软打了一个包袱就逃跑了，术语这叫“卷包儿会”。这一跑，扔下平氏一个人在外地，举目无亲，无处可去，枣阳县的媒婆界闻风而动。一个媒婆过来说了：“有一个人挺合适的，这个人叫蒋兴哥，做珠宝生意的，你们两个郎才女貌，我看着挺般配的。”来回一说和，蒋兴哥也很满意，下了聘礼，就把平氏迎娶回家了。

洞房花烛夜，平氏和蒋兴哥见了面：“夫君啊，从今天开始我得管你叫夫君了，以后你得对我多多爱护关照，我也保证跟你好好过日子。这么着吧，为了表达诚意，我送你件爱情信物吧！”——珍珠衫！别的金银细软都被管家夫妇卷走了，这个珍珠衫平氏一直贴身收藏，现在嫁给了蒋兴哥，就把这件珍珠衫作为爱情信物送给了蒋兴哥。这篇小说的题目叫《蒋兴哥重会珍珠衫》，什么叫“重会”？这就是“重会”。蒋兴哥一看见这个爱情信物，一下子就傻了，这个故事里头只有蒋兴哥一个人是知道来龙去脉的。蒋兴哥把事情原原本本跟平氏讲了一遍，平氏听完以后长出一口气："啊呀，没听过这么曲折、离奇的爱情故事啊！"从这儿开始，蒋兴哥跟平氏在一起过日子了。

但这事儿还没完。跟平氏又过了一两年，蒋兴哥合计来合计去，现在开支巨大，入不敷出，这商人得做生意啊！就跟平氏商量，自己要出去做生意去。平氏一听："你忘了上次王三巧那事了吗？"蒋兴哥也无奈："我们是商人，既然干这行就得出去做生意啊！"所以又跟平氏分手，出门做珠宝生意去了。到哪儿呢？广东合浦县，珍珠之乡，天下闻名。这一趟生意做得很顺利，收了不少好珍珠。蒋兴哥自己也高兴，拿着几十颗珍珠排在客店的桌子上，看一颗，再看一颗。正看着呢，客店的老掌柜进来了。本来是想问候一声，结果看到桌子上这么多珍珠，老掌柜就起了贪心了——老掌柜年轻时手脚就不太干净，现在看到珍珠就想偷一颗。趁着蒋兴哥回头，老掌柜挑了一颗最大的珍珠塞到自己的嘴里头了。结果还没出门，蒋兴哥就发现最大的那颗珍珠没有了，一质问老掌柜，两个人一推一搡间老头儿把这珍珠咽下去了，当场噎死在客店里。在广东省合浦县，人生地不熟的地方，蒋兴哥摊上了人命官司。

两位"前辈"

老掌柜的两个儿子击鼓鸣冤，把蒋兴哥带到县衙门告状，几番鼓响，三班衙役出来，两旁肃立，合浦县新任知县吴杰大人转屏风入座。吴杰本来在潮阳县，政绩不错，把他调到合浦县。上任以后的第一个案子——罗德杀人案。到了公堂之上，当然各说各的理，一时也查不清楚真相，只能暂且退堂，把蒋兴哥监押在死囚牢。晚上吴大人在灯下分析这个案件，夫人王三巧在旁边伺候，看到档案上写着："罗德杀人案，襄阳府枣阳县人氏。"王三巧大吃一惊："大人，这个案件审结以后结果能怎样？罗德有没有生命危险呢？"吴杰说："现在还不清楚，如果真是故意杀人案，那当然杀人偿命，判处死刑了。"一听说蒋兴哥有生命危险，王三巧"扑通"给吴杰跪下了："无论如何请官人周全，救罗德一命。"吴杰纳闷了："你为什么给罗德求情啊？你跟他什么关系啊？"一问这个问题，王三巧为难了，怎么说啊？蒋兴哥跟自己什么关系啊，也不能直说他是你"前任"呀！只好撒个谎说："罗德是我娘家表哥，一直做珠宝生意，现在摊上这么一件事，无论如何请官人周全。"吴杰很正直，只答应继续调查。如果是故意杀人，他周全不了；如果真是误伤，他倒可以尽量调解。

经过调查，看来这件事情是误伤，但是没有证据啊！吴杰把老掌柜两个儿子找来了："现在你们双方各执一词，真相不清楚，怎么办呢？看来唯一能够验证的方法就是把你们的老父亲剖腹，来验证珍珠是不是在他肚子里。你们同不同意啊？"老掌柜两个儿子不敢剖腹验尸，于是吴杰从中调解，由蒋兴哥负责丧葬费用，再赔一笔钱，两个原告答应撤诉。人命关天的案子，花了些钱居然完全了结，蒋兴哥当然是意外之喜，没想到这位吴大人如此主持正义。往上磕了无数个头，连呼青天大老爷，谢过吴大人，转身要走。吴杰说：“俩原告可以走，罗德你不能走，我领你到后堂见一个人。”现在吴大人心里这个痛快啊：这是我大舅子啊，我给救下来啦！

蒋兴哥随着吴杰到了后堂，一眼看见王三巧站在对面。当时是这样一个情境：小夫妻分别好几年，回来以后就见了一面，蒋兴哥写下休书，这嫁给吴杰又是一两年——已经几年没见了，又刚刚经过生死存亡，心情激荡，蒋兴哥扑过去抱住王三巧，抱头痛哭。吴杰在旁边越看越不对劲儿，这绝对不是表哥和表妹的关系，你们俩到底是怎么回事啊？给我如实讲来。到了这一步，王三巧这才把事情原原本本都跟吴杰讲了一遍。吴大人听完以后往椅子后边一靠：“啊呀，没听过这么离奇、曲折的爱情故事啊！我看你们俩余情未了，君子不夺人所爱，君子有成人之美。既然如此，我就把王三巧再送还给你，你把她领回去好好过日子吧！”王三巧也同意，蒋兴哥也同意，这样就带着王三巧回了枣阳县。

到了家门口，平氏从里边迎出来了：“看看！我说不让走吧，又领回来一个。”蒋兴哥跟平氏介绍：“这个你不能吃醋，这个就是王三巧。”这就是“小三口的爱情故事”，从此以后，蒋兴哥和王三巧、平氏三口人在一块儿过日子了，像童话里面说的，“他们幸福地生活了一辈子”。

不是科幻是传奇

这段《蒋兴哥重会珍珠衫》我讲得比较粗糙，大家如果感兴趣，一方面可以去读原著，一方面可以听听郭德纲版的同名单口相声。他大概说了两个小时左右，相当详细。但我们说这个故事不光为了热闹，还应该来分析一下小说中的两个人物和他们的心理活动，以及它折射出来的社会文化思潮。

第一个人就是男一号蒋兴哥。我们注意到，蒋兴哥在发现妻子王三巧红杏出墙以后，他的反应跟通常反应很不相同。通常反应是什么啊？奸夫淫妇，死有余辜，特别是豪侠之辈，抓起来一刀杀却，方能解心头之恨。“武松杀嫂”这个情节里边毕竟有他哥哥一条人命，杀了潘金莲不算过分。应该注意《水浒传》另一场戏，叫《翠屏山》，就是病关索杨雄的妻子潘巧云和海和尚通奸，没有要谋害杨雄，也没有人命在里边，但是杨雄在发现奸情以后，借着翠屏山降香的机会，不只是杀了潘巧云，还杀了她的使女迎儿，而且是残杀、虐杀，大卸八块。这是中国古代小说中遇到类似情况最常见的一种处置手段，或者说，是大家达成最高共识的一种处置方案，但是到《蒋兴哥重会珍珠衫》里就不一样了。我们一直在解释，为什么蒋兴哥听陈商讲与王三巧通奸的事情，并没有大发雷霆，直接找奸夫决斗；为什么后来对王三巧余情未了，不张扬她的丑事，而且还将首饰衣服又送还给她。我们看到，蒋兴哥一直在检讨自己：这个事情也怪我，我也要承担一部分责任。这种自省，以及对王三巧的体谅是之前的小说中从没有过的。

另一个值得注意的人物是县令吴杰。吴杰有两个决定：当媒人提亲的时候，他说已婚的未婚的都不要紧，只要我觉得情投意合就可以；后来看到蒋兴哥和王三巧余情未了，他又做了第二个决定——君子不夺人所好，我把王三巧再送还给你。我们应该注意到，在吴杰这两个决定中，王三巧的贞操问题从来没有成为阻碍，没有成为重要的参考因素。

当然，这是个传奇的爱情故事，如果不传奇就不会成为小说题材，但是，传奇的爱情故事也要有它产生的土壤，它毕竟不是科幻小说。当明朝后期，这个故事在社会上流传的时候，大家最起码要认同这样的事情有可能在当今时代和社会中出现，大家才能接受小说里的这些人物、这些思想和这些行为。所以我们从大众文化的角度观察人性解放思潮，这些作品完全可以充分折射出当时的社会文化意识。

第 28 讲

伪名儒不如真名妓

在上面的篇幅里，我们从先秦的孔孟一直讲到了明代的心学，这五个时期是学术界公认的儒家文化史发展的五个阶段。在这五个发展阶段之外，清代的儒家文化发展也很有特色，值得我们简单说一说。

集历代儒学之大成

我以为，清代儒家文化的发展主要呈现了集历代儒学之大成的特征，各个重要学派在清代都得到了非常好的传承与总结。具体说来有四点：

第一，程朱理学一直是官方倡导的儒学主潮。第二，以明末清初三大思想家顾炎武、黄宗羲和王夫之为代表的实学的出现。实学的主要特点是经世致用，强调关切现实问题，具有家国情怀。其中，顾炎武的《天下郡国利病书》可以作为典范。

从表面上看，这本书是一部人文地理学著作，顾炎武做了大量的田野考察，对各地的地理状况、风土人情等做了详尽的描述，但他著述的意义不单纯是为了学问，而是为明遗民复国反清做一个资料准备、现实参考。这本书能特别体现出清代实学的特点。第三，乾嘉朴学的出现。乾嘉朴学主要继承汉代儒学传统，讲求考据、训诂、音韵、文字之学，做学问不重文采，强调回归儒家的原始精神。第四，从晚明开始大行其道的个性解放思潮，在清代仍然具有相当的市场份额和影响力。其代表人物包括我们前面讲到的金圣叹，还有清初著名小说家、戏曲作家，也是文艺批评家李渔，代表作是《闲情偶寄》，实际上也是个性解放思潮的余波。还有一位，就是乾隆朝的大才子袁枚。以上这四个特点都很复杂，由于篇幅的关系，我们只能举两个例子来简单说一下第二点和第四点，也就是实学和个性解放思潮。

张巡食人事件

第一个例子，我们想谈一谈对于唐代的“张巡食人事件”的评议。什么是“张巡食人事件”呢？事情发生在我们熟悉的安史之乱时期。玄宗天宝十四年（755），安禄山起兵叛变，张巡以真源县县令身份在河北、河南一线起兵抗击叛军，后来和许远同守睢阳古城，即今天的河南省商丘市。在睢阳，张许联军被困经年，终于弹尽粮绝，援兵不至，在肃宗至德二年（757）城破被俘，他和部将南霁云、雷万春等三十六人同时殉难。

以上是我们对张巡事件最客观、最简单的叙述。说最客观，是因为这是一种没有加上任何评价的纯叙述；说最简单，因为这是一种省略了很多细节的叙述。但是早在张巡殉难后没几天，也就是说在这个事件仍然具有相当的新闻时效性的时候，评价的分歧就已经开始产生了，一个关键性的细节也开始被关注。

至德二年，肃宗李亨派遣大将张昊代替见死不救的节度使贺兰进明急援睢阳，就像我们在警匪片中经常看到的那样，在张巡死后的第三天，张昊率领大部队赶到，但是已经无济于事，于是他命人为张巡撰写悼词，总结其功过是非。在撰写悼词的过程中，有一个“议者”跳出来讲了这么一段话：“张巡开始守睢阳的时候，一共有六万人。粮食吃完之后，他应该率领大家突围，结果张巡是以吃人为代价，坚持了这么长时间，这样的张巡能算是完人吗？”这位“议者”到底何许人也？史书没有记载，但他抓住了张巡守睢阳的一个重要细节，非常值得人深思。

什么是“食人”？同样见诸《新唐书》的记载：当粮食吃光的时候，很多士兵都被饿死，侥幸活着的人也是毫无力气。于是，张巡把自己的爱妾奉献出来，他说：“诸君经年乏食，而忠义不少衰，吾恨不割肌以啖众，宁惜一妾而坐视士饥？”——你们各位很久没吃上饱饭了，但是忠义之气不见衰减，我恨不得把肉割下来给大家吃，难道还舍不得一个妾而看着你们挨饿吗？于是张巡杀了这个小妾，煮了一锅人肉给大家吃。张巡的副手许远——不知道是没有小妾还是没舍得——把他的仆人杀掉了，给大家吃。

在张巡、许远两位总指挥的榜样作用下，睢阳城内易子而食，“凡食三万口”。到睢阳城被攻破的时候，“遗民止四百而已”。从《新唐书》的这个记载我们可以看出两层意思：首先可以算得出来，睢阳城中被自己人吃掉者要占到居民总数一半以上，绝不少于战死沙场的比例；其次，在这样残酷的非人道事件当中，“人之将死，而莫有叛者”，谁都知道绝路摆在自己面前了，但是没有人背叛，这也可见张巡、许远忠义精神的感人。他们的个人魅力和爱国精神结合起来，最终竟然使睢阳居民如中魔法，毫不犹豫地大批量噬食同类。

在上面的细节当中，“而已”这两个字其实是很难堪的。几万条生命就这样如一缕轻烟，消融飘散在史家的一声轻轻的叹息之中，在历史的潮流中打了个漩涡，连浪花都没有溅起一个，就平静得像什么都没有发生过，难道他们不曾有过痛苦的挣扎吗？不曾有过绝望的呼号吗？不曾有过“悲莫悲兮生别离”吗？不曾有过“阁泪汪汪不敢垂”吗？像这样的历史事件，我们真的是不忍细想，也不知该怎么评论。

有亡国，有亡天下

审视历史常常需要一个恰到好处的时间维度，一般来说，如果不能在当时将某些真相澄清的话，那么一般就要经历一个相当漫长的过程。同时，审视历史还需要冷静睿智的大脑，抛开那些使人血脉偾张的高昂口号，沉淀到历史的深海，一件一件去剖析沉埋的遗产，才有可能去还原真相，至少也会提供一个新的角度供后人来寻思。重新评价张巡事件，这个历史机缘很令人意外地出现在忠臣备受崇敬、卖国降虏比比皆是的明清之际，而且出自最看重气节的遗民阵营。

顾炎武在他的《日知录》中有一段话："有亡国，有亡天下，亡国与亡天下悉辨？曰：易姓改号，谓之亡国；仁义充塞，而至于率兽食人，人将相食，谓之亡天下。"顾炎武说："亡国"和"亡天下"是不一样的。易姓改号叫作"亡国"，比如唐朝李姓灭亡了，代之以五代，然后变成了姓赵的宋朝，这叫亡国；朱姓明朝灭亡了，代之以爱新觉罗的清朝，这叫亡国。如果仁义都被堵塞，而至于野蛮到食人的程度，这就叫"亡天下"。根据顾炎武这段话的意思，梁启超后来提出了"天下兴亡，匹夫有责"的名言，但这好像又是一句"半截真言"。我们听到的好多名言都是"半截真言"，比如"天才就是百分之一的灵感加上百分之九十九的汗水"，但实际上爱迪生讲这话的时候后面还有半句——"最重要的是那百分之一的灵感"，这后半截就被我们人为阉割掉了。梁启超的名言也是这个意思，我们把真正有思想的那部分给剪掉了。

其实顾炎武的论说重心明显偏向于"亡国"与"亡天下"的重大差别，顺着他的思路，我们可以推导出他的意思：如果张巡没有用这种残酷的方式守城，大唐朝可能亡国；可是张巡守城的结果是仁义充塞，人吃人，“天下”都已经完了，一家一姓的大唐不亡又能怎么样呢？顾炎武的意思和孟子是一脉相承的，孟子云“杀一不辜而得天下，不为也”，就是说，若杀掉一个无辜的人就可以得天下，我们也不去做。

同时导源于孟子而有很高明议论的，还有王夫之。王夫之的《读通鉴论》在肯定张巡历史功绩的情况下，进一步指出：“守孤城，绝外援，粮尽而馁，君子于此，唯一死而志事毕矣。”他说，让你守着一座孤城，没有外援，粮食都吃光了，仁人君子到了这个地步，自己一死殉国也就罢了。“过此者，则愆尤之府矣，适以贼仁戕义而已矣，无论城之存亡也，无论身之生死也，所必不可者，人相食也！”——你要超过殉国这个尺度，那就容易走向反面了，这叫“贼仁戕义”。不管城之存亡，不管身之生死，无论如何都不能做的就是吃人！王夫之在最后充满激情地得出结论：“张巡吃人，不谓之不仁也不可！”在主流话语的强大压力下，王夫之尖锐地指出张巡的行为是“贼仁戕义”“所必不可者，人相食”，而且下了一个“不仁”的最终结论。这些呼声一浪高过一浪，就好像是一道横天而至的闪电，曾经那么短暂而灿烂地照亮了人道主义的漫漫夜空。

什么是大思想家？什么是大师？当社稷丘墟，法统崩塌，呼天无灵，悲愤填膺，他们并不因为食人可以为自己捍卫的阵营带来某些利益而违心地高唱赞歌。他们懂得，不管什么借口，人都有不被同类吃掉的权利；他们懂得，在应该坚守的民族国家利益之上，还有“仁”的根本原则永远不能被动摇和毁弃。

在我看来，对张巡事件的评议正好可以凸显顾炎武、王夫之这些学术大师的阔大气象和深沉情怀，很能够代表清代实学的特点。

事情还没有完全结束。当代著名作家、我们前面多次提到的李国文先生在2000年前后写过一篇非常好的文章，叫《唐末食人考》，其中也讲到了张巡事件。在文章中，作家压抑着自己的愤怒说：

> 不管你有多么正当的理由，一座六万人口的睢阳城，吃到最后只剩下四百来人，读到这里，那昏天黑日之感压迫得你连血管里的血液都会被凝滞住的。张巡坚守睢阳，直至城破被俘不屈而死，其英明千古长存，其气节青史流芳，那都是毫无疑问的。但是对于围城的最后阶段，这种大规模的自相残杀、以人果腹的现象，任何一个有良知的人，绝不能视为那是理所当然的做法。因为具有正义的堂皇理由，就可以为所欲为地做出反人类的罪行吗？

我特别欣赏李国文先生最后这个非常锋利的问题："因为具有正义的堂皇理由，就可以为所欲为地做出反人类的罪行吗？"在张巡事件当中，这是我能听到的最沉痛的质问和悼念的声音了。我们也忍不住随着李国文发出一声叹息：正义！正义！多少罪恶借汝之名而行！

一场诽谤官司

我们再举第二个例子，来看看个性解放思潮在清代的余波，那就是大才子袁枚和他的朋友杨潮观之间的一场“诽谤官司”。这两位都是乾隆文坛的重量级人物，袁枚不用说了，杨潮观也是当时成就最高的戏剧作家之一。两个人本来是好朋友，袁枚甚至将女儿一度寄养在杨潮观家里。但是，晚年这对儿交好几十年的朋友却翻了脸，为什么呢？

起因在于袁枚写了一部志怪小说《子不语》，里面记述了杨潮观给他讲过的一个怪梦。杨潮观在做乡试考官的时候，梦见一个女子给自己推荐了一张考卷，醒了以后，发现这个考卷作者是侯方域的后人，所以认为这个托梦的女子是李香君。这篇小说名字就叫《李香君荐卷》。袁枚把这件事写在了《子不语》里，书出版以后，很高兴地寄给了老朋友杨潮观一本，但杨潮观看到这一篇《李香君荐卷》的时候，非常不高兴，他写了一封很长信斥骂袁枚，说他轻薄下流，并且说李香君是“婊子”。

如此义正词严，剑拔弩张，并加以“佻达下流”的定谳，已足见杨氏心中愤怒之不可遏止了。可他仍以为不足，最后部分竟要求袁枚“务即为劈板削去”，以收斩草除根之效。总之，杨潮观认定袁枚是在严重地“诽谤”自己名誉！如果在法制健全的今天，他可能会不惜对簿公堂，并索取精神损害赔偿若干的。

面对这样激烈的谴责，我相信袁枚一定是出乎意料，并受到了剧烈的触动的。他大概没有料到这位情意深笃的故人会为此事动这样大的肝火，也想不到才华艳发、见地颇高的杨潮观会表达出如此不堪的意见来，更何况，袁枚一生致力开掘性灵，解放纯真，杨氏主动来撞自己的枪口，来信中字字句句皆与自己的思路背道而驰，他又岂能不一展妙绝天下之辩才，回应杨氏的“炮轰”乎？于是，在杨潮观的“挑衅”之下，两位古稀老人、文坛泰斗的笔墨官司正式上演。

袁枚连续回了三封长信，其言辞之妙，无以复加。比如他说：“香君虽妓，岂可鄙薄哉？”李香君虽然是妓女，但当马士英，阮大铖势力那么庞大的时候，她能明辨正义邪恶，能够抵受奸险小人的诱惑与威胁，这种风范士大夫里头有几个呢？袁枚说：“行行出君子，妓女这一行中有侠妓、有义妓，还有忠于国家、大节凛然的妓女。史册中记载下来的，不一而足。这些女孩子都是生来不幸，堕落到这个低贱行业，但是能够出淤泥而不染，比那些口讲孔孟仁义而暗为盗贼之行的那些人不是强多了吗？”最终，袁枚得出了一个非常有意思的结论——“伪名儒不如真名妓”！

我觉得袁枚的这些思想非常宝贵，这不是自矜口舌之利，不是卖弄小聪明，不是诡辩纵横之术，也不是一般的风流习气或“怜花”情怀。我一直觉得，袁枚是一个很地道的人文主义者，起码比今天某些满口人文关怀而心里和某些所谓低贱者划清界限的学者教授们要地道得多。袁枚是把妓女“贱民”当成与自己一样平等的人来看待的。“伪名儒不如真名妓”，这八个字的意思尽管不是由他首创，但是能说得这么明快通透，仍然让人觉得振聋发聩。

基于这种发自内心的人文情怀，他对自己的老朋友杨潮观已经把话说到了相当刻薄的程度：“就眼前而论，老兄你的地位确实比较高贵，李香君非常卑贱。但再过个三五十年，恐怕天下人只知道有李香君，而不知道有你杨潮观了吧？”其实这话不是袁枚第一次说。杨潮观只是一个没有什么权势的前市长，袁枚说这话谈不上什么风险，就是某些可能给自己带来很大危险的权贵，其实袁枚也是自信十足，从来就没退缩过。

好色不必讳

他的《随园诗话》中就记载过这样一件事：我有一方闲章，上面刻着一句诗“钱塘苏小是乡亲”。苏小小是南朝名妓，杭州人，我也是杭州人，所以刻了这么一个闲章，这是无伤大雅的玩笑话。有一次，赶上一个贵官到南京来，跟我要一本诗集，我一时随意，就把这个印章盖在诗集上面。这位贵官大发雷霆。我一开始知道自己错了，不断道歉，但是这位权贵不依不饶，我禁不住发火了，我说：“先生，你以为我这个印章用得不伦不类吗？现在看，先生你官居一品，苏小小只是妓女而已，但恐怕百年之后，天下人但知有苏小小，不再知道有大人你啊！”当时满座哄笑，那位贵官想必也非常尴尬。这是袁枚平生的得意之见，所以一说再说。

袁枚还有一个问题也值得说，那就是“好色”。袁枚这人一生好色，而且好谈色，不仅好谈女色，还包括男色，他平时论诗的时候也常常用“色”来做比喻。比如“选诗如选色，未近心已动”“选诗如选色，终觉动心难”，都说得很有意思。如何认识袁枚“好色”的问题呢？我觉得，“好色”其实就是他高张的人性解放的大旗上最鲜明的色彩之一。比如他讲过一段好玩儿的话：“好色不必讳，不好色尤不必讳。”人品高下哪在于好色不好色呢？周文王有一百个儿子，肯定好色吧？而孔子把他当成圣君；卫灵公好色，娶了南子，孔子把他当小人。唐朝有一个奸相卢杞，这个人不好色，家里连侍妾都没有，但人称“蓝面鬼”，是很著名的小人；东晋的宰相谢安狎妓东山，整天带着妓女喝花酒，最后成就一代功业，不也是君子吗？

你看，袁枚这话说得多有力量，多么通透！所以我才说，我们常常把袁枚当成诗人、文人来看待，但实际上，袁枚不是普通的诗人、文人，他是一个相当了不起的思想家，个性解放思潮在清代的传承有很大一部分是落在袁枚肩上的。前些年南京大学组织了一套水平很高的《中国古代思想家评传》，其中特别把袁枚列进去，写了很厚的一本，这个选择是非常有眼光的。

清代的儒家文化发展非常丰富，绝不是我们短短一讲能说清楚的，这里我们只能讲一点儿皮毛，希望能引起大家进一步探索的兴趣而已。

结 束 语

儒家文化的当代出路（上）

在之前的二十九讲里面，我们进行了一场儒家文化的探寻之旅。从春秋的陈蔡绝粮、弦歌不辍，走到战国的君轻民贵、浩然正气；从汉代的君权神授、三纲五常，走到宋代的往圣绝学、万世太平；从明代的此心光明、个性解放走到清代的总结继承、流风遗韵。不知不觉，我们走过了两千五百年的漫长时光，不知不觉，我们来到了 20 世纪，走入了现代文明。作为古典中国社会最显眼的标志，儒家文化在现当代社会还有没有存在的价值呢？如果有，应该怎样存在呢？这是我们在本书末尾必须追问、无法逃避的问题，换个说法就是“儒家文化的当代出路”。这显然是一个超重量级的大问题，不是我一个业余爱好者能够回答的，但同时，我也愿意给出自己作为读书人的一点儿思考，试图找到思考这个问题的起点。

是发动机，不是绊脚石

我在讲课的时候多次问过大家一个问题：全世界起源最早的几个文明形态中，只有中华文明连续性走过了五千年，成为世界上唯一连续行程超过五千年的文明形态[①]。这到底是中华文明的幸运还是不幸呢？

多年以来，每逢讨论到“中国为什么还是发展中国家，迟迟没能走向高度发达的现代文明”的问题的时候，总会有人站出来说，那是因为我们的传统文明时间太长了，身上背的包袱太重了，脚下的绊脚石太多了，拖慢了我们走向现代文明的脚步。我把这种论调称为“包袱和绊脚石论”，而且立场鲜明地认为这个论调是错误的，我更愿意用“发动机和翅膀论”来代替“包袱和绊脚石论”。我的意思是说：我们的传统文明，当然包括儒家文化，中间蕴含着很多现代文明的因子和元素。因为各种原因，我们昨天没能实现它走向现代文明的转换，但是昨天没能做到，并不意味着我们今天也做不到，明天也做不到。只要我们用心珍惜，善加转换，传统文明完全可以成为我们走向现代文明的发动机和翅膀，而不是包袱和绊脚石。

---

① 学界也颇有不同意中华五千年文明说法的，认为只有三千五百年左右。如丛日云《我们到底有多少对西方文明的偏见》，见丛日云主编《西方文明讲演录》，北京大学出版社2011年版。这里我们取一般说法而已。

举秀才，不知书

为什么这样说呢？我们举中国古代选官制度为例。

选官制度的产生大家都能理解——当一个人要管理某个行政区域的事务，忙不过来，就需要选拔一些德才兼备的人作为助手，这就是选官制度的原初动力。可能从部落时代开始，我们就已经有了原始形态的选官制度，但我们还是从汉代说起。汉代实行的选官制度叫“察举制”，“察”就是考试，“举”就是推荐，“察举制”就是推荐考试制度。它的基本程序是：由有资格的人向朝廷推荐他所认知的有才能德行的人，推荐上来以后，国家经过考试程序，认为名实相副，就可以把这些人选拔为官员了。

这种察举的方法在汉代之前也有，我们为什么从汉代说起呢？因为汉代的察举制已经比较完善，比较细腻，它注意到了人才各有其特长，所以把人才分成很多科目。比如秀才科，明清时期我们称科举的最低一级台阶为秀才，其实用的是汉代的古称。什么叫秀才科呢？我们现在讲就是“学霸”，在汉代，精通儒家经典者可以被推荐到秀才科，担任教育文化方面的官员。这些科目中哪一个出口最好、政治前途最光明呢？孝廉科。明清时代称举人为孝廉，也是用的汉代古称。孝廉科好到什么程度呢？有被推荐进孝廉科的人才，在某些特定的情况下，可以直接出任大州郡的刺史，大概相当于我们现在的省部级官员。

问题是，需要有什么样的德行才干，才能被推荐到孝廉科，当上如此高级别的官员呢？顾名思义，首要条件是“孝”，百善孝当先，这涉及中国古代孝文化的大命题，三言两语说不清楚，我们这里只讲最简单的理解：在中国古代，“孝”不完全是我们理解的应该提倡的一种美好的伦理道德，它更是事关生死的国家政治原则。所谓“以孝治天下”“求忠臣必于孝子之门”，如果一个人能够在“孝”的方面有杰出的表现，再加上点儿廉洁刚正的品质，他就可以被推荐到孝廉科做高官了。

一开始情况可能还比较好，后来越来越多的人认识到，这是一条做官的终南捷径。你想，昨天还是个普通的读书人，甚至是个普通的农民，因为孝，就摇身一变成为高官，这样便捷的做官通道谁能不喜欢呢？察举制推行了一段时间以后，特别到了东汉以后，欺诳诈骗、暗箱操作、营私舞弊的现象都涌现了出来。

比如东汉有这么一位大孝子，这老兄一没有关系，二没有后门，完全是硬生生凭自己的杰出表现而被选拔到孝廉科的。他母亲去世以后，据说他非常悲伤，每天站在院子里痛哭，悼念母亲。时间久了，纯孝感天动地，就产生了超自然现象。只要他每天站到院子里头一哭，附近十里八村的鸟就都来听他哭，什么时候他哭完了，鸟才飞走。你看这多神奇呀！这位老兄顺利入选了当年的“十大感动人物”，被推荐到孝廉科做了高官。

过了若干年以后，他的骗局才被揭穿，其实无非是个小把戏而已。他每天站到院子里痛哭的时候，袖子里装上大把粮食，一边哭一边往院子里面撒。鸟类也有自己传递信息的方式呀，一看见他出来就一传十、十传百地相互转告——咱们又开饭了！就这么一个简单的小伎俩，居然骗了半辈子的功名富贵，这说明察举制已经走入末路，不能为国家选拔真正有用的人才了。所以东汉后期社会上流行两句谚语——那时候的谚语有点儿像我们现在的手机段子，有时候是能折射一点儿时弊的——“举秀才，不知书；察孝廉，父别居”。你当成“学霸”被推荐上去的，结果连基本的书都没有读过；你作为孝廉被推荐上去的，但是你和父亲都分家另过了，你怎么能“孝”呢？穷则思变，于是选官制度递变到下一个时期：魏晋南北朝的九品中正制。

曹操起飞靠评语

东汉中后期，社会上开始流行品评人物的风气，这种人物品评有一定的公信力，可以作为选拔人才的重要参数。比如说曹操，年轻的时候想入仕做官，他就找了一个很有公信力的人许劭。这位许先生善于品鉴人物，相当于天下第一评委。因为四面八方请他品鉴的人太多，忙不过来，他干脆每月初一（月旦）在家门口张贴一张榜单，把这一个月品鉴的人物分等级列出来，后来“月旦”就成了专门品鉴人物的一个典故。曹操找到了许劭：“许先生，请您给我写个评语吧！”许先生很负责任，观察了曹操一段时间后，说：“好吧，我给你十个字的评语：子治世之能臣，乱世之枭雄也。”曹操就带着这十个字（有可能只带了前面五个字“治世之能臣”）到京城求官去了。

曹操当的第一个官叫洛阳北部尉，就是负责洛阳城北部治安的官员，大概相当于北京市公安局海淀分局局长。曹操上任伊始，在衙门里面设下五色大棒，如果有人违反我的法令，即以五色大棒处置之。结果棍子刚做好挂上，赶上当朝最炙手可热的大宦官蹇硕的叔叔违反宵禁令夜行。换了别人，一个小小的公安分局长是不敢惹权势熏天的大宦官的，但是曹操铁面无私，把蹇硕的叔叔从车上拉下来暴打一顿。从此之后，洛阳城“豪强敛迹”，大家相互告诫，洛阳城东边、南边、西边都可以去，北边别去了，曹操这家伙一点儿都不开面儿。曹操就是因此声誉鹊起，在政坛起飞，最终成就一代霸业的。

以上就是九品中正制的一般推行程序，只不过汉代没有制度化，到了魏晋南北朝才逐渐成为定例。制度规定：在中央设大中正官一员，也就是许劭先生那个角色，相当于国家级总评委。各州郡设中正官若干员，负责品评当地的人才，给人才打等级分。把人才分成上、中、下三品，每品里面再分上、中、下三小品，于是形成了上上、上中、上下、中上、中中、中下、下上、下中、下下九个等级。九品中正制比之前的察举制有一定的历史进步，但还有一些残留问题没有解决，最主要是人治的问题。察举制后来为什么不行了？就是因为人在制度中的作用太大，现在九品中正制仍然没有解决这个问题。

比长得丑更不幸

比如谁来担任中正官呢？至少得有两个资格：第一，他本身具有一定的官位；第二，在文化上有话语权。同时满足这两个条件的人，我们用一个词来概括，那就是贵族。贵族担任评委，必然直接导致两个效应：第一，我是贵族阶层，我自然会认同贵族阶层的其他人员，有亲近感，自然会给这些人打比较高的等级分。第二，中国从古至今都是人情关系社会，我是评委，要品评的这些人有的是我的亲戚，有的是朋友的孩子，等等，自然也会给这些人打比较高的等级分。于是，贵族子弟不管怎么没出息，都能混个上品，但是寒门庶族子弟就没有这个机缘了，被品评一次，中品，再品评一次，下品，很难爬进上流社会。这就严重固化了社会各阶层的流动。贵族永远是贵族，寒门庶族永远是寒门庶族，很难翻身。这对一个社会的良好运行而言，是一个相当不好的信号，是个定时炸弹。到了魏晋南北朝时期，又出现反映时弊的谚语了，“上品无寒门，下品无世族”，说的就是这种情况。

再举个例子。晋朝大才子左思，就是成语“洛阳纸贵”的主角，因为他写作《三都赋》，大家竞相传抄，导致洛阳市纸价上涨。左思的才华当世罕见，但因为出身寒门，导致仕途蹭蹬，抑郁而终。左思很愤懑地写下一首诗：

郁郁涧底松，离离山上苗。以彼径寸茎，荫此百尺条。
世胄蹑高位，英俊沉下僚。地势使之然，由来非一朝。
金张藉旧业，七叶珥汉貂。冯公岂不伟，白首不见招。

“世胄蹑高位，英俊沉下僚”这两句是核心，“蹑”就是捷足先登的意思，贵族子弟把好位置都占上了，英俊人才都沉沦到社会底层了。说到左思，我们多说一个小掌故。左思之所以沦落，主要原因是他出身寒门，但还有一个次要因素要考虑进来，就是他长得实在太丑了。

左思丑到什么程度呢？我们知道，古人写传记一般都不会提及传主的相貌，因为观人主要是看德行和心性，相貌只要过得去就行了，不重要。只有两种情况下会写到相貌，第一种是你长得实在太好看了，作传时候不提两笔都对不起观众；第二种就是你实在长得太丑了，作传不提两笔都对不起良心。左思就属于后者，所有人写他的传记都会提到，这个人长得相当丑。比长得丑更悲哀的是，他和中国古代第一美男子生活在同一个时代。谁是中国古代第一美男子呢？如果从出镜率指标来看，应该是潘安吧！潘安其实叫潘岳，字安仁，别人也称他潘安。潘安帅到什么程度呢？帅出来一个典故叫“潘郎掷果”。他每天出门的时候，门口经常围着好几百大姑娘小媳妇儿，等着盼着要看潘帅哥一眼，手里拿着鲜花水果往他车上扔，这叫“潘郎掷果”。所以，人家潘安经常是驾着车出去遛一圈儿，晚上拉一车苹果回家了。左思长得丑，长得丑也得出门吧？左思出门的时候，你还别说，也有几百人堵在门口等着看他，只不过手里拿的不是鲜花和水果了，而是砖头和瓦块，往他车上扔。左思出去逛一天街，晚上拉一车砖头回家了。我说这个掌故确实有点儿开玩笑了，之所以提及这个次要因素，主要是想说九品中正制的弊端所在。

结 束 语

儒家文化的当代出路（下）

天下英雄尽入彀中

九品中正制也不行了，那就向下一个阶段转移：隋唐的科举制。科举制由隋文帝杨坚提供理念设计，由他的儿子、著名的昏君、隋朝第二任皇帝也是最后一任皇帝杨广付诸实践。科举制的基本理念是：打破魏晋南北朝以来贵族和庶族的差异，平等地坐到同一个考场上，面对同一道试题，写同一篇文章，只以文字论高下，不以出身论英雄。显然，比照九品中正制而言，这是一个巨大的历史进步。

科举制在隋朝只推行了一科，还没看出来效果，隋朝就灭亡了。随后建立的唐朝把科举制全盘承袭下来。到唐太宗李世民时期，科举制已经得到了非常广泛的接受和承认。史料记载，唐太宗为了表示对人才的重视，以天子九五之尊，曾多次站在科举考场门口，迎接四面八方的人才入场考试。当看到大家都规规矩矩、老老实实地写文章答试题，就是为了获得一点儿功名富贵，李世民踌躇满志，站在考场门口讲了一句很著名的话："天下英雄尽入吾彀中矣。""彀"就是陷阱的意思，天下英雄都掉到我设的科举陷阱里来了，从此天下太平了！后人有两句诗"太宗皇帝真长策，赚得英雄尽白头"，吟咏的就是这个场景。

科举制的进步更加明显了，但是对于"人治"的老问题还没有完全解决。在唐代，考官看到的试卷就是考生的原卷，考官可以非常方便地了解考生的全部信息，其中必然有"人之常情"起作用，考官的成见会影响到对考生的录取。比方说，考官拿来一摞卷子，头一张翻开一看，大诗人李白的卷子（李白没有参加过科举考试，我们只是举例子而已）。哎呀！李白是了不起的大诗人啊！他是我的偶像，我是他的粉丝，前几天我们还在一起喝酒来着，所以，哪怕是李白发挥得并不好，还是会毫不犹豫地在李白的卷子上打一个勾，录取他！把这张卷子放下，拿起第二张卷子一看，马大勇的卷子，那完了！这个人我知道，学问不好，人品也一般，之前我们还吵过架，不管你文章写得怎么花团锦簇，我也不会录取你，就把这卷子打一个叉放在边上去了。这种场景在唐朝有可能是经常出现的，这是人之常情，无可厚非。

糊名与誊录

为了对这样的问题进行技术性修补，到宋代就推行了两项非常重要的措施：一项叫作糊名，就是用不透明的厚纸把这个考生的姓名都糊起来，作用相当于我们今天的装订线，考官看不到考生的姓名。但是还没有解决问题，因为古人的书法是非常有个性的，虽然把名字糊起来了，但还可以通过字迹来获得考生的身份信息。比如说宋代的几大书法家，苏、黄、米、蔡①，他们的字你放在多少张卷子里，一眼就能看得出来，那种精微之处简直比得上指纹。那怎么办呢？后来又推行了誊录制度。考生在考场上答完卷子以后，考卷不直接交给考官，而是交给楷书手，抄一份副本给考官看。现在大家卷子上的字迹几乎完全相同，考官没有任何途径知道考生的身份信息。这种情况下，就可以做到最大限度的公平、公正、公开。

再说个小掌故。苏轼做考官的时候，特别想录取自己很欣赏的一个学生李廌，左看右看，四处找李廌的卷子，找不出来，只能凭文字的水平来揣摩，最后选中了一张卷子："这篇文章写得真好，估计我都写不出来！"苏轼选了这篇文章为第一名，结果拿副本回去对正本，一放榜，苏轼傻眼了，他选的卷子根本不是李廌的。李廌这一科最后一名都没考中，名落孙山。

① "蔡"原本指蔡京，后因其奸，以蔡襄易之。

这个掌故说明在当时的技术条件下，科举制经过技术性的修补，已经达到了成熟完美的程度。从此，这种文官考试选拔制度就世代相袭，一直使用下来。

经过一千三百年左右的历史行程，科举制最终在 1905 年走下了历史舞台。为什么要废除掉科举制呢？这里面有很深刻的历史文化原因。以 1840 年第一次鸦片战争为标志，中国走进了“三千年未有之大变局”（李鸿章语），逐步沦为一个落后挨打的“老大帝国”。当时朝野上下都在焦灼地探索富国强兵的途径，于是很多人提出来，我们的科举制不好，八股文都是无用文章，只能培养出范进那样的废物，这样的包袱和绊脚石应该全盘放弃。经过半个世纪左右的呼吁，大家初步达成了共识，最终由直隶总督、北洋大臣袁世凯领衔上书，朝廷批准，废除了科举制，代之以新式学堂教育。科举制一千三百多年的行程结束了，但是戏剧性的场面才刚刚上演。

出口转内销

我们认为科举制是包袱，是绊脚石，千辛万苦把它踢掉，但是我们要学习的那些先进国家，所谓西方列强，他们倒在很有兴趣地研究科举制，比如说英国。英国人就觉得中国这一套文官选拔制度非常好，比我们先进，所以就把它拿去，改造之后，变成了英国沿用至今的现代文官考试选拔制度。现在西方发达国家都在用从英国学来的现代文官考试选拔制度，其实那就是中国古代科举制的变种。

自己扔掉了科举制，被人家学走了，我们又经历了什么呢？民国时代的选官程序比较凌乱，不大成型；新中国成立以后，我们用的是家庭出身、阶级成分为主要标准的选官制度，这当然非常落后了，甚至还不如汉代的察举制能选拔人才。所以到 20 世纪 70 年代末，我们推行改革开放的基本国策，提出拥抱世界，学习发达国家先进经验的方针，又把西方世界普遍推行的文官考试选拔制度引进回来，形成了今天炙手可热的公务员考试制度。

我们讲了一部选官制度简史，过程很复杂，结论倒很简单：公务员考试制度其实就是中国古代科举制“出口转内销”的产物。尽管我们只讲了一个例子，但是我想，它已经很雄辩地证明了一个问题：传统文明完全可以成为现代文明的“发动机”和“翅膀”，而不是“包袱”和“绊脚石”。作为传统文化的主要标志、主体构成，儒家文化当然应该得到同样的判断。我们在前面所讲的仁、礼、中庸、浩然正气、君轻民贵、仁义礼智信、横渠四句、心即理、致良知，等等，这些重要的思想文化资源其实都是可以实现向现代文明的转换，可以成为我们发展的强劲动力的，这是我们给出的第一个基本判断。

《弟子规》是本什么书

——警惕“国学国粹化”

可是问题并没有结束，如何能够做到善加转换呢？有没有原则可以遵循呢？我想大原则是非常简单的两句话：与时俱进，向善去恶。

在现代文明条件下，国学也好，儒家也好，要想向前发展，就必须捐弃糟粕，弘扬精髓，向人类发展的大潮流看齐，而不能借着传统文化高热的势头，故步自封，良莠不辨，拒绝排斥人类优秀文化的正面影响，那就走上了鲁迅先生所批评的“红肿之处，艳若桃花”的“国学国粹化”的邪路。近年来，国学热潮中出现了很多杂音和噪音，需要我们正本清源，知善去恶。

胡适曾经说过：看一个国家的文明，只需要考察三件事。第一，看他们怎么对待小孩子；第二，看他们怎么对待女人；第三，看他们怎样利用闲暇的时间。这项标准在今天仍然是放之四海而皆准。第三点我们不讲，简单说说前两点。

作为国学研究者和宣讲者，我注意到，近年《弟子规》迅速占领了儿童国学教育市场，俨然成为国学第一教材，各种宣讲《弟子规》的兴趣班层出不穷，大有被捧上神坛之势。我平时上课的时候，经常有听众问我：《弟子规》是不是一个非常好的适合儿童教育的蒙学经典？我的回答是：“不是。”而且不光我这样认为，很多学术界、教育界的专家学者都是持类似意见的。

比如说江南大学黄晓丹老师就曾经对《弟子规》的源流做了细致的梳理考证，我们借用她的文章，从学术史的角度来重新认识一下《弟子规》。

《弟子规》的作者叫李毓秀，是清代顺治至雍正年间山西绛州的一位秀才，因为没有中举，也没有其他学术上、政治上的成就，同时代人对他的记录很少。而《弟子规》是在他身后一百多年才引起注意，刊刻问世则已经是道光中后期，也就是近代的事情了。这说明从时间上讲，《弟子规》基本没有影响到中国古代的贤人君子，更别说影响到整个儒家文化史了。

在清代浩如烟海的文献当中，只有很少几条提到《弟子规》，其中一条出自《清史稿》中的《劳乃宣传》。劳乃宣是晚清名臣，他在吴桥做官的时候，“创里塾，农事毕，令民入塾，授以《弟子规》《小学内篇》《圣谕广训》诸书，岁尽始罢”。也就是说，劳乃宣创立私塾，每当农闲的时候，就把老百姓招来听讲，教他们《弟子规》等，一直到快过年了才结束。这段记载明确告诉我们，《弟子规》的教育对象其实是成年农民。它既没有走进书香门第，也不是专门写给儿童的蒙学教材，是不能和“四书五经”这样的经典相提并论的。

我们来看一看《弟子规》的具体内容，它分为“孝、悌、谨、信、爱众、亲仁、学文”七个部分，在为人处事、待人接物等方面对儿童提出了规范，但核心精神是强调儿童对长辈和权威的绝对服从。比如“谏不入，悦复谏。号泣随，挞无怨”，说来说去只有一点，就是孩子要顺从服帖，父母说得不对，甚至打骂孩子，孩子也要好言好语劝谏父母，即使挨了打也不能有怨言。这种所谓的“孝道”其实并不符合现代的教育理论：教育是一个双向的过程，家长不可能永远正确，他需要在教育子女的过程中逐渐修正方法。其实古代的贤明之士都是能够做到这一点的，比如孔子的弟子曾参就曾放下父亲的架子，以实际行动来教育孩子诚实守信，留下了一个“曾子杀猪”的典故[①]。

那么，《弟子规》有没有可取的内容呢？有，但瑜不遮瑕。它在最关键、最要害的地方错了，照着《弟子规》去教育孩子，孩子表面上是变得乖巧、顺从了，但是最宝贵的自由独立人格也丢掉了。其实我们可以问问家长，真的愿意让孩子成长为一个被捆绑在伦理纲常当中，面对权威低眉顺眼、卑躬屈膝、丧失自我的人吗？这样的“儒家文化”“国粹”，我看不讲也罢。

所以，要警惕传统中的糟粕借着“国学热”沉渣泛起，警惕那些抱住传统文化大腿来反文明、反科学的“国学国粹化”。我们需要重申，儒家文化也好，国学也好，它在当下的发展必须与民主、科学、自由、人权、博爱、平等的价值观同向站立，与人类发展的主潮相汇合。这是我们看待国学的最根本立场，也是我在本书末尾告诉大家的最重要的一句话。

---

① 事见《韩非子·外储说左上》：曾子之妻之市，其子随之而泣。其母曰：“女还，顾反为汝杀彘。”妻适市来，曾子欲捕彘杀之。妻止之曰：“特与婴儿戏耳。”曾子曰：“婴儿非与戏也。婴儿非有知也，待父母而学者也，听父母之教，今子欺之，是教子欺也。母欺子，子而不信其母，非所以成教也！”遂烹彘也。

后　　记

把自己的课堂讲稿整理出来出版一直是我内心很渴望的事情，但又“屡试辄蹶”。

讲堂实录类的书籍近年颇多，我最心仪者无疑当推陈平原先生的《从文人之文到学者之文——明清散文研究》。在我看来，以相对浅近的口语传递高深的学术思想，整理成文又于两者丝毫无损，这是一件很不可思议的事情。陈先生有自己特别的天赋与功力，我难以望其项背，所以多年前试着整理过一点儿自己的讲稿，觉得不能到陈先生那本书之十一，就灰了心，躲到“述而不作”的盾牌后面自嘲去了。

近几年，随着超星学术视频和喜马拉雅音频陆续邀我录制课程，各地出版界的师友频频撺掇鼓动，我也逐渐按捺不住意马心猿，终于下决心认真经营一下了。

接下来几个月断断续续的整理工作证明了两点：第一，相比学术论文而言，“讲堂体”其实更不容易操作。既要有逻辑，又要有色彩；既要平易近人，又不能降低水准。这么高难度的活儿，不是我这样的“小师”能弄好的[①]；第二，尽管已经有了十多年的讲台生涯，从战战兢兢的“小博士”渐渐走入侃侃而谈的“老教授”的门槛，但因为自己的疏懒怠惰，其实回头看看，羌无长进，思之不禁汗颜。

对于“儒家文化史”这样的大题目，说到底，我只是爱好者和门外汉。本书所谈，无非是浅薄的管蠡之见，舛误必多，敬希诸位方家指正。

感谢弟子赵郁飞在音频课录制过程中做了大量的后台工作，提出很多非常好的建议；感谢弟子王敏辛勤录入初稿；感谢时代文艺出版社诸君细致高效的工作，使这本讲稿得以问世。

菲薄小册，无非是苜蓿生涯的一点儿印迹而已。“逝者如斯夫”，在时光的呼啸中，能夹杂一点儿属于自己的微弱声音，已经很好。

庚子夏定稿于佳谷斋

① “小师”之说来自某天发在微信朋友圈里的一点儿感慨。季羡林先生经常推辞“大师”桂冠，说自己不是“大师”，只是“老师”。和季先生比，我也不敢称“老师”，故自谓“小师”。对此，我的同事李龙兄有评语云：“我比‘小师’还差一点儿，去掉一笔，我是‘小帅’吧！”其事甚谑，附记于此。